Ingo Schulze

Zu Gast im Westen

Ingo Schulze

Zu Gast im Westen

Aufzeichnungen aus dem Ruhrgebiet

Wallstein Verlag

Bibliografische Information der Deutschen Nationalbibliothek
Die Deutsche Nationalbibliothek verzeichnet diese Publikation in der Deutschen Nationalbibliografie; detaillierte bibliografische Daten sind im Internet über http://dnb.d-nb.de abrufbar.

Zweite Auflage

www.wallstein-verlag.de

Vom Verlag gesetzt aus der Stempel Garamond
Umschlaggestaltung: Wallstein Verlag
Druck und Verarbeitung: Pustet, Regensburg

978-3-8353-5583-5

Inhalt

Vorbemerkung

Für die sechs Monate, die ich von Oktober 2022 bis März 2023 auf Einladung der Brost-Stiftung im Ruhrgebiet verbracht habe, verfügte ich über kein konkretes Vorhaben, das heißt, ich wollte von morgens bis mittags an meinem Roman arbeiten und mir nachmittags das Ruhrgebiet ansehen, um dann, wenn ich etwas Mitteilenswertes gesehen oder erlebt hätte, darüber zu schreiben. Ich weiß nicht, warum ich immer wieder auf mich selbst hereinfalle. Als würde ich mich nicht kennen und zudem glauben, ein halbes Jahr aus meinem Leben aussteigen zu können, indem ich einfach die Wohnung wechsele. Keine Zeile habe ich an meinem Roman geschrieben, obwohl ich einen Koffer voller Bücher nach Mülheim transportiert hatte in dem Glauben, sie alle für die Arbeit zu brauchen. Wie einen Wall hatte ich sie auf meinem Schreibtisch aufgebaut – und mich dann an das Muster gewöhnt, das die aufgereihten Buchrücken ergaben.

Meine Hoffnung war es gewesen, durch den räumlichen Abstand von Berlin meinen Alltag zu beruhigen. Allein in meiner temporären Bleibe in Mülheim hörte und las ich erst recht die neuesten Nachrichten vom Ukraine-Krieg, was unfreiwillig mein Denken und Fühlen, meine Selbstgespräche noch mehr als die Gespräche okkupierte. Und zugleich wundere ich mich jetzt, wie viele Begegnungen sich in diesen ersten Wochen im Ruhrgebiet ergaben, ja dass sich in dieser Zeit sogar Freundschaften anbahnten.

Wie gesagt, einen Plan, was und worüber ich schreiben sollte, hatte ich nicht. Und erst allmählich begann ich, meine ›Methode‹ zu erkennen: Wenn mich jemand einlud, bin ich hingegangen. Es gibt wohl kaum ein unsystematischeres Vorgehen. Aber jeder Plan wäre mir nicht weniger willkürlich erschienen. Dafür bescherte mir jede Einladung sofort einen persönlichen Bezug, und immer verbanden sich damit Anregungen. Über manche Begegnung, die mir bis heute eindrücklich vor Augen steht, über manchen Ausflug, den ich unbedingt festhalten wollte, habe ich nicht geschrieben.

Seit 1995, seit meinem ersten Buch, bin ich regelmäßig zu Lesungen im Ruhrgebiet gewesen. Deshalb wusste ich vage, welche Mentalität mich erwartete, eine, die es mir leicht machen würde, ins Gespräch zu kommen. Aber im Westen gelebt hatte ich zuvor noch nie.

Im Falle des Ruhrgebiets ist der Westen eine Selbstbeschreibung und eine Himmelsrichtung. Und zugleich bedeutet Westen im Gegensatzpaar Ost/West eine Hemisphäre, die für jene, die nicht in ihr aufgewachsen sind und sich ihr daher mit anderen Voraussetzungen von außen her nähern, mitunter nicht selbstverständlich ist. Insofern fühlte ich mich im doppelten Sinne als Gast im Westen.

Gerade anfangs fiel mir auf, dass ich, sobald ich nach meinen Eindrücken im Ruhrgebiet gefragt wurde, vom Osten zu erzählen begann, als hätte ich die Frage missverstanden. Ich versuchte, mich über den Vergleich, über die verschiedenen Selbstverständlichkeiten dem Ruhrgebiet zu nähern, was mir zumindest Einstiege und Anknüpfungspunkte bot, aber auch eine gewisse Vergleichbarkeit voraussetzt, sei es die Bedeutung der Kohleförderung, der Schwerindustrie oder die Rolle der Arbeiter und »Malocher«.

Im Gegensatz zu einer Erzählung oder einem Roman besteht bei Aufzeichnungen aus der realen Welt die Gefahr, dass die Darstellung als Vertrauensbruch oder gar Preisgabe aufgefasst werden kann. Denn während unserer

Gespräche haben wohl die wenigsten einen Gedanken daran verschwendet, das Gesagte einmal von mir kommentiert veröffentlicht zu finden. Andererseits erschien mir manches Detail und manches Zitat als so aufschlussreich, dass ich ungern darauf verzichten wollte. Ich hoffe, dass diese Balance einigermaßen gelungen ist. Denjenigen, die namentlich erscheinen, habe ich den sie betreffenden Text zur Korrektur vorgelegt.

Die folgenden Aufzeichnungen, die im Laufe dieses Jahres in Mülheim und Berlin entstanden sind, lassen sich auch wie Eintragungen in ein Gästebuch lesen, Eintragungen, denen unbedingt mein Dank vorangestellt sein soll an all jene, die mich eingeladen haben und damit dieses Buch überhaupt erst ermöglichten.

Mülheim/Berlin, im Oktober 2023

Prolog: Neu in Mülheim-Broich

Sonnenschein, Herbstlaub, Ende Oktober ist es hier noch einmal so warm geworden wie sonst nur in südlichen Gefilden. Lange werden die Farben nicht mehr da sein. Ich mache mich auf die Suche nach einem Supermarkt in der Nähe. »Haben Sie denn kein Auto? Auch kein Fahrrad?« Meine Nachbarn, mit denen ich von Garten zu Garten spreche, sind überrascht und bieten mir Hilfe an.

Was ich Garten nenne, ist in meinem Fall von der Anmutung her ein Park im Bonsai-Format mit Brückchen und Schalen und einer Bank, es fehlen eigentlich nur Goldfische. Stattdessen steht ein riesiger Buddha auf dem Weg und lächelt durch mich hindurch. Eine stattliche Doppelhaushälfte steht mir vom Keller bis unters Dach zur Verfügung.

Die Einfamilienhäuser des Broicher Waldwegs, an denen entlang ich der abfallenden Straße folge, ließen sich als »schmuck« bezeichnen, alles tipptopp. Neben alten Straßennamen (Brandenberg, Liehberg) lauten die neuen Uranusbogen oder Jupiterweg, es gibt eine Ferienwohnung namens »Saturn«. Ein Mehrfamilienhaus ist im Bau, davor steht ein alter roter Rolls-Royce, der erst beim näheren Hinsehen auffällt, weil seine Karosse nicht wie die der anderen Wagen glänzt. Es folgen ein paar dörflich anmutende Häuser, bevor sich der Weg zu einer Grünfläche öffnet, die vielleicht einmal der Dorfanger gewesen ist. Am Ende quert eine große Straße, deren Namen, Saarner Straße, ich mir einprägen will. Jenseits davon ein breiter Häuserriegel von acht oder neun Stockwerken, darunter eine Tankstelle, Busstationen auf beiden Straßenseiten, eine Apotheke an der Ecke. Der »Lindenhof« nimmt sich zwischen den anderen

Häusern aus wie eine Ansichtskarte, deren Farben schon leicht verblichen sind.

Der Supermarkt, so bin ich überzeugt, kann nicht mehr weit sein. Als ich einen Mann meines Alters danach frage, antwortet er grimmig und ohne aufzusehen: »Fahr ich jetzt nach Herne wegen dem Scharnier?!« Er telefoniert. Ich entschuldige mich gestenreich und will mich abwenden, da sieht er auf und weist, seinen freien Arm heftig schwenkend, als sollte ich mich beeilen, weiter in Richtung meines bisherigen Weges. Obwohl keine Autos zu sehen sind, warte ich an der Ampel das Grün ab, denn als Neuling will ich hier nicht unangenehm auffallen.

Woher kommt meine Vorsicht, ja Beklommenheit? Als wäre ich eben erst an meinem Studienort angekommen, der nun für fünf Jahre mein neues Zuhause und eine Lebensprüfung schlechthin werden soll. Oder wie die Ankunft an meiner ersten Arbeitsstelle, dem Theater in Altenburg. Fiel mir dort die Orientierung leichter?

Von Mülheim-Broich scheint die Entfernung nach Duisburg kaum weiter als die bis ins Mülheimer Zentrum. Und die beste Busverbindung geht nach Oberhausen. Supermärkte überall, nur nicht da, wo ich ab jetzt wohne.

Auf der Kirchstraße, die jenseits der Saarner Straße beginnt, werden die Häuser zu Wohnblocks, drei oder vier Etagen, die Nebenstraßen heißen Teutonenweg, Gotenstraße, Sachsenstraße, ich komme an einer Trinkhalle vorbei (eine etwas irreführende Bezeichnung für einen Kiosk, findet der Neuling), an einem Dönerladen, einem Imbiss und einem Bäcker. Ob ich wenigstens bei einem von ihnen öfter kaufen oder es gar zum Stammkunden bringen werde? Überhaupt, womit werde ich schnell vertraut sein? Womit nicht? Und plötzlich die lächerlich banale Frage, als hätte ich nicht ein Dreivierteljahr dafür Zeit gehabt: Was will ich hier eigentlich? Am Ende soll ich ein Buch abliefern und werde dafür gut bezahlt. Bin ich Greenhorn überhaupt der Richtige dafür? Und wenn mir nichts Gescheites einfällt?

Nach einer knappen halben Stunde komme ich endlich an eine Kreuzung mit Straßenbahnschienen, einer Sparkassenfiliale, einer zweiten Apotheke, sogar eine Post findet sich hinter der Ecke. Ich bin nicht nur am Ziel meiner Wünsche, also bei »Edeka Paschmann«, angekommen, sondern überhaupt am Mittelpunkt meiner neuen Welt, nämlich der »Broicher Mitte«.

Wann habe ich das letzte Mal allein für mich eingekauft? Erst beim Bestücken des Einkaufswagens begreife ich, dass ich derart bepackt keinesfalls zurücklaufen kann. Deshalb endet mein erster Einkaufsausflug leicht beschämt mit einer Taxifahrt.

Da es bei meiner Rückkehr schon fast dunkel ist und ich offenbar das Licht in der ersten Etage meiner Doppelhaushälfte angeschaltet hatte (es gibt so viele Lichtschalter, dass ich erst herausfinden muss, welcher tatsächlich funktioniert und welche Lampe dann angeht), sehe ich meinen Schreibtisch samt Bücherwall gut illuminiert. Von der Straße aus könnte also jeder beobachten, in was für einer Hose, in welchem Hemd oder Schlafanzug ich dasäße. Jede und jeder hier kann kontrollieren, ob ich schreibe, lese, telefoniere oder im Bürostuhl eingenickt bin – eine unangenehme Vorstellung. »Aber warum eigentlich?«, denke ich, als ich die Tür aufschließe. Wenn mir die Mülheimer schon nicht beim Schreiben über die Schulter schauen können, sollten sie wenigstens das Recht haben, ihren auf Zeit angestellten Stadtschreiber zu sehen.

Über die eigentliche Entdeckung der Umgebung zu berichten, ist für andere langweilig. Die kleinen und größeren

Erkundungen, die sich unter der Rubrik »Ortskenntnis« zusammenfassen und abtun lassen, bedeuten allerdings für den Neuling Genugtuung, ja Erfolg, und stärken seine Versuche, in die Welt zu finden. Selbst eine gelungene Busfahrt bestätigt einen.

Ich kann an mir beobachten, wie sich Routinen ausbilden oder einfach nur Marotten, die schwer erklärbar sind. Es liegt nicht allein daran, dass ich lieber bergab als bergauf gehe. In die Stadt und zum Bahnhof fahre ich beispielsweise nach zehn Minuten Fußweg mit den Bussen 122 oder 124. Die Busfahrerinnen oder -fahrer haben es entweder immer eilig oder fahren mit Vorliebe schnell. Besonders mag ich die Schussfahrt, die nach der Haltestelle »Rosendahl« beginnt und hinab an die Ruhr führt. Es folgt noch eine letzte Ampel. Dann aber, so wie sich Skispringer vom Sitz am Gipfel der Schanze lösen, nimmt der Bus Fahrt auf. Ich stehe etwas breitbeinig da, die Arme angewinkelt, die Hände in die Schlaufen geschlungen, die von den unter der Decke verlaufenden Haltestangen herabhängen, als wäre ich bereit zu einem artistischen Kunststück. Ich sehe durch die Frontscheibe, links fliegt das Broicher Schloss vorbei, rechts ein Hotel, und stets bin ich mir sicher, dass wir diesmal die Brücke mit einem Satz nehmen werden. Und dann bin ich jedes Mal enttäuscht wie ein Zirkusartist, den man um seinen Auftritt gebracht hat, wenn der Bus fahrplanmäßig an der Haltestelle »Broicher Schloss«, kurz vor der Brücke, abbremst und sogar zum Stehen kommt.

Für die Rückfahrt jedoch führt mich der Weg vom Bahnhof hinab in die untere Etage zum Bahnsteig der Straßenbahn 102. »Uhlenhorst« lautet der Name der Endstation, »Dümpten« das andere Ende. Erst unweit der Broicher Mitte taucht die Bahn wieder ans Tages- oder Nachtlicht, sodass ich nicht nur nichts vom Mülheimer Zentrum, sondern auch nichts von der Ruhr, die unterquert wird, zu sehen bekomme. Immer wieder bin ich überrascht, an der Endhaltestelle der einzige Fahrgast zu sein. Nur ein Mal, an einem frühen Nachmittag, steigt auch eine Schülerin mit mir aus. Offenbar fährt hier niemand mehr Straßenbahn, obwohl eine Reihe von Häusern auf den Waldgrundstücken unmittelbar auf der anderen Straßenseite beginnt.

Das Erste, was mich in Mülheim und später auch andernorts überrascht, ist die Wohlhabenheit, ja der Reichtum, den es im Ruhrgebiet gibt. Je höher die Lage, desto größer und grüner, und ich möchte hinzufügen: desto unsichtbarer, werden die Häuser in den Grundstücken, ja die Grundstücke selbst. Richtig reich scheint es links vom Uhlenhorstweg zu sein, also südlich davon. Erst glaubt man, durch einen Wald zu gehen, bis man bemerkt, schon eine Weile entlang eines grün überwucherten Zauns zu spazieren. Als wären es Wildgehege, stößt man auf die Abgrenzung von Grundstücken. Aber auch nördlich des Uhlenhorstwegs reihen sich entlang der »Fuchsgrube« noch spektakuläre Häuser aneinander. Mit jedem weiteren Schritt, der dem allmählich in Richtung Ruhr abfallenden Hang folgt, wechselt es erst zu dem, was man gehobenen Mittelstand nennt, Ein- oder Zweifamilienhäuser, die schon entlang der Straße »Am Brandenberg« bescheidener werden, wo man auch ein Hochhaus eingepflanzt hat, aus dessen oberen Geschossen das halbe Ruhrgebiet zu sehen sein muss. Hält man sich südlich der Saarner Straße und geht einmal in östlicher Richtung nach Saarn, einmal in westlicher Richtung nach Speldorf, künden die Häuser ebenfalls von Wohlhabenheit. Die wenigsten davon, wenn vielleicht auch die schönsten und größten, stammen aus der Zeit vor dem Zweiten Weltkrieg.

Fällt mir das auf, weil ich Villenviertel im Osten fast nur als Bauten des 19. Jahrhunderts und der ersten Hälfte des 20. Jahrhunderts kennengelernt habe? Wie würden sich die Wandlitzer Häuser der DDR-Staatsführung am Uhlenhorstweg oder der Fuchsgrube ausnehmen? Kärglich, nehme ich an. Aber die Häuser waren ja nicht das Problem.

Es gibt ein Gefälle zwischen dem Reichtum im Süden, der an der Ruhr regelrechte Idyllen wie Kettwig und Werden hervorbringt, und einigen im Norden gelegenen Stadtteilen des Ruhrpotts, wo sich zwischen sanierten und begrünten Zechensiedlungen auch verlassene oder verfallene Häuser finden.

Hinter diesem Kontrast liegt, wie ich bald erfahren werde, noch ein anderer Widerspruch, der sich zwar auch als der zwischen Arm und Reich beschreiben lässt, aber darin nicht aufgeht. Und es wird eine Weile dauern, bis ich auf jemanden treffe, der mir erklärt, was letztlich alle Einheimischen wissen: dass nach den Schließungen von Zechen und Stahlwerken zehntausende gut ausgebildete Arbeitskräfte und ihre Familien abgewandert sind. Zurück blieben sogenannte »Problemimmobilien«, die für die Städte und Gemeinden tatsächlich zum Problem wurden, weil niemand sie beziehen wollte. Die Häuser hätten saniert oder abgerissen werden müssen. Allmählich aber stellten sich doch neue Bewohner ein, die vor Armut, Obdachlosigkeit und Rassismus aus Südosteuropa geflohen waren oder durch Schlepper hierhergebracht und abgezockt wurden. Es braucht einige Zeit, bis ich überhaupt dieses neue Phänomen sehe. Und nochmals werden etliche Wochen vergehen, bis ich auf Menschen treffe, die über Ideen und Kenntnisse und einen langen Atem verfügen, ein städtisches Miteinander zu praktizieren, das niemanden ausschließt.

Als ich ein Fahrrad bekomme (sagt man immer noch »Damenrad«?), hängt wunschgemäß vor der Lenkstange ein Einkaufskorb. Nun kann ich zum Einkaufen fahren oder auf dem Weg in die Stadt die vom Bus abgebrochenen Schussfahrten – unter genauer Beobachtung der Ampelphasen! – mit einem Flug über die Schlossbrücke beenden.

Der Einkaufskorb lässt sich problemlos abnehmen und beinah problemlos wieder einsetzen, sodass ich schon beim Einkauf weiß, was bereits zu viel ist und in den Rucksack muss. Zur besonderen Kostbarkeit werden wegen ihres Gewichts Glasflaschen oder Marmeladengläser. Der Korb vor meiner Lenkstange zittert dann beharrlich bei der Fahrt über die Pflastersteine oder nickt ausladend bei jeder Kante. Irgendwann fällt mir beim Aufräumen die Montagebeschreibung des Korbs in die Hände. »Maximale Last: 7 kg!«, heißt es da. Ich bin gewarnt und will mich von nun an vorschriftsmäßig verhalten. Ich platziere den Einkaufsbeutel im Korb, der allerdings korrekt beladen besonders deutlich nickt. Jetzt, da ich mich offensichtlich richtig verhalte, springt mir beim Einbiegen in meine Straße (Kante zwischen Asphalt und Pflasterung!) der Korb aus der Fassung – reflexhaft erhasche ich den Einkaufsbeutel an den Henkeln und halte ihn kurioserweise in der Hand, während sich der leere Korb auf der Straße überschlägt.

Diese häufig von mir kolportierte Zirkusnummer, die sinnlos war, weil sich alles Zerbrechliche im Rucksack befand, führt zu dem Tipp, mal einen Lieferservice zu bestellen, eine Idee, auf die ich offensichtlich nicht selbst gekommen wäre. Mir wird die »Flaschenpost« empfohlen.

Wer vergleicht nicht gern seine Bücher mit einer »Flaschenpost«? Für einen Lieferservice allerdings ist das ein gewagter Name, aber der Witz gefällt mir. Ich bestelle also bei der »Flaschenpost« und merke, dass ich immer mehr und mehr bestelle in der Überzeugung, immer mehr zu sparen. Bei siebzig Euro habe ich genug gespart. Anderntags steht der Fahrer da, allerdings ohne die von mir nachbestellte Milch. Die Milch erhalte ich am folgenden Tag, sie wird mir mit beiden Händen überreicht wie eine Sektflasche.

Zudem rückt alle paar Wochen sturmklingelnd eine Apfelkooperative an. Ich bin sofort bereit zu kaufen – vor meinen Augen wird auf der blauen Schürzenbrust des Kooperative-Anführers ein Stück aus dem Apfel geschnitten und mir als Probe überreicht. Gern würde ich zwei Kilo von diesen wunderbaren Äpfeln nehmen, sage ich kauend und nicke anerkennend. Nein, so wenig verkaufen sie nicht. Also gut, drei Kilo! Nein, das Minimum sind zehn Kilogramm. Das nützt mir nichts, sage ich, ich bin allein … Der Kooperative-Anführer schickt einen Blick die Fassade hinauf zum Giebel, dann senkt er ihn, das gesamte Haus mit seinem Blick umfassend, langsam auf mich herab. »Allein?«, fragt er. Ich nicke. Sollte ich jetzt von meinem Amt als Stadtschreiber sprechen? Der Kooperative-Anführer steckt sich selbst einen Apfelschnitz in den Mund, einen weiteren reicht er mir, wortlos, bereits im Weggehen. Meinen Dank in Form einer ungewollt förmlichen Verbeugung sieht er schon nicht mehr.

Fast jeden Tag bin ich unterwegs. Wenn ich sagen müsste, was das Ruhrgebiet für mich bedeutet, dann würde ich antworten: Es sind die Bahnhöfe, die S- und Straßenbahnen, die Züge oder Busse. Es ist die Bewegung zwischen den Städten, deren Grenzen sich optisch für jemanden wie mich kaum ausmachen lassen. Selbst im Vergleich zu Berlin sind die Strecken hier nochmals länger, Zentrum und Peripherie wechseln einander beständig ab.

Und stets wabern auf den Bahnhöfen die Schwaden verschiedener Imbisse, vor allem der Dönerstände. So gut wie immer sitzt mir irgendein Fangesang im Ohr, denn die Spieltage der Bundesligen folgen dicht aufeinander, und mindestens einer der vielen Klubs im Revier hat immer ein Heimspiel.

Unterwegs werde ich selbst ein Teil jener Mischung von verschiedenen sozialen und nationalen Herkünften. Zweimal wird mir in der S-Bahn ein Platz angeboten, beide Male von Männern, deren Familien vielleicht aus Indien oder Pakistan ins Ruhrgebiet gekommen sind. Im Nachhinein bedauere ich es, auf ihre Freundlichkeit nicht eingegangen zu sein. Stattdessen habe ich so getan, als wäre ihr Angebot falsch adressiert und ich immer noch jugendlich.

Unterwegs verstehe ich am ehesten, dass im Ruhrgebiet die Integration von Zugewanderten eine lange Tradition hat, wohl eine der längsten in Deutschland. Um das zu begreifen, reicht tatsächlich schon eine kurze S-Bahnfahrt von Mülheim nach Essen oder Duisburg. Und jedes Mal, wenn ich unterwegs bin, empfinde ich Freude bei dem Gedanken, kein Tourist zu sein, sondern für einige Zeit dazuzugehören als Gast, der hier seiner Arbeit nachgeht.

Was du ererbt von deinen Vätern …

Krupp, Rheinhausen, Logport, Ruhrort und zurück

Offenbar hatte ich die Freikarte für das Konzert nur überflogen, sonst wäre mir der Name des Veranstaltungsortes sicher aufgefallen: Philharmonie Essen, Alfried Krupp Saal, Huyssenallee 53, 45128 Essen.

Die Wesendonck-Lieder von Richard Wagner (in der Bearbeitung von Hans Werner Henze) stehen auf dem Programm, ich kannte sie bisher nur von der CD. Erst kurz vor Betreten des langgestreckten Saalbaus lese ich den Namen: Alfried Krupp Saal – und bin irritiert. Wie kann es sein, dass solch ein Saal nach Alfried Krupp benannt wurde? Statt mich ins Programmheft zu vertiefen, schalte ich mein Handy wieder an: Alfried Krupp von Bohlen und Halbach, 1907 bis 1967, in Essen geboren und gestorben. Bereits 1931 war er förderndes Mitglied der SS geworden, 1938 dann Leiter der Rohstoff- und der Rüstungsabteilung von Krupp, 1943 Vorsitzender des Direktoriums der Friedrich Krupp AG. Im April 1945 wurde er von der US-Armee unter Arrest gestellt und später inhaftiert. Da sein Vater, Gustav Krupp von Bohlen und Halbach, als prozessunfähig eingestuft worden war und somit nicht wie geplant im ersten Nürnberger Prozess gegen die Hauptkriegsverbrecher angeklagt werden konnte, wurde Alfried Krupp in einem gesonderten Prozess 1947 zusammen mit elf leitenden Angestellten der Firma Krupp vor Gericht gestellt und 1948 wegen des Einsatzes von Zwangsarbeitern (»Sklavenarbeit«) und Plünderung von Wirtschaftsgütern im besetzten Ausland zu zwölf Jahren Haft verurteilt, sein gesamtes Vermögen wurde eingezogen. Anfang 1951 wurde er begnadigt und vorzeitig aus dem Kriegsverbrechergefängnis Landsberg entlassen. 1953 erhielt er sein gesamtes Vermögen zurück unter der Auflage, die Berg- und Hüttenbetriebe des Krupp-Konzerns bis 1959 zu verkaufen, was allerdings nicht geschah. Am Ende des Wikipedia-Eintrags steht ein Zitat von Alfried Krupp aus dem Jahr 1959. Die Daily Mail fragte ihn, ob er »irgendein Gefühl der Schuld« habe. Er antwortete: »Was für eine Schuld? Für das, was sich unter Hitler ereignet hat? Nein. Es ist jedoch bedauerlich, dass das deutsche Volk selbst zuließ, von Hitler so betrogen zu werden.«

Aufgeschreckt vom Applaus des Publikums kehre ich in die Gegenwart zurück, in den Alfried Krupp Saal. Erik Nielsen, der Dirigent des Abends, hat die Bühne betreten, setzt sich an den Flügel, spielt etwas aus Wagners Ouvertüre der »Meistersinger von Nürnberg«, erklärt, wie direkt sich Wagner dabei auf Johann Sebastian Bach bezieht, und erläutert anschließend die musikalischen Themen der »Rheinischen Sinfonie« von Robert Schumann. Zu den Wesendonck-Liedern sagt er wenig. Oder bekomme ich das nur nicht mit, weil ich mir eingestehen muss – beschenkt mit einer Freikarte –, zu einem schwer bestimmbaren Teil und vielfach vermittelt diesen Abend eben auch einer Entscheidung von Alfried Krupp und der von ihm gegründeten Stiftung zu verdanken? Mindert das meine Freude an der Musik?

Ich versuche, mich auf die Musik zu konzentrieren. Je bemühter ich bin, desto deutlicher stehen mir Sequenzen von Viscontis »Die Verdammten« (1969) vor Augen, ein Film, der die Familiengeschichte der Krupps umspielt, er ist kein Abbild, eine Alfried-Figur gibt es darin nicht. Der Film war mir, als ich ihn vor ein paar Wochen wieder gesehen hatte, unerwartet unter die Haut gegangen. Die Handlung hatte sich aus der Konfrontation der Charaktere mit dem Nationalsozialismus stringent, ja regelrecht mit Notwendigkeit entwickelt. Gegen Ende des Films steht allen Figuren erkennbar der Schweiß im Gesicht, obwohl es dafür aus dem Film heraus keine Notwendigkeit gibt. Es wirkte, als agierten sie alle bereits im Fegefeuer. Dann singt Bettina Ranch »Da stieg auch mir ein Engel nieder« – und plötzlich gibt es dann doch nur diese Musik.

Franziska, die jüngere Tochter, besucht mich Anfang Dezember in Mülheim. Am Tag nach Nikolaus, es regnet, fahren wir zur Villa Hügel. Den Namen umgibt ein Nimbus von Herrschaft und Macht. Gefragt, was uns dort erwarten würde, fällt meine Erklärung recht dünn aus: eine Art Schloss, eine riesige Fabrikantenvilla, der Stammsitz der Krupp-Dynastie. Ist das für sie ein Name wie jeder andere? »Sagt dir das was: ›Hart wie Kruppstahl‹?« Sie schüttelt den Kopf.

Viel Konkretes weiß ich nicht zu sagen, eher Allgemeines über die Kanonen und Kriegsschiffe von Krupp, über Zwangsarbeiter, Krupp als Synonym deutscher Stahl- und Rüstungsindustrie und die Verurteilung in Nürnberg.

Vom Essener Hauptbahnhof sind es nur ein paar Stationen mit der S 6 in Richtung Süden. Der eigens für die »Villa« gebaute Bahnhof heißt »Hügel« und wurde 1890 vom deutschen Kaiser eingeweiht. Wilhelm II. findet sich immer wieder an der Seite von Friedrich Alfred Krupp und seines Schwiegersohns Gustav Krupp von Bohlen und Halbach, ob als Trauergast, Trauzeuge oder als Taufpate von Alfried Krupp.

Der kurze Aufstieg durch den menschenleeren Park mit seinen riesigen Bäumen und dem gepflegten Rasen, der Blick zurück auf die aufgestaute Ruhr, die hier zum Baldeneysee wird, die immer höher aufragende Fassade der Villa, die mit ihrem Großen und Kleinen Haus und der Galerie dazwischen natürlich ein Schloss ist, steigern die Neugier. Als wir die Rabatten vor der Villa erreichen, auf der Terrasse durch die Glastür hineinsehen und sich noch immer keine Menschenseele zeigt, fühlen wir uns wie Eindringlinge. Das ändert sich erst, als wir auf die der Ruhr abgewandte Seite der Villa gelangen. Vielleicht übertreibe ich, aber auch die höflichen Aufsichtskräfte, die in grau-schwarzen Uniformen stecken, wirken in ihrer Steifheit und Zurückhaltung, als müssten sie gleich wieder zur Herrschaft in den Salon zurückkehren. Die Empfangshalle ist riesig und mit den Porträts und Familienbildern der Krupps tapeziert. Wieder einmal bin ich unvorbereitet. Und diesmal habe ich keinen Baedeker dabei, aus dem ich (wie sonst üblich) vorlesen könnte. Dabei ist die Genealogie der Familie übersichtlich. Von Alfred Krupp bis zu seinem Urenkel Alfried umspannen vier Generationen rund hundertfünfzig Jahre. Mit den Eltern von Alfred und mit Arndt, dem einzigen Sohn von Alfried, sind es sechs Generationen. Auf den Gemälden erkennen wir zwar bald einige Gesichter wieder und könnten daran die Abfolge der Krupps studieren, aber als Bilder sind sie fad. Schwer vorstellbar, was es mit einem macht, wenn man in solchen Räumen leben muss.

Erik Reger, selbst einige Jahre Pressereferent und Bilanzprüfer bei Krupp, beschreibt die Villa in seinem großen Roman »Union der festen Hand« von 1931: »Die Villa baute er ungefähr nach den Vorstellungen, die ein Mensch, der nie betrunken war, von den Phantastereien eines Weinrausches hat. Sein werktägliches Leben verlief knapp, sachgemäß und zielvoll, darum glaubte er, daß die Kunst als Gegengewicht sonntäglich aufgeputzt und mit sinnlosem Zierrat überladen sein müsse. So hatte alles seine Ordnung bei ihm, und die Villa mit der seltsamen Mischung von falschem Klassizismus und scheinheroischem Barock war folgerichtig aus seinem Wesen und seiner Lebensweise heraus entwickelt.«

Die Bibliothek wird noch renoviert, das hundertfünfzigjährige Jubiläum der Einweihung steht kurz bevor. Wir steigen nach oben in den Festsaal, besichtigen ein paar Zimmer, eines mit dem furchteinflößend großen Schreibtisch. Auch hier scheinen sich die großzügigen Räume durch die Holzvertäfelung wie unter ein selbstverordnetes Joch zu beugen. Man krümmt sich eher mit, als dass man in diesem Saal aufatmet.

Am ehesten »spricht« zu mir noch die alte, elegante Ausstattung der Toiletten. Und der Blick in den Park. Alles andere wirkt brachial, ausstaffiert, lieblos, wie stellvertretend für das Eigentliche.

Die Kälte in den Gemälden scheint sich auf die Raumtemperatur zu übertragen. Bin ich hier im Herzen von Krupp? Sieht so das Innere von Macht aus? Mich beschleicht das enttäuschende Gefühl, durch diese Besichtigung dem Geist der Villa Hügel nicht näher zu kommen. Oder erkenne ich das Eigentliche nicht?

Bezogen auf die Fotografie zitiert Benjamin Brecht, dass »weniger denn je eine einfache ›Wiedergabe der Realität‹ etwas über die Realität aussagt. Eine Photographie der Kruppwerke oder A.E.G. ergibt beinahe nichts über diese Institute. Die eigentliche Realität ist in die Funktionale gerutscht. Die Verdinglichung der menschlichen Beziehungen, also etwa die Fabrik, gibt die letzteren nicht mehr heraus.« (»Kleine Geschichte der Photographie«, Gesammelte Schriften, Band II.1, S. 383f.)

Und dabei habe ich es mit echten Räumen zu tun. Aber die Wirkungsmacht verbirgt sich hinter dem Musealen. Es ist nur noch der abgelegte Panzer zu sehen, imposant, aber ohne den lebendigen Körper.

Interessant auch, dass Brecht als Erstes Krupp einfällt. Krupp war im Geschichtsunterricht bei uns der Inbegriff des Kapitalisten. Es gab die fünfteilige Fernsehserie »Krupp und Krause« von 1969, an die ich mich heute noch erinnere, wenn auch nur an wenige Episoden.

Hitler hat 1935 mit der berüchtigten Forderung, die deutsche Jugend solle »flink wie Windhunde, zäh wie Leder, hart wie Kruppstahl« sein, den Mythos weiter aufgebläht, aber nicht erfunden. Hätte er nicht auch sagen können, hart wie »Thyssenstahl«? Thyssen hatte, vermittelt von Ludendorff, Hitler schon 1923 getroffen und sofort finanziell unterstützt.

Ich möchte, dass die Tochter mehr über Krupp erfährt. Außerdem werden wir morgen im Alfried Krupp Saal sitzen (ich zum zweiten Mal) und vorher im Folkwang-Museum gewesen sein, dessen Neubau die Krupp-Stiftung praktisch allein finanziert hat, ein Geschenk von 55 Millionen Euro an die Stadt Essen zum europäischen Kulturhauptstadtjahr 2010. Im Osten, an der Universität Greifswald (Berthold Beitz, der spätere Generalbevollmächtigte von Krupp, stammt aus dieser Region), gibt es ein »Alfried Krupp Wissenschaftskolleg«.

Im Kleinen Haus der Villa Hügel erhoffe ich mir die notwendigen Erkenntnisse durch die Ausstellung. Jedenfalls lerne ich hier anhand einer großen Tafel fürs Erste die Genealogie, die wir via Internet etwas anreichern.

Vom Gründerehepaar Friedrich Krupp (1787–1826) und Therese Wilhelmi (1790–1850) gibt es keine Bilder, nur

Scherenschnitte, wenn es denn die von ihnen sind. Friedrich und Therese schafften es, in Essen eine Gussstahlfabrik errichten zu lassen.

Alfred Krupp (1812–1887) verlor mit vierzehn Jahren seinen Vater. Zusammen mit seiner Mutter gelang es ihm, die angeschlagene Krupp'sche Gussstahlfabrik wieder profitabel zu machen. Unter seiner Leitung wurde daraus in den folgenden Jahrzehnten das größte Industrieunternehmen jener Zeit. 1852 gelang Krupp die Erfindung der »nahtlosen Radreifen« – drei dieser miteinander verschmolzenen Ringe bilden bis heute das Firmensignet von Krupp –, die im expandierenden Eisenbahnwesen weltweit zum Standard wurden und Krupp enorme Einnahmen bescherten. Auch die Erfindungen und Verbesserungen bei der Produktion von Kanonenrohren aus Stahl machten ihn zu jenem sagenhaften »Kanonenkönig«. Da im Ausland noch mit Bronzekanonen geschossen wurde, bescherten Krupps Kanonen den Preußen im Deutsch-Dänischen Krieg von 1864 wie im Deutsch-Französischen Krieg von 1870/1871 kriegsentscheidende Vorteile. Im Deutschen Krieg von 1866 zwischen Preußen und Österreich lieferte Alfred Krupp gleich an beide Parteien.

Am Tresen für die Eintrittskarten findet sich unter den Publikationen der Villa Hügel auch eine Broschüre, die sich dem Verhältnis von Alfred Krupp und Alexander von Humboldt widmet. Ich muss zwei Mal hinsehen: Was in meiner Vorstellung verschiedenen Epochen, unterschiedlichen geistigen Hemisphären angehört, hat sich doch berührt. Alexander von Humboldt starb, fast neunzigjährig, 1859, da war Krupp siebenundvierzig. Während für Krupp Humboldt schon jener berühmte Humboldt war, war für Humboldt Krupp ein aufstrebender Unternehmer, der sich bei ihm Empfehlungsschreiben für seine Pariser Unternehmungen erhoffte.

Alfred Krupp bekam es in Deutschland als einer der Ersten mit der sich formierenden Arbeiterbewegung zu tun, auf die er als Patriarch reagierte. Wer sich seinem strengen Reglement unterwarf, hatte Anspruch auf Sozialleistungen, wie sie vorher unbekannt waren: firmeneigene Siedlungen, günstige Baudarlehen, Altersversorgung, Krankengeld und anderes mehr. Die vor dem Hintergrund einer erstarkenden Sozialdemokratie geschaffenen und für ihre Zeit ungewöhnlichen Sozialgesetze unter Bismarck orientierten sich im Wesentlichen an dem »Krupp'schen Generalregulativ«.

Zwischen 1870 und 1873 ließ Alfred Krupp, der mit seiner Familie noch immer neben der Gussstahlfabrik in Essen wohnte, nach eigenen Vorstellungen und Entwürfen ein neues Anwesen bauen. Auf den ausgestellten Fotografien der Villa Hügel sieht die damalige Inneneinrichtung klarer, heller, moderner aus, da der Patriarch keine brennbaren Materialien für den Bau zuließ und so die spätere, alles überwuchernde Holzvertäfelung die Räume noch nicht verdunkelte. Hatte die Villa unter Alfred Krupp sechsundsechzig Angestellte, so waren es kurz vor dem Ersten Weltkrieg über sechshundert.

Das einzige Kind von Alfred und Bertha Krupp war Friedrich Alfred (1854–1902). Unternehmerisch kam er erst nach dem Tod seines Vaters 1887 wirklich zum Zuge und hatte seine Expansionspläne gegen einen Stab leitender Angestellter durchzusetzen. Er galt als kränklich und verbrachte mit seiner Mutter während der Kindheit und Jugend wohl mehr Zeit in Italien als in Essen. Seinen Wunsch, Ingenieurswissenschaften, insbesondere Metallurgie, zu studieren, konnte er sich nur gegen den Willen des Vaters und dies auch nur für wenige Monate erstreiten. Friedrich Alfred holte Wissenschaftler nach Essen, um die Qualität des Stahls durch Legierungen zu verbessern. Er kaufte etliche Zechen, erwarb unter anderem die Magdeburger Grusonwerke und die Germania-Werft in Kiel. Vor allem aber geht auf ihn die Gründung des bald größten Stahlwerks Europas in Rheinhausen zurück, das 1904, zwei Jahre nach seinem frühen Tod, in Friedrich-Alfred-Hütte umbenannt wurde.

Zu seiner Leidenschaft wurde der Golf von Neapel mit der Meeresforschungsstation (und deren wunderbaren Fresken von Hans von Mareés), vor allem aber Capri, wo er nicht nur eine spektakuläre Serpentinenstraße (Via Krupp) bauen ließ, sondern auch einer Geselligkeit frönte, die zum Anlass wurde, ihn homosexueller Ausschweifungen zu bezichtigen. Nachdem diese Vorwürfe auch in Deutschland im »Vorwärts« unter Nennung seines Namens erhoben worden waren, beging er im November 1902 Selbstmord, die offizielle Todesursache lautete: »Gehirnschlag«. Das gesamte Firmenimperium, umgewandelt in eine Aktiengesellschaft, erbte die ältere seiner beiden noch minderjährigen Töchter, Bertha (1886–1957).

Zwanzigjährig heiratete Bertha den Juristen und Diplomaten Gustav von Bohlen und Halbach (1870–1950) und erwirkte beim Kaiser die Erlaubnis, den Namen Krupp vor den Familiennamen setzen zu dürfen. Sie brachte acht Kinder zur Welt, von denen Arnold, das zweitälteste, nach einem Jahr verstarb. Das älteste war Alfried Krupp von Bohlen und Halbach. Man kann die Familie auf einem Gemälde von George Harcourt von Anfang der dreißiger Jahre betrachten. Warum Alfried weit entfernt vom Vater und der Mutter platziert wurde – und dies eher unsicher auf der

Lehne eines Sessels –, während der nächstältere Sohn Claus, der 1940 als Pilot umkommen wird, geradezu demonstrativ als Einziger Mutter und Vater zugeordnet wird, weiß ich nicht.

Gustav Krupp von Bohlen und Halbach wurde durch den Ersten Weltkrieg, die Ruhrbesetzung, die Inflation und schließlich die Weltwirtschaftskrise mit einem ständigen Auf und Ab des Konzerns konfrontiert. Offenbar beliebt, weil er sich für soziale Belange einsetzte – 1906 begann auch der Bau der Margarethenhöhe, neben Dresden-Hellerau die erste deutsche Gartenstadt und zugleich Werkssiedlung –, übernahm er 1909 den Aufsichtsratsvorsitz. Vor dem Januar 1933 wahrte er Distanz zu Hitler und spendete auch nicht für die NSDAP. Das änderte sich mit der Machtübernahme. Beim Treffen der Großindustriellen am 20.2.1933, bei dem Hitler drei Millionen Reichsmark für seinen Wahlkampf zugesagt wurden, gab Gustav Krupp als Erster eine Million. 1934 wurde Hitler in der Villa Hügel empfangen, ein Empfang, den Bertha Krupp 1933 noch hatte verhindern können. Doch die Krupp AG profitierte enorm von der Aufrüstung. Mit Beginn des Zweiten Weltkriegs steigerte sich die Nachfrage abermals. Zwischen 1940 und 1945 waren circa einhunderttausend Zwangsarbeiter und KZ-Häftlinge bei Krupp beschäftigt. Ende 1943 übernahm Alfried von Bohlen und Halbach die Geschäfte seines Vaters. Seine Mutter Bertha, die fast alle Aktien des Unternehmens besaß, hatte bei Hitler die als »Lex Krupp« bekannte Erlaubnis erwirkt, die Krupp AG wieder in eine Personengesellschaft umzuwandeln, die Firma Fried. Krupp, deren Alleininhaber ihr Sohn und später ein Nachkomme von ihm werden sollte. Nun erst durfte sich auch Alfried *Krupp* von Bohlen und Halbach nennen.

In der Ausstellung im Kleinen Haus findet sich das Dokument: »Erlass des Führers über das Familienunternehmen der Firma Fried. Krupp vom 12. November 1943«. Die Begründung, die dem Erlass vorangeht, fasst zusammen, was die Firma bedeutete: »Die Firma Fried. Krupp hat sich als Familienunternehmen in 132 Jahren überragende, in ihrer Art einzige Verdienste um die Wehrkraft des deutschen Volkes erworben. Es ist daher mein Wille, daß sie als Familienunternehmen erhalten bleibt.« Nebenbei ersparte dieser Erlass den Krupps 400 Millionen Reichsmark Erbschaftssteuer. (In meinen Notizen finde ich, leider ohne Quellenangabe, Vergleichswerte für dieselbe Zeit: In Großbritannien und den USA musste ein Alleinerbe 65 beziehungsweise 77 Prozent abtreten, selbst im konservativen Japan lag der Satz bei 60 Prozent. In Deutschland blieben es dagegen nur 15 Prozent. Krupp musste gar nichts zahlen.)

1937 heiratete Alfried Krupp Anneliese Lampert (1909–1998), Anfang 1938 wurde Arndt von Bohlen und Halbach geboren. Die Ehe wurde 1941 geschieden, 1952 heiratete Alfried ein zweites Mal, fünf Jahre später wurde auch diese Ehe wieder geschieden.

Arndt von Bohlen und Halbach ist auf etlichen der Fotografien zu sehen, meist gemeinsam mit seinem Vater – und fast immer zusammen mit Berthold Beitz. Der war bereits 1953, nur wenige Monate, nachdem Alfried Krupp die Geschäfte des Konzerns wieder übernommen hatte, zum Generalbevollmächtigten der Firma ernannt worden, was bedeutete, dass Berthold Beitz überall das letzte Wort hatte, sofern Alfried Krupp nicht widersprach – oder solange dessen Sohn Arndt nicht die Geschäfte übernommen hatte.

Als ich auf einer Fotografie in den Ausstellungsräumen der Villa Hügel Arndt von Bohlen und Halbach das erste

Mal sehe, ohne etwas über ihn zu wissen, glaube ich, diesem jungen Mann sein Unglück, die Überforderung mit der Rolle des Alleinerben und Alleinlenkers der Firma Fried. Krupp, anzusehen. Er wirkt wie jemand, der die Sprache nicht versteht, die um ihn herum gesprochen wird, obwohl er kaum je eine andere gehört hat. Seine Homosexualität musste in dieser Zeit und erst recht in seiner Position verschwiegen werden, ein Geheimnis, um das alle wussten. Das Schicksal seines Urgroßvaters wird Arndt gegenwärtig gewesen sein.

Die Umwandlung der Firma Fried. Krupp in eine Stiftung (seit 1968) hatte in der offensichtlichen Nichteignung des Thronfolgers ihren Grund. Voraussetzung dafür war, dass Arndt für jährlich zwei Millionen D-Mark, für etliche Immobilien und teure Spielereien auf das Erbe verzichtete.

Fritz J. Raddatz ließ sich dazu hinreißen, Arndt als »fahle Made im weißen Seidenleinenanzug« zu bezeichnen. In dem Buch »Ihr da oben – wir da unten« von Bernt Engelmann und Günter Wallraff (1973) sagte der anonym bleibende Arbeiter Jürgen F.: »Wir kamen uns wie Leibeigene vor, die dem Nichtstuer Arndt sein ohnehin süßes Leben noch mit weiteren Millionen versüßten.«

Ich fotografiere mir ein paar Texte ab und ein paar Bilder, die ich nicht verstehe: »Berthold Beitz und Schah Reza Pahlewi 1974«, das Titelblatt von »Krupp, Zeitschrift der Kruppschen Betriebsgemeinschaft«: »Kruppsche Arbeiter umjubeln den Führer bei seinem Besuch auf der Gußstahlfabrik am 28. September 1935« (das Handy-Foto lässt sich vergrößern, mehr noch als die Freude in den Gesichtern, die meisten Arbeiter recken den rechten Arm zum Hitlergruß in die Höh, ist es die körperliche Nähe zu Hitler, die überrascht), »Adolf Hitler mit Gustav und Bertha Krupp von Bohlen und Halbach im Hügel-Park, im Hintergrund (Mitte) Rudolf Hess, Hitlers Stellvertreter, 11. April 1937.«

Auch wenn die Ausstellung Unangenehmes vorzeigt, wäre es leicht, einige Texte der unzulässigen Geschichtsklitterung zu überführen, z.B.: »Diszipliniert, ordnungsliebend und korrekt – Gustav Krupp von Bohlen und Halbach handelte stets als ›Treuhänder des Krupp'schen Erbes‹. Im Mittelpunkt seines Lebens standen die Familie und das Unternehmen. Wenn er ehrenamtliche Funktionen übernahm, engagierte er sich jedoch über Jahrzehnte hinweg und mit Nachdruck an führender Stelle.« Man fragt sich natürlich, warum so ein Mensch als einer der Hauptkriegsverbrecher angeklagt werden sollte.

Mich interessiert das Selbstverständnis, aus dem solche Texte entstehen, die ganz sicher nicht dem Stand der Forschung entsprechen, aber durch die Kontinuität der Firma Krupp und ihrer Stiftung im Alltag präsent sind. Wäre so ein Text außerhalb der Villa Hügel denkbar? Oder müsste man fragen: Außerhalb von Essen?

Wir laufen noch treppauf, treppab, drehen eine Runde durch den Park und versichern uns, jetzt, da die Dämmerung einsetzt, endlich Anspruch auf ein Mittagessen zu haben. Eigentlich ist alles hier dafür geschaffen, um es zu genießen. Trotzdem gehe ich unzufrieden davon, wie einer, der geglaubt hatte, schnell ein klares Ergebnis zu finden, und nun eher mit einer Aufgabe weggeschickt wird. Der Tochter hat es trotzdem gefallen. Und natürlich möchte auch ich, als wir in dem griechischen Lokal mit Blick auf den Baldeneysee auf die Stühle sinken, den Ausflug keinesfalls missen.

2010 war im Berlin Verlag die Biografie von Berthold Beitz erschienen, geschrieben von Joachim Käppner. Die

Publikation dieses Lebensweges muss ein Ereignis gewesen sein. Mich haben damals diese sechshundert Seiten über einen Mann aus der Wirtschaft nicht besonders interessiert, obwohl meine Verlegerin Elisabeth Ruge von dem Buch und vor allem von Berthold Beitz schwärmte und mir die Lektüre nahelegte. Deshalb steht es auch als gebundenes Buch im Bücherschrank, allerdings in Berlin, aber jetzt bestelle ich die Taschenbuchausgabe, weil ich es gleich lesen will.

Mir fällt es dann tatsächlich immer schwerer, das Buch aus der Hand zu legen. Von Käppners Sichtweise, die sich der von Berthold Beitz annähert und von großer Sympathie für seinen Helden zeugt, lässt man sich gern an die Hand nehmen. Ich verfüge nicht über das historische Wissen, um Käppners Darstellung kritisch Paroli zu bieten, kann aber wie jede Leserin und jeder Leser die Widersprüche sehen, in denen Beitz sein Leben lang agierte. Da Berthold Beitz nur Wochen vor seinem hundertsten Geburtstag verstorben ist, seine Karriere früh begann und er nie zurücktrat, durchwandert man in diesem Buch tatsächlich ein ganzes Jahrhundert. Die folgenden Seiten sind ein Destillat aus Joachim Käppners Beitz-Biografie.

Geboren 1913 im Dorf Zemmin, in der Nähe von Jarmen, südwestlich von Greifswald, wird er Bankangestellter, erlebt 1933 keineswegs als Zäsur, macht eine gewisse Karriere in Hamburg, lernt relativ früh seine Frau kennen, die für ihn die Liebe seines Lebens wird, die ständige Begleiterin und Unterstützerin, auch dann, wenn es um Leben und Tod geht. Beitz wird während des Zweiten Weltkriegs ins besetzte Polen geschickt, wo er nach einigen Zwischenstufen zum Chef der »Karpaten-Öl« aufsteigt, einer »kriegswichtigen« Öl-Firma.

Was ich nicht wusste: Beitz und seine Frau tun etwas, wofür jemand wie Alfred Schindler später berühmt wurde. Sie retten hundertfach jüdische Frauen, Kinder und Männer. Da Beitz eine unerschrockene Menschlichkeit besitzt, zudem großgewachsen und stets gut gekleidet ist und aufzutreten weiß, vermag er die nicht mit Widerspruch rechnende SS zu verunsichern. Noch aus den abfahrbereiten Waggons holt er »seine Juden«. Er wird denunziert und hat Glück, dass ausgerechnet jener SS-Offizier, der ihn verhören soll, sich als Jugendfreund herausstellt. Der inhaftiert Beitz ein paar Tage und lässt ihn dann nach Hause chauffieren, was seinen Nimbus noch verstärkt. Beitz kann viele retten, manche mehrmals. Für diejenigen, die er bei sich beschäftigt, scheint »die Familie Beitz von einem anderen Planeten zu kommen, einem ganz anderen als die übrigen Deutschen«. Als er eingezogen wird – viele Juden fliehen vorher in die Wälder in vorbereitete Verstecke –, gerät er in sowjetische Gefangenschaft, kann fliehen, überwindet die Oder gen Westen und überlebt die letzten Kriegsmonate in diversen Einheiten der Wehrmacht. Irgendwie schlägt er sich nach Hamburg durch, wohin auch die Familie kommen kann. Dort hält er die Seinen als Schieber und Kleinhändler über Wasser. Da aber Briten und Amerikaner unbelastete Kräfte suchen, wird er 1946 durch Fürsprache seiner früheren Sekretärin in Boryslaw (es ist ein zufälliges Wiedersehen der beiden auf Hamburgs Straßen) als Vizepräsident des Versicherungsaufsichtsamtes eingestellt, macht Karriere und geht 1949 auf das Angebot der Iduna-Germania-Versicherung ein, als Generaldirektor in deren Aufsichtsrat zu wechseln. Dort initiiert er unter anderem den Neubau der Iduna-Germania-Zentrale durch Ferdinand Streb, heute eine Ikone der Nachkriegsarchitektur.

Beitz gehört zu einer »Clique aus jungen Erfolgsmenschen«, die sich Luxus leisten können und ihn genießen. Es klingt wie die Beschreibung einer Boheme, nur heißen die Akteure Rudolf Augstein und Axel Springer; Berühmtheiten wie Max Schmeling oder der Architekt Ferdinand Streb, der Bankier Alwin Münchmeyer oder der Auschwitz-Überlebende und Begründer der Hamburger CDU Erik Blumenfeld gehören dazu. Da die Versicherung auch an die Familie Wagner Kredite vergibt, begegnet er oft Wilhelm Furtwängler und Herbert von Karajan. »Wenn Sie Kontakte zur Industrie suchen, müssen Sie mitmachen«, sagt Beitz über die Gesellschaft der Freunde Bayreuths. »Da haben Sie die ganze Bande beieinander.«

Alfried Krupp lernt Berthold Beitz zufällig kennen, als Beitz in Essen das Atelier einer Sylter Urlaubsbekanntschaft, des Bildhauers Jean Sprenger, besucht, der für das Foyer der Iduna-Germania eine »Iduna« entworfen hat. Sprenger und Krupp sind seit der Schulzeit befreundet. Alfried Krupp, erst seit Anfang 1951 wieder ein freier Mann, besucht im Herbst 1952 mehrmals Beitz in Hamburg. Beitz rätselt, was Krupp von ihm will. Axel Springer lässt Beitz das Dossier über Krupp lesen, das offenbar schon damals bei Springer existierte. Ende September 1952 rückt Alfried Krupp dann damit heraus: »Sie bekommen Generalvollmacht, Sie können handeln wie ein Eigentümer und machen, was Sie wollen. Ich würde Sie gern als Generalbevollmächtigten in Essen haben.« Es folgen fast sechzig Jahre bei der Firma Fried. Krupp bzw. ihrer Stiftung. Wofür ich keine Erklärung finde, ist der Umstand, dass Krupp dieses Angebot 1952 macht, obwohl er erst 1953 wieder in den Besitz seiner Firma gelangt.

Von dem, was mir an Berthold Beitz bemerkenswert erscheint, kann ich nur wenige Aspekte herausgreifen:

Keine Schließungen

Berthold Beitz fühlt sich Alfried Krupp nicht nur zu dessen Lebzeiten verpflichtet. Er bewahrt ihm und seinem Vermächtnis eine Treue, die lange kompromisslos ist und für das Unternehmen existenzgefährdende Züge annimmt. Weil es sich sonst nicht mit der Firmenphilosophie vereinbaren ließe, wird an defizitären Betriebsteilen jahrelang festgehalten. »Dann müssen eben die anderen mehr erwirtschaften«, soll Alfried Krupps Devise gewesen sein.

Keine Waffen

Bei seiner Entlassung aus dem Gefängnis 1951 antwortet Alfried Krupp auf die Frage, ob seine Firma wieder Waffen produzieren werde: »Ich habe nicht den Wunsch und nicht die Absicht. [...] Ich hoffe, es wird für Krupp nie wieder nötig sein, zum Waffengeschäft zurückzukehren.«

Nach der Gründung der Bundeswehr 1955 gibt es allerdings den Wunsch nach Waffen. Krupp lässt einen seiner Direktoren verkünden: »Die Krupp-Werke werden niemals mehr einen Rüstungsauftrag ausführen, selbst wenn man uns eines Tages der Sabotage an der europäischen Wiederaufrüstung bezichtigen sollte.« Allerdings stimmt das nicht ganz, man baut Radargeräte, Lenksysteme für die Marine, liefert Spezialstahl, zum Beispiel für U-Boote, und anderes mehr. Zudem gehören Krupp große Anteile an MaK, die den Leopard-1-Panzer bauen.

Beitz versucht die Zurückhaltung von Krupp gegenüber der Produktion von Kriegsschiffen und anderen Waffen im Interview mit dem »Time Magazine« in Werbung zu verwandeln: »Warum in aller Welt sollten wir denn Kanonen produzieren? Schauen Sie doch unsere zivilen Aufträge an. Und nebenbei: Welcher Krieg würde heute noch mit Kanonen ausgetragen?«

Entschädigungen

Ein bis heute beschämendes Kapitel sind die Entschädigungszahlungen an ehemalige KZ-Häftlinge und Zwangsarbeiter. Berthold Beitz setzt 1959 nach langwierigsten Verhandlungen Entschädigungszahlungen durch. »Rose Szego, die ungarische Jüdin, die in Auschwitz ihre Kinder verloren und im letzten Kriegswinter im Essener Walzwerk gearbeitet hat, erhält von Krupp nach dem Abkommen von 1959 etwa 3300 Mark«, resümiert Joachim Käppner. Vorausgegangen ist unter anderem eine Differenz zwischen Krupp und der Jewish Claims Conference. Berthold Beitz schreibt an die Conference: »Ihrem Bericht über den bisherigen Verlauf des Anmeldeverfahrens haben wir unter anderem entnommen, daß sich unter den Anspruchstellern annähernd 400 Ungarinnen befinden, von denen im Nürnberger Urteil angeführt ist, daß sie durch Krupp der Vernichtung preisgegeben worden seien. Diese Unrichtigkeit hat zusammen mit anderen Verzerrungen sicherlich mit zu der hohen Haftstrafe, zu der Herr von Bohlen verurteilt wurde und die er zum erheblichen Teil abgebüßt hat, beigetragen. Hierfür gibt es keine Wiedergutmachung, auch nicht einmal eine moralische in der Weltöffentlichkeit. Sie werden verstehen, daß diese Erkenntnis in unserem Hause mit Bitterkeit empfunden wird.«

Auch wenn der Zeitgeist von 1959 ein anderer war, ist es doch verwunderlich, von welch hohem Ross selbst Beitz, wenn auch im Auftrag von Alfried Krupp, hier vierzehn Jahre nach Kriegsende schreibt. Noch in der Ausstellung der Villa Hügel (Stand Dezember 2022) ist etwas davon zu spüren, dass Alfried Krupp hier Unrecht geschehen sei.

Die JCC antwortet: »Und die Firma Krupp hatte 1945 ihrerseits nichts dafür getan, die jüdischen Frauen vor dem

Abmarsch in das Konzentrationslager Buchenwald und damit in den sicher geglaubten Tod zu bewahren. Das Direktorium stimmte dem Transport durch die SS, die keine KZ-Häftlinge lebend in die Hände der Befreier fallen lassen wollte, ausdrücklich zu, während britische und amerikanische Truppen sich bereits Essen näherten.«

Keine Grenzen

Gemäß der Hallstein-Doktrin, die eine diplomatische Anerkennung der DDR als »unfreundlichen Akt« gegenüber der BRD interpretiert und de facto diplomatische Beziehungen zu diesen Ländern ablehnt, sind die Firmen, die nach Osten exportieren wollen, nicht nur ohne diplomatische Begleitung, sondern werden von der Bundesregierung unter Adenauer auch argwöhnisch beäugt. Bis 1970 hat die BRD nur in Moskau eine Botschaft, sonst nirgendwo im Ostblock. Selbst in Jugoslawien wird die Botschaft 1957 wieder geschlossen. Beitz fährt 1958 zur Messe ins polnische Poznań, wo er u.a. mit dem polnischen Außenminister spricht. Auf polnischer Seite weiß man, wen man vor sich hat. So entstehen freundschaftliche Beziehungen zwischen polnischen Regierungsvertretern und dem Generalbevollmächtigten. Da aber die Polen die Anerkennung der Oder-Neiße-Grenze fordern und Adenauer auf der Rückgabe der deutschen Gebiete beharrt, ist der Spielraum für Beitz eng. Dass es ausgerechnet die Firma Krupp ist, die auf den Messen in Leipzig, in Poznań und anderen östlichen Ländern den Vorreiter spielt, ist allein das Verdienst von Berthold Beitz. So wird er zehn Jahre vor Egon Bahr zu einem Vermittler zwischen West und Ost.

1958 wird Beitz zum ersten Mal in die Sowjetunion eingeladen. Adenauer stuft ihn daraufhin als »national unzuverlässig« ein.

1963 kommt es während eines Besuches von Beitz in der Sowjetunion zu einer überraschenden Einladung in den Kreml. In Käppners Buch gibt es eine Fotografie, die die beiden Gesprächspartner zeigt, darunter die handschriftliche Widmung des Generalsekretärs auf Russisch: »Dem liebenswürdigen Herrn B. Beitz, N. Chruschtschow.« Das Gespräch dauert zwei Stunden und muss sehr offen geführt worden sein, nur die Dolmetscher sind anwesend.

Nach dem Mauerbau hat sich der Ost-West-Konflikt etwas entspannt, Chruschtschow hofft – wie Beitz – auf neue Leute nach Adenauer. 1962 gibt es das Röhrenembargo, das Mannesmann und Hoesch, die beide in die Sowjetunion liefern, hart trifft. Chruschtschow habe gesagt, referiert später Beitz: »Wir haben die Rohstoffe, ihr habt die Technik, und zusammen sind wir unschlagbar.«

So wie es Berthold Beitz oder auch Otto Wolff von Amerongen verstehen, in Zeiten eines besonders kalten Krieges auf die Funktionäre des Ostblocks zuzugehen, ohne ihre eigenen Positionen und Interessen zu verleugnen, werden sie zu Pionieren der Verständigung und letztlich der Entspannung. Willy Brandt und Egon Bahr könnten zu der Maxime »Wandel durch Annäherung« auch von diesen »Wirtschaftskapitänen« angeregt worden sein.

Erich Honecker

Beitz pflegt auch gute Kontakte zu Erich Honecker. Dabei hilft es, dass Beitz ein passionierter Jäger ist. 1986 holt er die Ausstellung »Barock in Dresden« in die Villa Hügel, 1987, als Honecker zum Staatsbesuch in die BRD kommt, empfängt ihn Beitz in der Krupp'schen Residenz. Im Juni 1989 sehen sie einander zum letzten Mal in Greifswald und besuchen gemeinsam einen Gottesdienst in der Nikolaikirche, für die die Krupp-Stiftung die Fußbodenheizung gespendet hat. Im Oktober 1989 wird Honecker durch Egon Krenz abgelöst, Honecker muss in der Charité behandelt werden. Schon im Krankenhaus hat er sich den Kaffee erbetteln müssen, da er selbst über kein Geld mehr verfügt, sein Konto ist gesperrt. Als er entlassen wird, weiß er nicht wohin, denn auch sein Haus in Wandlitz wurde konfisziert. Es ist Beitz, der die Notlage erkennt und unter Vermittlung des Rechtsanwalts Vogel eine Unterkunft für das Ehepaar Honecker findet. »Ich habe den Pastor gebeten, ihn unterzubringen.« Die Gegengabe für den Pfarrer ist ein VW-Bus für die Kinder mit Behinderung, die in Lobetal betreut werden. Beitz muss Honecker auch angeboten haben, dessen Prozesskosten zu übernehmen – der ehemalige Generalsekretär ist offenbar zu Tränen gerührt, lehnt aber die Hilfe ab.

Was trieb den Kruppianer Beitz dazu? War es ein Gefühl für Anstand und Würde, das so viele andere, die Honecker näherstanden oder politisch verantwortlich gewesen wären, vermissen ließen? War es ein Akt der Solidarität mit dem Antifaschisten Honecker? Wie nachhaltig der Sturz von Erich Honecker Berthold Beitz beschäftigte, belegt eine Episode aus dem Jahr 1993, die Joachim Käppner schildert und die sich am achtzigsten Geburtstag von Beitz zugetragen haben soll. Ein TV-Team begleitet den Stiftungschef durch den Park der Villa Hügel. Doch statt von sich selbst zu erzählen, spricht er plötzlich von Honecker, der zu dieser Zeit schwer krebskrank in Chile lebt. »Wenn Erich Honecker jetzt nach Deutschland zurückkäme«, soll Berthold Beitz gesagt haben, »dann könnte er mit seiner Frau bei mir zu Hause wohnen, solange er lebt.« Beitz wehrt sich zunächst gegen den Rat seines Pressechefs, die Passage über Honecker zu schneiden. Schließlich stimmt er doch zu, die

Fernsehleute sind enttäuscht, die Sensation bleibt aus, der gesamte Beitrag wird gestrichen.

Die verschiedenen Aspekte, die mir an Berthold Beitz besonders bemerkenswert erscheinen, lassen sich wohl nicht voneinander trennen. Die aus der Montanunion erwachsene paritätische Besetzung des Aufsichtsrats mit Vertretern der Firmenleitung und Vertretern der Arbeiter und Angestellten muss Beitz entgegengekommen sein. Seine Überzeugung war, dass nur ein partnerschaftliches Verhältnis zwischen Gewerkschaften/Betriebsrat auf der einen und dem Management/Eigentümer auf der anderen Seite langfristig Erfolg bringen kann.

Interessant daran ist, dass die Stiftung eine Zeit lang als alleiniger Besitzer, dann lange als Mehrheitseigentümer von Krupp den Profit, den das Unternehmen unter Umständen macht, nach ihren Kriterien an die Gesellschaft weitergibt. Das Ethos dahinter ist durchaus bemerkenswert. Als Grundwiderspruch des Kapitalismus gilt der zwischen gesellschaftlicher Arbeit bzw. Lohnarbeit und privat-kapitalistischer Aneignung des Profits. In dieser Konstruktion gibt es eine Vermittlung. Abgesehen von der »Apanage« für Arndt von Bohlen und Halbach erwirtschaftet das Familienunternehmen seine Gewinne dafür, um sie nach eigenem Ermessen der Allgemeinheit zukommen zu lassen. Oder sehe ich das zu simpel?

Vielleicht zeigt sich in der Geschichte von Krupp der Widerspruch zwischen dem eigenen Anspruch der Firma wie den Erwartungen der Belegschaft an sie und den ökonomischen Zwängen eines sich zunehmend globalisierenden kapitalistischen Marktes nirgendwo deutlicher als während der Arbeitskämpfe 1987 in Rheinhausen. Rheinhausen wird zum

Fanal. Das einst größte Stahlwerk Europas, die Friedrich-Alfred-Hütte, das Herzstück von Krupp, soll geschlossen werden. Es macht schon länger circa 100 Millionen D-Mark Verlust pro Jahr. Der neue Aufsichtsratschef von Krupp, Gerhard Cromme, hat mit dem Chef des auf der anderen Rheinseite gelegenen Mannesmann-Röhrenwerks die Idee entwickelt, die beiden nur halb ausgelasteten Werke in einem Werk zusammenzufassen. Zweitausend Beschäftigte haben bereits ihre Arbeit verloren. Von den verbliebenen sechstausend sollen etwas mehr als zweitausend bei Mannesmann Arbeit finden, die anderen auf andere Kruppwerke aufgeteilt oder in den Vorruhestand geschickt werden. Um die, die dann noch übrig sind, wolle man sich kümmern.

Nicht allein die Existenzangst bringt die Beschäftigten auf. Es ist auch das verletzte Selbstwertgefühl als Arbeiter und als Kruppianer.

Im Netz stoße ich auf eine Vielzahl von Dokumentationen und Berichten über den Arbeitskampf von Rheinhausen, zu dem es vielleicht nicht gekommen wäre, wenn nicht ein einzelner Arbeiter, der weder dem Betriebsrat angehörte noch bei der IG Metall eine Rolle spielte, das Wort ergriffen und die Resignation in Wut, Selbstbewusstsein und Protest verwandelt hätte. Helmut Laakmann hatte sich bei Krupp vom »Feger«, also vom Hilfsarbeiter, über den Facharbeiter zum Meister und schließlich zum Betriebsführer qualifiziert. Am 30. November 1987 hält er jene legendäre Rede, die die Arbeiter, über die mehr oder weniger verantwortungsvoll verfügt werden soll, in einen unerwarteten historischen Kontext stellt und versucht, sie wieder zu Subjekten ihrer Geschichte zu machen.

Da ich den Wortlaut der Rede von Helmut Laakmann nirgendwo finden kann, verschriftliche ich die verschiedenen

Filmsequenzen, ohne Gewähr dafür, dass die Reihenfolge tatsächlich die richtige ist. Allein aus dem Text erschließt sich nicht die Wirkung. Ohne Laakmanns Stimme, ohne seine Intonation und die Pausen zwischen den Sätzen, ohne seinen Blick unterm Helm mit der hochgeklappten Schutzbrille hervor, ohne seine sich wiegenden Bewegungen vor dem Mikro, ohne die zehntausend Arbeiter, die an diesem Tag zusammengekommen sind, ohne die Ungewissheit, was vor ihnen allen liegt, bekommt man bestenfalls eine Ahnung dieser Rede. Laakmann schleudert jeden Satz mit einem Selbstbewusstsein und einer Empörung heraus, nach der es keine weitere Rede geben kann, sondern nur noch die Tat.

»Wir leben in einem freien Land. Wir leben in einem Rechtsstaat. Es kann doch nicht sein, dass eine kleine Clique, eine kleine Mafia, mit den Menschen in diesem Lande macht, was sie will.

Da treibt man die Krupp'sche Arbeiterschaft zur Arbeit an wie noch nie! Da wird die Belegschaft dezimiert in unerträglicher Weise! Und dann kommt der Dr. Cromme, nachdem wir alle im Dreieck springen, und knallt uns den Dolch in den Rücken. Aber noch leben wir!

Ich werde oft von meinen Kollegen gefragt, was kann ich denn alleine schon tun? Kollege, ich sage dir ganz klar: Vor einer Woche waren wir noch allein, vor ein paar Tagen war die ganze Belegschaft da, heute ist es die Stadt Duisburg, und morgen wird es das ganze Revier sein!

Leute, das Buch der Geschichte ist jetzt aufgeschlagen, und jetzt liegt es an euch, hier mal ein paar neue Seiten zu schreiben. Lasst die Generationen, die nach uns kommen, nachlesen, wie man einen Arbeitskampf führt und wie man diesen Vorstand in die Knie zwingt!

Pfarrer Kelb, Ihnen sage ich – ich bin ja kein besonders frommer Mann –, aber Sie haben mich in den letzten Tagen so'n bisschen inspiriert. Und da hab ich mir mal Ihr Behandlungsbuch für Menschen zur Brust genommen. Und da hab ich etwas über Krupp gelesen. Da stand drin, wir hätten jahrelang die linke Wange und dann die rechte Wange hingehalten. Doch da hab ich auch noch was gelesen, und das könnte in Zukunft unsere Parole sein. Jetzt heißt es: Auge! um Auge! und Zahn! um Zahn!

Krupp'sche Arbeiter, nehmt jetzt diese historische Stunde wahr, um endlich das auszufechten, was wir ausfechten müssen für unsere Familien, für unsere Kinder, für die Menschen in diesem Land, für die Städte!«

Diese Rede löst den wohl längsten Arbeitskampf in der Geschichte der BRD aus. Die ganze Rede muss gut neun Minuten gedauert haben, die obige Mitschrift kann also nur ein Ausschnitt sein.

Nach der Rede, so Laakmann, sei ihm fast schlecht geworden, weil er meinte, nun sei er weg vom Fenster. Er sieht seine Karriere zusammenstürzen. Was er in fünfundzwanzig Jahren aufgebaut hat, scheint er in zehn Minuten vernichtet zu haben. Dann aber läuft der Stahlwerksdirektor neben ihm aus der Halle hinaus, als wollte er zeigen: Ich sehe das wie Laakmann. Im Büro nimmt er Laakmann in den Arm, entwickelt jedoch sofort Strategien, wie er geschützt werden könne, er will ihn in Urlaub schicken. Helmut Laakmann aber bleibt. Es geht ihm um Selbstachtung.

Selbstachtung ist auch das, was in den Worten des stellvertretenden Betriebsratschefs Theo Steegmann wieder aufscheint. Noch während des Streiks sagt er: »Ich glaube, im Augenblick weiß keiner von uns, wie die Sache ausgeht, ob sie positiv ausgeht oder nicht. Aber ich glaube, dass sehr viele Leute jetzt schon das Gefühl haben bei uns, dass das, was sie gemacht haben, dass sich der Einsatz von allen gelohnt hat. Wir sind jetzt schon mit unseren Aktionen ein Stück ewig geworden und werden so schnell nicht mehr vergessen werden. Und ich denke, dass wir vielen abhängig Beschäftigten hier in der Republik Mut gemacht haben, sich zu wehren.«

Die Brücke, die von Rheinhausen über den Rhein nach Duisburg führt, wird mehrfach besetzt und gesperrt und schließlich umbenannt in »Brücke der Solidarität«, weil aus Duisburg und dem ganzen Ruhrgebiet Unterstützung nach Rheinhausen kommt.

Am 9. Dezember 1987 gibt es in der Tagesschau einen Bericht über mehrere hundert Stahlarbeiter, die vor der Villa Hügel demonstrieren, wo der Aufsichtsrat über die Neuordnung des Konzerns beraten will. Im O-Ton heißt es: »Sie übergeben dem Aufsichtsratsvorsitzenden Beitz eine Resolution, in der sie verlangen, dass das Werk Rheinhausen erhalten bleibt.« Mitgebrachte Holzpaletten gehen in Flammen auf. Dann: »Mehrere aufgebrachte Demonstranten drangen in das Innere des Hauses ein. IG-Metall-Funktionäre verhinderten aber, dass die Aufsichtsratssitzung gesprengt wurde.«

In Aufnahmen vom WDR sieht man Berthold Beitz, der vor die Tür gekommen ist. Er bittet darum, dass sieben oder acht Demonstranten ausgewählt werden, mit denen er sprechen will. Aber es wollen alle hinein, sie haben nichts mehr zu verlieren. 1945 hatten die US-Truppen nicht um Erlaubnis gebeten, die Villa Hügel betreten zu dürfen. 1987 ist das erste und bisher einzige Mal, dass sich Arbeiter ungefragt und gegen den Willen der Eigentümer Zutritt verschaffen.

In der WDR-Talkshow »Mittwochs in …« wird live im Februar 1988 aus Rheinhausen gesendet. Nachdem Gerhard Cromme und der Betriebsrat gesprochen haben, wird die stellvertretende Aufsichtsratsvorsitzende von Krupp und geschäftsführendes Vorstandsmitglied der IG Metall, Karin Benz-Overhage, gefragt, ob Rheinhausen gerettet werden könne oder nicht. Sie hält der betriebswirtschaftlichen Rechnung die volkswirtschaftliche entgegen, sie verweist auf die sozialen und beschäftigungspolitischen Folgekosten, denn diese Folgekosten sind sehr viel höher, als Krupp hier Verluste macht. Das gelte es gegeneinander abzuwägen und eine Balance zu finden. Und dann müsse man sich vielleicht fragen, ob Rheinhausen nicht doch eine Chance habe.

1993 wird Rheinhausen endgültig dichtgemacht. Diejenigen, die es demontieren und abwracken, sind schon nicht mehr die, die hier gearbeitet haben.

In der Dokumentation »Die ›Helden‹ von Rheinhausen – Vom Klassenkämpfer zum Unternehmer« werden Helmut Laakmann und Theo Steegmann interviewt. Sie haben sich nach der Schließung des Stahlwerks selbständig gemacht. Laakmann führt einen Recyclinghof, den er Krupp abgekauft hat, offenbar aber muss er nach einiger Zeit Insolvenz anmelden. Steegmann leitet eine Beschäftigungsgesellschaft, eine Tochterfirma von Krupp, später wird er in einem Betrieb von thyssenkrupp Beauftragter für Weiterbildung. Vorgeführt werden soll offenbar, wie sich der Blick der beiden einstigen Helden der Arbeiter auf die Arbeitslosigkeit nach ihrem Rollentausch geändert hat. Steegmann spricht von den seiner Meinung nach knapp zwanzig Prozent von Arbeitslosen, die für sich eine Lücke im System gefunden und sich eingerichtet haben mit Arbeitslosengeld und Nebenjob.

»Kaum einer musste nach dem Arbeitskampf größere finanzielle Einbußen hinnehmen«, heißt es in der Dokumentation. Für viele bedeutete es das Ende des Arbeitslebens, oft schon mit Anfang oder Mitte fünfzig. Der Abschied vom Stahl (und von der Steinkohle) ist auch der Abschied von einer Arbeit, die wie wenige andere geradezu mythische Züge trägt, die in hohem Maß auch Identifikation mit dem Betrieb stiftete, und die heute, mehr als fünfunddreißig Jahre danach, eher skeptisch betrachtet wird.

Was den Helden – die Dokumentation setzt den Begriff in Anführungszeichen, die ich gern streichen würde – von damals ihr Protest eingebracht hat? In jedem Fall Selbstachtung und ein anderes Selbstwertgefühl – und einen umfassenden Sozialplan für die Betroffenen. Der Widerstand gegen die Schließung hat die Frage der Mitbestimmung und damit auch des Eigentums in ihrer Zeit auf die Tagesordnung gesetzt. Die Büste von Friedrich-Alfred Krupp auf dem Werksgelände wurde während der Proteste gestürzt – wo steht sie jetzt? Im Garten der Villa Hügel?

Was mich am unfreiwilligen Arbeitswechsel von Helmut Laakmann und Theo Steegmann ganz unerwartet trifft, ist die Analogie zu meinen Erfahrungen der Umbruchzeit von 1990: Wie innerhalb eines Jahres aus dem Revolutionär I.S., der alles tun wollte für einen demokratischen Sozialismus, nolens volens der Zeitungsunternehmer I.S. wurde. Darin steckte für mich ein Verlust an Würde und Souveränität, was zu verstehen womöglich schwer ist, ohne jene Monate, in denen alles möglich schien, miterlebt zu haben. Dieser Wechsel war im Osten radikaler als jeder Arbeitskampf im Westen, denn es ging um die politische Macht, ja ums ganze gesellschaftliche System.

Für Rheinhausen entstand tatsächlich eine staunenswerte Alternative, die das Gemeinwesen in Gestalt von Bund, Land und Stadt Duisburg initiierte. Sie kauften die 265 Hektar große Fläche des ehemaligen Stahlwerks, von dem nichts mehr zu sehen ist. Wer heute von Duisburg aus über den Rhein fährt, muss sich sogar erzählen lassen, was er sieht, denn ein Binnenhafen besteht aus sehr vielen unterschiedlichen Dingen: Schiffen, Lagerhäusern, endlosen Reihen von Containern und Autos und vielem mehr. Dass es sich hier um einen Teil des größten Binnenhafens Europas oder sogar der Welt handelt, entzieht sich dem Blick des Einzelnen, der sich auf die Zehenspitzen stellt, aber eher einen Hubschrauber brauchte, um ein Gesamtbild zeichnen zu können.

Ein Mann hat maßgeblichen Anteil daran, dass dies gelungen ist. In einem Artikel der NZZ vom 23. Juli 2021 findet sich dazu die Überschrift: »Der Mann, der aus einem Stück Brachland einen wichtigen Knotenpunkt der neuen Seidenstraße machte«. Und in der Unterüberschrift: »Der Manager Erich Staake hat den Binnenhafen von Duisburg zu einem der größten Logistik-Drehkreuze Europas gemacht. Nach 23 Jahren als Chef geht er jetzt von Bord – und teilt noch einmal aus gegen die China-Kritiker.«

Der 1953 in Hildesheim geborene Staake wurde 2019 in die »Logistics Hall of Fame« aufgenommen. Er könne für sich in Anspruch nehmen, »die Binnenhafenlogistik in eine neue Ära geführt zu haben«. Für jemanden wie mich klingt das staunenswert, weil der Diplom-Kaufmann davor bei der Preussag, dann bei dem Baukonzern Philipp Holtzmann, danach bei der Kosmetikfirma Wella und dem Medienriesen Bertelsmann gearbeitet hat. Für Bertelsmann baute er als Geschäftsführer den Fernsehsender RTL in Deutschland auf. Aber vielleicht geht es immer und überall um Logistik? »Auf der Basis des Logport-Konzepts hat er den Duisburger Hafen als multimodalen Logistikstandort neu erfunden und zum größten Binnenhafen Europas und international zum Benchmark gemacht.« Weiter heißt es: »In nur 20 Jahren haben sich 300 Firmen im Bereich des Hafens angesiedelt und mit 50.000 direkt und indirekt entstandenen Arbeitsplätzen, davon allein 17.000 Arbeitsplätzen für die Stadt Duisburg, ist das Logport-Konzept einer der größten Erfolge des Strukturwandels im Ruhrgebiet.«

Die Brost-Stiftung kann mir einen Kontakt zu Erich Staake bahnen, plötzlich habe ich sogar seine Handy-Nummer. Als ich zur vereinbarten Zeit anrufe und mich vorstelle, merke ich schnell, dass das Interesse an einem Treffen eher einseitig ist. Ich bitte um eine halbe Stunde bis Stunde. »Halbe Stunde, in einer Stunde«, sagt Erich Staake. Ich bin so verblüfft, dass ich erst mal stammle, in einer Stunde keinesfalls da sein zu können. Ginge es auch zwei Tage später? Schlecht, ganz schlecht. Dann findet sich ein Termin. Als sich Erich Staake schon verabschieden will, frage ich noch schnell, wo ich ihn denn treffen könnte. »Na, am Telefon!«

Als ich nun doch auf seinen ersten Vorschlag eingehe, also eine Stunde später anrufe, und seine Frage, ob ich ein Band mitlaufen lasse, verneine, wird Erich Staake etwas verbindlicher. Mir dämmert, dass ich mich anders hätte vorstellen sollen, die Anfrage überhaupt besser vorbereiten. Es gibt etliche Artikel über seinen unglücklichen Abgang. Ich versuche, sage ich, ein Buch über das Ruhrgebiet zu schreiben, wobei ich selbst noch nicht so recht weiß, wie ich die Gattung nennen soll, in der ich mich da übe. Vage Vorhaben und Unsicherheiten sind nicht die Sache von Erich Staake. Zudem liegt das, was ich wissen will, fast fünfundzwanzig Jahre zurück. Wolfgang Clement habe ihn 1998 gebeten, sich der Brache und des damaligen Hafens anzunehmen. Clement habe einen Unternehmer gewollt, keinen neuen Hafenmeister. Er habe zugesagt unter der Voraussetzung, die ganze Sache privatwirtschaftlich führen zu können. Nach eigener Aussage hat er aus einer verrotteten Hafenbehörde eine weltweite Drehscheibe gemacht. Aber das stehe alles schon in einem Buch. Später werde ich tatsächlich das Buch über den Hafen in der Hausbibliothek meiner Schreiber-Wohnung finden.

Mich interessiert der Charakter des Hafens, der einerseits wie ein Privatunternehmen agiert, andererseits der öffentlichen Hand gehört. Aber das ist nichts, was Erich Staake besonders aufregend findet. Er sei halt Unternehmer. Nachdem der Bund seine Beteiligung an NRW abgegeben hat, hält das Land zwei Drittel, die Stadt Duisburg wie zuvor ein Drittel.

Waren früher Kohle, Eisenerze und Stahl die wesentlichen Transportgüter, so gibt es jetzt fast nichts mehr, was hier nicht umgeschlagen wird. Die Ziele sind Rotterdam, Antwerpen oder Hamburg oder den Rhein hinauf Ludwigshafen oder Basel.

Es ist kein Zufall, dass hier die chinesische »Belt and road«-Verbindung endet, das, was man auch die »Neue Seidenstraße« nennt. 2011 fuhr ein erster Probezug von thyssenkrupp von Duisburg, wo fünfhunderttausend Einwohner leben, nach Mittelchina, in die Stadt Chongqing mit fast sieben Millionen Einwohnern.

Seit 2013 gibt es die »One world, one road«-Initiative, 2014 kam Xi Jinping und schüttelte Erich Staake die Hand.

Vor den Coronajahren machten sich etwa fünfzig Züge pro Woche, also sieben pro Tag, auf den Weg, jetzt liegt der

Schnitt bei zwanzig bis dreißig Zügen pro Woche. Vom Volumen her sind das im Vergleich zum Transport per Schiff zwar nur fünf Prozent oder weniger, aber es ist die einzige Alternative für China, falls seine maritimen Handelswege blockiert werden sollten.

Nach Duisburg inklusive Rheinhausen kommen aus ganz Europa Luxusprodukte, sei es aus Mailand, Paris, München oder Amsterdam, die dann in Richtung Osten transportiert werden.

Den größten Teil des Gespräches aber geht es um die allgemeine Weltlage. Etwas vereinfacht gesagt: Staake hatte sich eine größere Eigenständigkeit Deutschlands und Europas erhofft, die mit den Lissaboner Verträgen von 2001, die eine Freihandelszone von Lissabon bis Wladiwostok anstrebten, eine Perspektive bekam. Aus ihm spricht Resignation, ja Bitternis, dass wir heute davon weiter entfernt sind als je zuvor, wobei es ihm in erster Linie um die eigenen Defizite, die von Deutschland und der EU, geht. »Wenn Sie mich fragen, was der Unterschied zwischen Deutschland und China ist«, hilft mir Erich Staake mit Fragen nach, »dann sage ich Ihnen das mit einem Satz: Bei uns sitzt die Elite in der Wirtschaft, bei den Chinesen in der Politik.«

Er, der eigentlich in den USA hatte leben und arbeiten wollen, ist zu einem harten Kritiker der imperialen Politik der USA geworden. Mit Kritik am jetzigen Russland spart er ebenfalls nicht, erinnert aber im selben Atemzug daran, was Deutsche den Völkern der Sowjetunion angetan haben.

Es muss für Erich Staake und all jene, die im und mit dem Duisburger Hafen arbeiten, glückhaft gewesen sein, an einer Stelle mittun zu können, an der das Gelingen einzelner Projekte zugleich auch immer ein konkreter Schritt zur Verwirklichung einer Utopie war. Oder Schritt für Schritt das Hereinholen der Utopie in die Realität. Der Aufbau des Duisburger Hafens, insbesondere auf der Rheinhausener Seite mit Logport I bis VI, ist wohl nie nur ein Projekt gewesen, dessen Sinn sich im betriebswirtschaftlichen Erfolg erschöpft, auch wenn dieser eine Voraussetzung ist. Das »Wunder von Duisburg« hängt nicht vom Erfolg der »Belt and road«-Initiative ab, also vom Verhältnis zu China, wer auch immer darüber bestimmt. Aber es könnte dessen Krönung sein.

Zu einer Besichtigung des Logports in Rheinhausen kam es nicht, stattdessen hatte mir der Journalist Thomas Warnecke im Anschluss an ein Interview einen gemeinsamen Spaziergang durch Ruhrort vorgeschlagen. Denn bevor ich nicht Ruhrort und seinen Hafen gesehen hätte, könne ich das Ruhrgebiet eigentlich nicht verstehen. Ich hätte seine Einladung auch zum Anlass nehmen können, über die journalistische Arbeit für Anzeigenblätter zu schreiben und dabei einen Vergleich anzustellen zwischen meiner Situation von vor dreißig Jahren in der ostdeutschen Provinz und seiner heutigen an Ruhr und Rhein. Aber das Thema brauchte ein eigenes Kapitel.

Unser Treffpunkt ist die Haltestelle Vinckeweg auf der Ruhrorter Straße, die in Nord-Süd-Richtung den Duisburger Stadtteil Ruhrort und das Stadtzentrum verbindet. Thomas Warnecke kommt in Begleitung seiner Freundin, sodass ich nun gleich von zweien Auskünfte erhalte.

Da ich es versäumt habe, mir zuvor die Stadtkarte anzusehen und mich einzunorden, wird mein Orientierungssinn mehrmals verwirrt. Deshalb muss ich im Nachhinein unsere Wege auf der Karte verfolgen, um den Spaziergang beschreiben zu können.

Zuerst der Hafen. Wir gehen ein Stück entgegen der Fahrtrichtung meiner Straßenbahn, also in Richtung Duisburg-Zentrum, wo an den Brücken über Hafenkanal und Ruhr gebaut wird. Die neuen Konstruktionen verbinden schon beide Ufer. Auf den Laien macht es den Eindruck, als müsste nur noch der Verkehr auf die strahlend weiße Bogenkonstruktion hinübergeleitet werden. Durch eine schmale Landzunge getrennt münden hier die Ruhr und der Rhein-Herne-Kanal, der sich auf dem letzten Stück »Hafenkanal« nennt, in den Rhein, der von unserem Standort nicht zu sehen ist. Aber die Weite des Horizonts in Richtung Westen lässt einen das große Wasser erahnen. Ich fotografiere die Hinweisschilder, die den Weg zur »Schrottinsel« und zur »Kohleninsel« zeigen; die Zufahrt zur »Ölinsel«, der dritten großen Kaianlage, zweigt an anderer Stelle ab. Es ist wenig Konkretes auszumachen, schon gar nicht das Gewirr der Schienenwege, die sich, wie ich auf der Karte sehe, den Kaianlagen von der Landseite nähern, um von dort – über wie viele Weichen vermittelt? – auch in Richtung Fernost zu führen. Ich lasse mir erklären, wo sich welche Schleuse befindet, wie ich von hier per Schiff nach Mülheim fahren könnte, dass es ganz in der Nähe, gleich nach der Autobrücke, einen Verbindungskanal zwischen Ruhr und Rhein-Herne-Kanal gibt, dass noch weiter weg wieder andere Kanäle abzweigen. Die Vorstellung von einem »Binnenhafen«, die sich im Vergleich zu der eines »Überseehafens« immer ein wenig trist ausnahm, beginnt sich zu beleben.

Wir gehen zurück in Richtung Ruhrort und bleiben auf der Brücke über den Vinckekanal stehen. Nicht weit entfernt steht am Südufer des Kanals seit 2003 das neue, weiß leuchtende Gebäude der »duisport – Duisburger Hafen AG«, das den Eindruck von zwei nebeneinander gestellten

Kästen erweckt, die die Gestalt eines Binnenschiffes nachahmen. An die Reihung der üblichen großen rechteckigen Fenster schließen sich ein paar Bullaugen an. Die obere Etage öffnet sich in Richtung Rhein zu einer Terrasse. Im rückwärtigen Kasten wird die Fensterreihe der oberen Etage durch ein Panoramafenster unterbrochen, vor dem ein Balkon hervorragt, der halb an eine Kanzel, halb an eine Schiffsbrücke erinnert. Dahinter liege das ehemalige Büro von Erich Staake, wie mir meine beiden Führer sagen. Von hier habe man Empfänge und Bootstouren des Hafenchefs und seiner illustren Gäste aus aller Welt, nicht zuletzt aber auch aus Düsseldorf und Berlin, verfolgen können, bei denen meistens Zigarren gepafft wurden. Der einstige Hafenchef, von dem ich ja nur die Stimme kenne, wirkt schon beinah legendär. Unmittelbar neben dem Gebäude, als wäre es der nächste Block in der Reihe, erhebt sich ein häusergroßer Containerstapel, fünf Container übereinander, kaum zu sehen, wie weit dieser Block in die Tiefe reicht. Vor dem Gebäude ist das Ufer eine Schräge, wie es bis Ende des 19. Jahrhunderts in Frachthäfen üblich war. Vor den Containern überbrückt ein Aufbau die Schräge, auf dessen vorderer Kante die eine der beiden Schienen des Krans verläuft. Für einen Moment habe ich die Vorstellung, auch das Verwaltungsgebäude könnte eines Tages für Container gehalten, angehoben und nach Übersee verschifft werden.

Wir gehen weiter in Richtung Ruhrort, vorbei an dem sogenannten Tausendfensterhaus, ein dunkelroter Ziegelbau, der eigentlich »Haus Ruhrort« heißt und auch nur fünfhundertzehn Fenster haben soll. Doch diese vier für ihre Zeit ungewöhnlich langen Fensterreihen machen noch heute Eindruck. Die repräsentative Eingangstür bewachen wie in mittelalterlichen Domen stilisierte Löwen. Auch wenn ich nicht selbst auf die Idee gekommen wäre, diesen Bau dem »Backsteinexpressionismus« zuzuschlagen, sehe ich das Haus mit seinen klaren Formen und dezenten schönen Details gern an. Als ein Bau in krisenhaften Zeiten wirkt es selbstbewusst und entschieden, ohne dass es Gefahr läuft, monumental zu werden. Sinnigerweise ist heute eine Augenklinik Hauptmieter des Tausendfensterhauses.

So wie Stahlwerke verschwinden und an ihrer Stelle ein See oder ein Hafen entsteht, so ist heute nur noch der Werfthafen erhalten, ein Teil des früheren Ring- oder Inselhafens, der nun zugeschüttet ist. Zuvor war es kleineren Schiffen möglich gewesen, in einer Schlaufe aus dem Hafen wieder heraus in den Rhein zu fahren, ohne die Fahrtrichtung zu ändern.

Unser Weg führt dann durch den Ort, wobei meine Begleiter unentwegt grüßen und gegrüßt werden. Am Ende werde ich das Gefühl nicht los, Ruhrort sei eine einzige große Wohngemeinschaft.

Wir bleiben am Pförtnerhäuschen des Areals der Familie Haniel stehen, ein großer Platz, umgeben von unterschiedlichsten Gebäuden. Die Tafel daneben ist überschrieben mit »HANIEL« und dem rätselhaften Begriff »Enkelfähig Campus«, darunter folgen die Namen der auf dem Areal agierenden Institutionen: die Haniel Stiftung, pwc, Universität Duisburg-Essen mit dem Zusatz »Offen im Denken« sowie KAISER+KRAFT – EQUIPPED FOR TOMORROW. Zuunterst ist eine Firma verzeichnet, deren Name in grünen Buchstaben verblasst. Ich kann nur noch lesen »good company«. Im Internet findet sich zu »Haniel« und »Enkelfähig« folgende Erklärung: »Wer eine bessere Zukunft schaffen will, muss generationsübergreifend denken. Wir nennen das Enkelfähigkeit. Diese Einstellung leitet unser

Handeln seit über 250 Jahren.« Ich weiß nicht, welche Agentur da die Haniels beraten hat. Im Volksmund heißt der Campus prompt »Zeugungsfähig Campus«.

Die Haniels führen ihr Unternehmen bis auf das Jahr 1756 zurück. Die Vorfahren der heutigen Haniels waren Weinhändler und Spediteure, bevor sie zu den ersten Kohlehändlern wurden. Im Ensemble der Häuser ist auch das »Packhaus«, das Stammhaus der Familie, und heutige Haniel-Museum zu sehen. Auf Initiative von Franz Haniel (1779–1868) gelang es 1834 erstmals im Ruhrbergbau, die Mergelschicht zu durchbrechen und damit aus der Tiefe Kohle zu fördern. Die Geschichte der Familie ist ähnlich interessant wie die der Krupps. Die Gesetze aber, die sich die Familie in der Hoffnung auf ihren Fortbestand gab, sind regelrecht spiegelverkehrt. Die Haniel-Familienmitglieder dürfen sich seit 1917 nicht mehr am operativen Geschäft beteiligen. Dafür erfreut sich die Großfamilie des erworbenen und sich stetig mehrenden Reichtums. So paradox es klingt: Die Familie besteht aus circa sechshundertachtzig Gesellschaftern (family ownership). Die Erbengemeinschaft ist laut Wikipedia an acht- bis neunhundert Firmen beteiligt. Das Vermögen der Dynastie beläuft sich auf geschätzte 6,5 Milliarden Euro.

Als ich an die Schranke herantrete, um ein Foto vom Campus zu machen, eilt der Pförtner heraus und ruft durch den Stahlzaun: »Gehen Sie bitte zum Bürgersteig zurück!« Folgsam gehe ich ein paar Meter rückwärts und fotografiere von der anderen Straßenseite aus, um eine Gedächtnisstütze zu haben. Plötzlich läuft ein Mann durchs Bild, kreuzt winkend seine erhobenen Arme, als wollte auch er mich am Knipsen hindern, und ruft: »Das stimmt so nicht! Das stimmt so nicht!« Während ich perplex dem in seiner Absurdität doch treffenden Urteil nachsinne, begrüßen sich der Urheber des Paradoxons und meine Begleiter. »Das stimmt so nicht« könnte tatsächlich das ambivalente Motto meiner Aufzeichnungen sein. Skepsis gegenüber meinen Beobachtungen, Skepsis aber auch gegenüber der Selbstpräsentation von Haniel, Krupp etc.

Hier in Ruhrort hat die Dichterin Barbara Köhler seit 1994 gelebt. Meine Begleiter kannten sie. Mit Barbara Köhler war etwas nach Ruhrort gekommen, das sich schwer fassen lasse, sagen Thomas und Silke. Es waren nicht nur ihre Lesungen und ihre Bücher, sondern auch ihre Person und das, was sie angeregt und selbst veranstaltet hat. Ende der Neunziger hatte ich Barbara in Chemnitz über unseren gemeinsamen Künstlerfreund Osmar Osten kennengelernt, dann aber den Kontakt zu ihr verloren. Sind es nicht eher Texte wie die von Barbara Köhler, die jenes »Das stimmt so nicht« überwinden? Meine Berichte und Beschreibungen sind etwas ganz anderes als ihre Poesie. Ich würde gern diese andere »Tonspur«, die ihre Texte darstellen, in meine Aufzeichnungen hereinholen.

Nach einem Abstecher in ein neu eröffnetes Restaurant machen wir einen längeren Spaziergang über die nördliche Grenze von Ruhrort hinaus. Ruhrort, das als erste Kommune auf der Welt klimaneutral werden will, kämpft mit denselben Schwierigkeiten wie die anderen Ruhrgebietsstädte: leerstehende Häuser und Wohnungen. Die wenigen Menschen in den Straßen lassen erahnen, wie fragil das Gleichgewicht ist. Hinter einem großen Kaufland-Supermarkt ragt ein Werk auf, ein Stahlwerk, das heute »ArcelorMittal« gehört und noch knapp neunhundert Beschäftigte hat. Wir gehen den Weg »Am Eisenbahnbassin« entlang, ein Hafenbassin, das direkt vom Rhein abzweigt und durch ein Geländer und einen zusätzlichen höheren Eisengitterzaun beschützt wird. Ein ramponiertes Baustellenschild inmitten von kahlen Sträuchern zeigt einzig noch »www.maas-tiefbau.de« an. Ein paar trinkfreudige Herren haben sich in einer Nische versammelt und begrüßen die Bekannten unter den Vorübergehenden lautstark. Hier, am Eisenbahnbassin, sollte eine »Waterfront« entstehen. Und man fragt sich tatsächlich, warum dieses Areal nicht die begehrteste Lage weit und breit für Wohnhäuser geworden ist. Weil es zu wenige Menschen hier gibt, die sich das leisten könnten? Die breite Betonschräge, die den Abschluss des Beckens bildet, wirkt wie eine Tribüne, nur dass noch kein Schauspiel gegeben wird.

Die Gebäude auf der anderen Seite sind riesig. Besonders die beiden zu Wohnhäusern umgebauten Brückentürme lassen an alte Hochhäuser in Detroit denken, aber glücklicherweise sind diese hier bewohnt und sogar begehrt. Gigantisch ist auch das Kraftwerk, an dem wir vorübergehen. Seine hochaufragenden Ziegelwände bereiten mir schon beim Hinaufschauen Schwindel. Ein Ruhepunkt für die Augen ist der schöne alte Backsteinbau, der das Museum für Binnenschifffahrt beherbergt.

Von der Fußgängerbrücke aus, die das Bassin am Zufluss überquert, sehe ich den Rhein. Endlich, sollte ich hinzufügen, denn ich bin ihm die ganze Zeit so nah gewesen, dass ich beim späteren Blick auf den Stadtplan kaum glauben mag, ihn nicht schon zuvor bemerkt zu haben. Plötzlich weitet sich die Landschaft, plötzlich glaube ich zu verstehen, wo ich bin, plötzlich eröffnet sich noch ein ganz anderer Blick aufs Ruhrgebiet. Und zugleich steht mein Orientierungssinn kopf, als hätte der Rhein seine Fließrichtung geändert. Erst allmählich vermag ich mich neu zu justieren. Den Rhein hinab zeichnen sich auf unserer Seite die Silhouetten der Kokerei und der Hochöfen von thyssenkrupp in Duisburg-Marxloh ab. Die Industriebauten sind zu einer neuen Landschaft geworden, die allmählich auch wieder verschwindet. Noch sieht man ihre Silhouetten fern und mächtig am Horizont, als läge das neue Walhalla am Rhein! Rheinhausen wiederum mit seinen neuen raumgreifenden Logport-Flächen an Stelle der Friedrich-Alfred-Hütte liegt in umgekehrter Richtung, stromaufwärts auf der anderen Rheinseite. So simpel die Erkenntnis ist: Erst mit dem Rhein, an dessen Ufer wir ein Stück stromaufwärts unter der Friedrich-Ebert-Brücke hindurch und am Pegel Ruhrort vorbei gehen und schließlich von der Uferpromenade aus über die Inseln und Landzungen hinwegsehen, zwischen denen die Ruhr und der Rhein-Herne-Kanal in den Strom münden, begreife ich, dass dieser Hafen am Bosporus des Ruhrgebiets liegt, dass hier das Nadelöhr ist für alles, was per Schiff ins Ruhrgebiet transportiert werden soll oder von dort hinaus.

Nachdem ich das Straßenschild der »Horst-Schimanski-Gasse« fotografiert habe und wir beim Bier in einem Lokal an der Promenade sitzen und hinaus auf den Rhein sehen, überfällt mich in dieser vorfrühlingshaften Abenddämmerung beim Anblick der Schiffe regelrecht Fernweh. Die Kunst hat auch hier dem Erleben vorgearbeitet. Seit 2016 wacht ein monumentaler bärtiger Kopf von sechs Metern Höhe auf einem Sockel über dem Areal. »Das Echo des Poseidon« von Markus Lüpertz beschwört den antiken Gott des Meeres auf der Mercatorinsel von Ruhrort. Von hier bezieht der Meergott Hekatomben an Waren, von hier strömt ihm Kraft und Bedeutsamkeit zu. Der Stellvertreter Poseidons schaut hinüber zum »Rheinorange«, einer orangefarbenen Stele an der Spitze des südlichen Ufers der Ruhrmündung. Diese

Arbeit des Kölners Lutz Fritsch soll fünfundzwanzig Meter hoch und sieben Meter breit und einen Meter tief sein, was ich kaum glauben mag, weil sie so leicht und unaufdringlich in der Landschaft steht. Das »Rheinorange« evoziert die Hochöfen, das glühende Eisen wie den vom Abstich entflammten Nachthimmel. Der Farbton hat eine genaue Bezeichnung: RAL 2004 und heißt »reinorange«.

Wir betrachten den Sonnenuntergang über dem Wasser. Wenn mich Thomas und Silke später zur Straßenbahn gebracht haben werden, werden sie wieder hierher zurückkehren, denn Thomas, wie sich jetzt herausstellt, ist einer derjenigen, die in diesem Lokal die Musiker einladen, sie einführen und mit ihnen über ihre Musik sprechen. Nach den drei oder vier gemeinsamen Stunden scheint es mir eine gute Idee zu sein, sein Leben in der großen WG Ruhrort zu verbringen.

Abends säße ich hier und schaute in den Sonnenuntergang über dem Bosporus, dem das »Rheinorange« den Farbton vorgibt, und wartete darauf, dass es fast oder ganz unsichtbar wird, also immer wieder von Neuem im Abendhimmel verglüht.

Auch wenn immer alles mit allem zusammenhängt – mir erschien es naheliegend, dem Faden zu folgen, der von der Firma Fried. Krupp zu den Arbeitskämpfen von Rheinhausen, zum Duisburger Hafen und der Neuen Seidenstraße und dem Leben in Ruhrort führt. Es ließen sich unschwer Jahre damit verbringen, all das umfassender, differenzierter, tiefgründiger und angereichert um Geschichten und Historie zu schildern.

Und der Alfried Krupp Saal? Ich finde die Namensgebung weiterhin beunruhigend und ambivalent. Aber vielleicht ist sie gerade auch deshalb richtig. Eben weil uns der Name des Stifters daran erinnert, dass wir vom Guten wie auch vom Grauenhaften profitiert haben, profitieren und profitieren werden, weil selbst dann, wenn wir allein einem Sinfoniekonzert zu lauschen glauben (das schon für sich die ganze Welt bedeuten kann!), die Widersprüche und Unzulänglichkeiten unseres Landes eben stets auch anwesend sind, ob wir uns dessen nun bewusst sind oder nicht.

Auch das Publikum sitzt auf einer Bühne

Betrachtungen eines musikalischen Dilettanten

Es lag wohl an der Vorfreude, dass ich mich auf meinem Platz im Alfried Krupp Saal der Essener Philharmonie beinah heimisch fühlte, denn nun würde ich jene Musiker auf der Orchesterbühne wiedersehen, mit denen ich am Nachmittag gesprochen hatte und bei denen ich in den Tagen zuvor die Wiederaufnahmeprobe zu Richard Strauss' »Arabella« im Orchestergraben hatte miterleben dürfen. Immer wieder meine ich an Musikern und Sängern eine Verwandlung wahrzunehmen, wenn sie spielen oder singen. Denn mehr noch als ein Vorleser oder eine Schauspielerin scheinen Musiker mit der Musik nicht nur zu einem anderen Menschen zu werden – so wie man sich verändert, wenn man eine andere Sprache spricht –, sondern förmlich in eine andere Art des Seins überzugehen. Dieser Kontrast zwischen ihnen auf der Bühne und jenseits der Bühne, wenn sie, wie unsereiner, nur eben mit Instrumentenkoffer, zum Bahnhof hasten, erscheint mir besonders groß.

Als die Türen links und rechts der Bühne aufgingen, glaubte ich die kurzen Blicke der Musiker ins Publikum zu sehen, die taxierten, wie gut besucht das Haus ist. Und ich dachte: Ein Donnerstagskonzert, denn nun wusste ich: Wir werden in ein Donnerstag- und ein Freitag-Publikum eingeteilt. Donnerstags kommen meist weniger, meist jene, die in der Arbeitswoche nicht so beansprucht werden, im Schnitt etwas älter als die am Freitag. Dafür hat das Donnerstagskonzert den Reiz der ersten Aufführung, es ist mehr Premiere als das Konzert am Freitag. Andererseits sind die

Musiker am Freitag ohne Generalprobe am selben Tag oft ausgeruhter. Ich meinerseits versuchte herauszufinden, ob sich allein durch die Beobachtung erkennen ließe, dass die Aufteilung der Stühle hinter den ersten Pulten der Violinen und Bratschen und Celli nicht festgelegt ist. Mich hatte das Fehlen fester Plätze verwundert. Spielte man denn nicht für eine bestimmte Position vor? Und war nicht die Gefahr groß, dass man plötzlich den letzten freien Stuhl suchen musste? Oder sich das Notenpult mit jemandem teilte, die oder der nie umblätterte? Aber von Unruhe oder Unordnung keine Spur, alle liefen zielstrebig zu ihrem Platz.

Auch ich musste mich zum Weiterklatschen motivieren, damit die letzten Musiker, die Pauken und Trommeln auf der einen, das Xylofon und der Triangel (man darf auch das oder die Triangel sagen) auf der anderen Seite, nicht unbegrüßt die Bühne betraten. Im Publikum flatterten die Letzten in ihre Reihe. Die Oboe blies ein a, damit alle nochmals stimmen konnten, der Konzertmeister erhob sich und gab den Ton weiter. In diesem Moment, der eigentlich der erste einer erwartungsvollen Stille werden sollte, betrat unsicheren Schritts ein älteres Ehepaar, beide leicht gebeugt und klein, unten links den Saal. Lautlos, als wäre sie eine Muschel, schloss sich die Tür hinter den beiden und gab sie den Blicken des Saals preis, unter denen nun der Aufstieg begann. Wie eine Seilschaft hielten sie sich hintereinander am Geländer fest und zogen sich Stufe um Stufe nach oben. Die Besucher auf den Plätzen am Rand wippten schon vor, hin- und hergerissen zwischen der sich ausbreitenden Stille und dem Bedürfnis zu helfen. Eine Frau, die etliche Plätze vom Rand entfernt saß, hielt es nicht mehr aus und eilte durch die Reihe zu den beiden Alten. Der voransteigende Herr winkte ab – oder war das eine Bewegung, die eher die

Balance sichern sollte? Hatte jemand den Dirigenten informiert, mit seinem Erscheinen zu warten? Sie sind zu weit entfernt von dir, als dass du helfen könntest, säuselte mein Gewissen, so viele andere sind noch vor dir prädestiniert zu helfen, vom Personal für die Türen ganz abgesehen … Schau einfach weg!

Mittlerweile verfolgten auch die Musiker die Platzsuche der beiden, wobei sie die Gelegenheit nutzten, unbekümmerter als sonst das Publikum zu inspizieren. »Wenn ihr wüsstet, wie gut wir euch kennen!«, hatten mich die beiden aus dem Orchester (Violine und Bratsche) wissen lassen. Mitunter erwarten sie gar in den vorderen Reihen die ihnen vom Sehen bekannten Abonnement-Besucher und erinnern sich an ein besonders schönes Kleid oder Kostüm, das diese oder jene getragen hat. Die gesellschaftliche Absprache oder der Zwang zu festlicher Kleidung hat sich deutlich reduziert, bemerkenswerterweise zuerst in der Oper, in die mehr jüngere Leute gehen als ins Konzert. Diesmal aber war kein Fläz in der ersten Reihe, der tief im Sessel seine Beine mit den edel beschuhten Füßen bis zum Bühnenpodest ausstreckte.

Applaus brandete auf, der Dirigent kam aus der linken Tür, das verspätete Paar und ihre Helferin waren wie weggezaubert, nicht mal eine Bewegung in den Reihen verriet ihre Plätze.

Nun stand jener Augenblick bevor, von dem man glauben könnte, er entscheide über das Konzert. Nachdem der Dirigent sein Podest bestiegen hatte, sammelte sich die Stille von zwei Seiten, als müssten die beiden Hälften dieser Stille zueinanderfinden, die des Publikums in seinem Rücken, die Aufmerksamkeit der Musiker an seinen Händen. Ist es diese Stille, die der Musik die eigentliche Spannung und Kraft verleiht? Trotz jahrelanger, mitunter jahrzehntelanger

Routine erleben auch die Orchestermusiker diesen Augenblick immer wieder neu. »Das fällt uns nicht nur auf! Die Stille, wenn sie da ist, fährt in den Körper. Da geht gleich das Herz hoch – und die Spannung geht hoch.«

Die ersten Töne, der erste Takt, lösen die Spannung, in die mein ganzer Körper versetzt worden war, ohne dass ich es bemerkt hätte. Ich bin froh, wenn wir, das Publikum, diese Probe bestanden haben. Denn ein Gehüstel in jenem Moment, da der Dirigent den Taktstock hebt, diese Sekunde oder der Bruchteil dieser Sekunde, kommt mir so vor, als würde ein Chirurg angerempelt, der gerade zu einem ersten Schnitt ansetzt.

Hat man je davon gehört, dass ein Dirigent, wenn das Publikum nicht zur Ruhe kommen will, herumfährt und den Hustern, Quatschern, Scharrern und Schniefern droht – und sei es nur mit einem finster-feurigen Blick?

Ich hatte nie den Ehrgeiz, Musik beschreiben zu wollen, obwohl Musik in mir konkrete Vorstellungen auslöst. Mit achtzehn Jahren habe ich sogar einmal geglaubt, ich könnte eine junge Frau einem Freund beschreiben, indem ich eine Platte auflegte, weil mir ein Foto der Angebeteten fehlte. Es ging um ein paar Takte in einem Klavierkonzert, das wohl zu den bekanntesten überhaupt zählt.

Jetzt, da das Orchester die »Akademische Festouvertüre« von Brahms zum Auftakt spielt, versuche ich, die einzelnen Instrumente herauszuhören, die Klarinetten, die Hörner, die Celli, die Kontrabässe … Denn was ich im Orchestergraben des Aalto-Theaters glaubte begriffen zu haben und was mir im Nachhinein selbstverständlich erscheint, hatte ich nicht erwartet:

Der Stuhl, der für mich bereitgestellt worden war, befand sich hinten rechts – vom Zuschauerraum aus gesehen hinten links –, vielleicht zwei Meter hinter den Klarinetten. Mehrfach wurde ich vor der Lautstärke gewarnt, erst vom Orchesterwart, der mich hereinführte, dann von dem Klarinettisten, der die Bassklarinette spielte und der ein wenig die Patenschaft für mich übernommen hatte. Er bot mir sogar Ohropax an. Die Lautstärke sei meine geringste Sorge, entgegnete ich, worauf er bedenklich den Kopf wiegte. Ich sollte es mir überlegen, denn wenn erst die Hörner da seien … er zeigte auf die vier Stühle, die rechts von mir aufgestellt waren. Obwohl der Dirigent um meine Anwesenheit wusste, fürchtete ich, aufstehen und mich vorstellen zu müssen. Während die Klarinetten und Oboen offenbar vollzählig in ihre Instrumente bliesen, wobei sich jedes Instrument an einer jeweils anderen Stelle abzuarbeiten schien, memorierte ich, dass ja das Ruhrgebiet samt seiner näheren Umgebung ein Orchester-Eldorado darstelle. Denn von Düsseldorf und Duisburg bis Dortmund, von Recklinghausen bis Hagen und Wuppertal, in der Mitte Essen, Bochum, Gelsenkirchen – wen habe ich vergessen? –, existieren erstklassige Orchester. Und da ich nun mal über das Ruhrgebiet schreibe, wolle ich auch über die Orchester schreiben. Ich würde mich bedauernd dazu bekennen müssen, selbst kein Instrument zu spielen, dabei meine vier Jahre Blockflötenunterricht unterschlagen wie auch meine Zeit im Schulchor, in den ich in der zehnten Klasse kooptiert worden war, um gleich als Erstes »Ein deutsches Requiem« von Johannes Brahms mitzusingen, was ich damals wie heute als ein Wunder und Sakrileg zugleich betrachte. Denn ich empfand mich mit keiner der zum Singen notwendigen Gaben ausgestattet, wie sollte ich mich da einem Brahms nähern?

Mein leichtes Lampenfieber vor dem Dirigenten legte sich erst, als er erschien, das Orchester begrüßte und mich auf meinem Stuhl erkannte, an Stelle eines Instruments einen Schreibblock auf den übereinandergeschlagenen Beinen. Ich nickte und er nickte wohl auch. Hat er gelächelt? Meinetwegen? Ich hatte ihn erwartet, wie vielleicht Fußballer ihren Trainer erwarten. Ich wusste ja, auf ihm ruht alle Verantwortung. Denn was man zu spielen hat, übt man allein, aber dass alles zusammenkommt, ist Sache des Dirigenten. Und ich selbst hätte nicht beurteilen können, ob er das heute im Orchestergraben bei der Probe auch tatsächlich zusammenbekommen hatte. Um ehrlich zu sein, es war entsetzlich gewesen, nicht nur ohrenbetäubend laut, nein, die Partitur war mir regelrecht zerhackt erschienen. Nichts hatte ich gehört außer Klarinetten und Hörnern und noch ein paar Oboen, Posaunen und Trompeten. Und die hatten alle immer nur ein paar Takte gespielt oder nur ein paar Töne, von einer durchgehenden Melodie konnte keine Rede sein. Mitunter hatte ich geglaubt, der Dirigent habe die Probe unterbrochen, aber nein, die Violinen und Bratschen und überhaupt alle Streicher tönten noch, sodass ich nun tatsächlich eine Melodie vernahm und plötzlich auch eine schrille Stimme – ich hatte völlig vergessen, dass ich ja in einer Opernprobe saß. Daraufhin wildes Getrappel von Schuhen und eine Männerstimme. Jetzt die Klarinetten und kurz darauf die Hörner für wenige Takte. Orchester bedeutet, so viel war mir in wenigen Minuten klar geworden, dass der Dirigent das verbindende Band liefern muss. Was überall eine lachhaft banale Feststellung ist, nämlich dass es um das Zusammenspiel geht, gleicht im Orchestergraben einer Offenbarung.

»Manchmal ist das Vorne-Spielen leichter, weil man da ganz nah an den anderen dran ist, aber es ist viel mehr Verantwortung.«

»Ich habe fünf Jahre vorn gesessen. Das ist ein ganz anderer Eindruck, da ist man mit den anderen Streichern zusammen, weiter hinten musst du die Tempo-Schwankungen auffangen zwischen Streichern und Bläsern, manche wollen auch nicht den Krach der Bläser hinter sich haben.«

Ein Zusammenspiel wie im Fußball, denn auch sie tragen die Bezeichnung »Spieler«. Umgekehrt müssen auch die Fußballer einander hören, sie müssen sich rufen, warnen, den Ball fordern, sich dirigieren, um richtig zu stehen. »Wir müssen aufeinander hören« ist das Grundprinzip des Orchesters. Allein ist auch die erste Violine, ja selbst die einsame Solistin nichts.

Auf Brahms folgt ein »Konzert für Viola und Orchester« von William Walton (1902–1983). Antoine Tamestit, geboren in Paris, spielt, wie es im Programmheft heißt, »auf der allerersten Bratsche von Antonio Stradivari aus dem Jahr 1672«.

Der Name des Komponisten sagt mir nichts. Aber der Zwiesprache, die sich schon mit den ersten Takten zwischen dem Solisten und dem Orchester einstellt, folge ich tatsächlich wie einem Gespräch.

Im Orchestergraben wunderte ich mich, dass sich Dirigenten und Dirigentinnen überhaupt von anderen als von Musikern ins Gesicht sehen lassen, während sie dirigieren. »Natürlich hat er die Hände, die Finger, seinen ganzen Körper hat er, um sich auszudrücken.« Aber das wirkt beinah grobschlächtig, vergleicht man es mit der Durchlässigkeit des Gesichts. Zeichnet sich im Gesicht ab, was von innen nach außen dringt, oder ist es eher das, was von außen nach innen geht, das, was er aufnimmt? Wo hört er den Klang, der sich in seiner Mimik objektiviert und seine Deutung erhält und damit anderen einen Hinweis gibt, wie der kurz bevorstehende Ton gespielt werden soll? Schon jemanden schlafend zu sehen ist eine Grenzüberschreitung. Beim Weinen wendet man sich ab. Beim Lachen ist es anders. Ganz gleich aber, aus welchen Quellen sich die Mimik speist und auf welchen Impuls hin sie sich entfaltet – ist sie nicht das Zarteste dieses Menschen, das er dank seines Talentes als Dirigent zu instrumentalisieren lernen muss? Ich hätte niemanden im Orchestergraben geduldet, der nicht mitspielt.

Das Wenige, was er sagt, gilt in aller Regel der Nummer des Taktes, also der Stelle, an der noch mal eingesetzt wird. Statt zu sprechen, singt er auf die Silbe »da« oder »dam« die Melodie, das Tempo, den Rhythmus, als würde er Verse auf ihre Metrik hin analysieren.

»Die Dirigenten, die einem Musiker oder einer Instrumentengruppe tatsächlich auf den Zahn fühlen, die ganz genau hören, was passiert, und die deutlich machen können, was sie anders haben möchten, welche andere Gewichtung es ihrer Meinung nach braucht, die aus einer Stimme mehr rauszuholen vermögen, die sind rar gesät.«

Ich kann mir vorstellen, dass ein Orchester um manche Dirigenten regelrecht buhlt, weil es das eigene Leben schöner und anstrengender macht und die gemeinsame Arbeit schöpferischer, interessanter. »Manchmal führen Dirigenten Selbstgespräche, schließen die Augen. Dann denke ich, ist der noch bei mir? Hört der uns noch? Da fehlt schon eine Ebene, ich lese doch viel am Gesicht ab.« »Am besten war er für mich, als er noch gar kein Deutsch konnte. Einfach wiederholen, noch mal und noch mal; ›répétition‹ heißt ja auch ›Probe‹ in französischen Orchestern.« »Wir verständigen uns über die Ohren, Hauptaufgabe ist das Zuhören, ich fühle mich wie ein Hirsch, wie ein Sechzehnender, versuche zu wittern, was auf mich einwirkt.« »Jede Probe ist eine Erfüllung, fast jede! Bei einer Mahler-Sinfonie, da denkst du nur noch, ›ist das geil, ist das toll!‹. Oder Puccini. Da schaust du dann zu den anderen rüber. Puccini stellt dich immer auf eine harte Probe, deine Fassung zu bewahren, Puccini schafft eine unglaubliche emotionale Wirkung, wenn man da so richtig drin ist, da braucht man die große Tränenvase.« »Oder Zauberflöte, die Töne sind simpel, aber das Stück ist so irrsinnig clever und verschmitzt und hintenrum und verrückt instrumentiert, mal spielen alle Bässe, Celli, Bratschen dasselbe. Ich spiele Zauberflöte immer lieber, je öfter, desto lieber. Für diejenigen, die gern alle Hände voll zu tun haben, geht's anders, für die ist dann Strauss perfekt – spiele ich auch gern.« »Und hoffentlich bald ›My fair Lady‹, auch tolle Musik. Ist wunderbar, wenn wir beides haben, ganz Verschiedenes haben.« »Proben sind manchmal zum Steinerweichen. Aber die Aufführung – wenn dann der Dirigent nicht im Weg steht, sondern selbst noch etwas Feuer reinbringt …«

Und Dirigentinnen? Warum gibt es so wenige Dirigentinnen? »Die Machtaura bröckelt, aber es braucht Zeit.«

Das Bratschenkonzert geht in seinen letzten Satz. Niemand hat zwischen den Sätzen zum Applaus angesetzt, niemand zeigt seine Ergriffenheit durch eine Bewegung des Kopfes oder der Hände, aber das heißt nicht, dass das Publikum nicht reagieren würde, der Solist, das Orchester hat das Publikum am Haken. Es ist nicht die viel beschworene Käseglocke, unter der alles stumm und steif dasitzt, man merkt es, wenn nur die Bratsche zu hören ist. Dann sind es die Stille und Konzentration des Publikums, die ihn anstelle des Dirigenten und des Orchesters begleiten, dann sind die Zuhörer seine Mitspieler.

Antoine Tamestit sieht sich zum Orchester um, wenn er Pause hat, sein Bogen bewegt sich unmerklich, ein heimlicher zweiter Dirigentenstab.

»Der ist irre, der Typ ist der Hammer. Einer der wenigen, die eine Stradivari-Bratsche unterm Kinn haben. Und wenn er dann noch so spielt, wie ich das noch nie gehört habe, ich laufe den Bratschenkonzerten nicht hinterher, aber wie gut der ist, live, der hatte alles, das war absolute Weltklasse, und das hier bei uns, in Essen: Juhu!«

Und auf wen reagiert man mehr, wer macht die Vorgabe, der Dirigent oder der Solist?

»Der Dirigent ist Profi, der sagt sich, ich passe mich an. Und wir spielen im Zweifelsfall nach dem, was wir hören. Es gibt Dirigenten, die den Solisten herumschubsen, aber das ist selten, sehr selten. Manche Solisten hingegen wissen ganz genau, was sie wollen, da braucht's dann gar keinen Dirigenten mehr.«

Und wer an der Musik dran ist, hustet auch weniger, oder? »Ist das nicht abhängig vom Adrenalin?« Aber warum hustet das Orchester nicht? »Da ist das Problem genauso virulent. Und obwohl man als Musiker weiß, wann es laut wird, wann leise, gelingt es auch da nicht, während der lauten Stellen zu husten, weil dann der Aufmerksamkeitspegel besonders hoch ist, beim Orchester wie beim Publikum, und dann ist's plötzlich vorbei und man fürchtet die leisen Stellen.«

Natürlich habe ich »meine« Musiker erkannt. Wer regelmäßig in ein Konzert geht, prägt sich auch etliche Orchestermusiker ein. »In meiner Buslinie werde ich erkannt. Da quatschen wir manchmal.« »Nein, man nimmt uns nicht als Individuen wahr. Mitten in einer Mahler-Sinfonie musste ich abgehen, ich hatte die Wahl, auf der Bühne umzufallen oder zu gehen, so schlecht war mir. Kurz danach sprach ich mit jemandem. Der hat mich überhaupt nicht wiedererkannt. Ich dachte, mich habe ganz Essen erkannt.« »Du wirst nicht erkannt?« »Schon, auf dem Weg zur Tiefgarage. Ich wohne im Norden, da kennen mich viele nur als Nachbarn.«

Auf dem Hauptbahnhof von Essen, im öffentlichen Nahverkehr, in der Fußgängerzone mischen sich die Menschen verschiedener sozialer Gruppen. Wer mit den Öffentlichen zum Konzert fährt, erlebt einen beinah vollständigen Dissoziationsprozess, an dessen Ende das Publikum in der Philharmonie Essen fast ausnahmslos weiß ist.

»Was uns sehr wichtig ist: Wir möchten Kinder so früh wie möglich mit klassischer Musik in Berührung bringen – unabhängig von ihrer sozialen Herkunft. Da gibt es in jeder Spielzeit Schulkonzerte in der Philharmonie. Was aber auch seit vielen Jahren sehr gut funktioniert, ist das Projekt ›Musik kommt um die Ecke‹, bei dem Musikerinnen und Musiker des Orchesters Kindergärten besuchen, kleine Konzerte geben und den Kindern ihre Instrumente zeigen.«

Das halte ich für genauso wichtig wie das Abonnements-Konzert, da haben die Musiker den Schreibern etwas voraus, denke ich. Für die Identifikation mit dem Stadtteil, der Stadt oder der Region ist das kaum zu überschätzen.

»In den Zuschriften, auch wenn sie kritisch sind, ist immer von ›ihrer‹ Philharmonie oder ›seinen‹ Philharmonikern die Rede.«

»Aber hier in Essen ist diese Identifikation viel weniger ausgeprägt als in Dresden. Dort wurde ich drei, vier Mal angesprochen, nur weil ich den Instrumentenkoffer dabeihatte. ›Spielen Sie hier in unserm Orchester?‹«

Das Finale eilt auf die letzten Takte zu, ein Wunder, dass Tamestit noch aufrecht steht und nicht auf dem Boden kniet oder ein paar Zentimeter darüber schwebt. Dann reißt die Musik mit der letzten Note ab – und für den Bruchteil eines Augenblicks entsteht wieder diese Stille, die Krönung aller gespielten Noten, aller Töne. Dann der Applaus. »Es ist schön, wenn die Leute richtig jubeln, die Hauptsache ist immer, wie das Publikum reagiert. Dass sie eins sind mit ihrem Konzertsaal, mit ihrem Orchester. Und man hört auch, ob es ein gutgelaunter Beifall ist.« Heute ist es ein gutgelaunter Beifall.

Ob in der Musik oder der Literatur, es ergreift einen oder es ergreift einen nicht. Wer mehr weiß, hat sicher mehr davon, aber auch ich, der keine musiktheoretische Bildung hat, der fast nie hört, was die Analyse im Programmheft beschreibt, merke, ob ich berührt und vielleicht sogar von der Musik ergriffen werde oder ob sie an mir abrinnt, an mir vorbeifließt. »Der Konzertsaal ist ja keine Hochschule, hier werden keine Klausuren geschrieben.«

Nach der Pause sehe ich Antoine Tamestit zwei Reihen vor mir im Publikum, die Stradivari-Bratsche im Arm, bis alle wieder auf ihren Plätzen sitzen und er sie neben sich abstellen kann. Was für ein Geschenk, ihn im Publikum zu haben. »Zuhören«, denke ich, »einfach nur zuhören.« Das gilt für uns alle.

Vielen Dank an das ganze Orchester, besonders an Natalie Arnold und Martin Vollmer, wie auch an Christoph Dittmann und Savina Kationi.

»Als ich meinen DDR-Ausweis vorzeigte, wurde ihr Ton schärfer.«

Die Flucht des Michael Baumeyer aus Lützen in den Westen

Meine erste Begegnung in Mülheim verdanke ich einem Interview mit dem WDR. Gefragt nach meinen Vorhaben, hatte ich gesagt, eine Art Journal oder Tagebuch während meiner Zeit im Ruhrgebiet führen zu wollen. Hätte mich nicht wenige Tage später folgende E-Mail erreicht, wäre meine Zeit im Ruhrpott ärmer gewesen und weniger familiär.

Sehr geehrter Herr Schulze,
auf einer spanischen Insel meinen Urlaub genießend, hörte ich vor wenigen Tagen WDR2 und bekam auf diese Weise mit, dass Sie ein Tagebuch über das Ruhrgebiet schreiben werden. Zugegebenermaßen habe ich bisher keines Ihrer Bücher gelesen, machte mich also daran, im Internet zu recherchieren, wer Ingo Schulze eigentlich ist und welche Hinweise es zu Ihrem Projekt im »Pott« gibt. Mein Interesse war sofort geweckt, zumal es einige Gemeinsamkeiten zwischen uns gibt. Auch ich bin 1962 geboren, wenn auch unweit von Leipzig. Dort lebte ich bis Juli 1989. An jenem Samstag, an dem der Deutschlandfunk die ersten Botschaftsflüchtlinge in Budapest verkündete, gelang mir über Ungarn/Österreich die Flucht in die Bundesrepublik, was mich dazu veranlasste, mich in meinen Erzählungen etwas überhöhend als letzten »wahren DDR-Flüchtling« darzustellen.

Meine ersten Schritte in der Bundesrepublik ging ich in Dortmund, und hier gibt es offensichtlich eine weitere

Synapse, bin ich doch seit Jahren stolzer Dauerkartenbesitzer des BVB.

Seit gut 22 Jahren lebe ich in Mülheim in einem Brennpunktbezirk und nehme hautnah – zunehmend resignierend – die Veränderungen in unserer Gesellschaft wahr. Seit wenigen Monaten bin ich Vorsitzender des neu gegründeten Bürgervereines Styrum. Der Kohleausstiegsbeschluss sorgte dafür, dass ich seit Anfang Oktober nicht mehr zur Arbeitswelt gehöre.

Zugegebenermaßen hadere ich mit diesem Umstand und suche nach wie vor nach Alternativen, meine Energien nun in andere Bahnen zu lenken.

Doch nun zu Ihnen, ich kenne Sie nicht als Literat und kann nicht einschätzen, wie Sie dieses Projekt angehen. Ich weiß auch nicht, welche »Brillen und von wem Ihnen aufgesetzt« werden sollen, um den »richtigen Blick« auf das Ruhrgebiet zu bekommen. Leider kann ich auch nicht an der Veranstaltung in der Zeche Zollverein am kommenden Samstag teilnehmen, Sie erahnen es vielleicht, der BVB hat sein Heimspiel gegen den VFB Stuttgart.

Dennoch sagt mir mein Bauchgefühl, dass es gut wäre, mit Ihnen in direkten Kontakt treten zu können. Sollte ich also mit meinen Zeilen Ihr Interesse geweckt haben, würde ich mich über eine entsprechende Nachricht bzw. Kontaktaufnahme freuen.

Beste Grüße
Michael Baumeyer

Ich schrieb zurück, dass ich mich über ein Treffen freuen würde. In seiner Antwort stand der Satz: »Ich weiß ja nicht wirklich, wie groß Ihre Fußballleidenschaft ist, aber zum CL-Spiel BVB – ManCity gibt es noch Karten auf der offiziellen Homepage offensichtlich nur für Vereinsmitglieder.« Michael Baumeyer bot mir seine Hilfe beim Kauf einer Karte an. Natürlich ging ich auf das Angebot ein. Und so hielt am 25. Oktober Punkt 17.30 Uhr ein Smart vor meiner Tür. Ich hatte mein schwarz-gelbes Borussia-Dortmund-Trikot über den Pullover gestreift, den schwarz-gelben Schal um das Handgelenk geschlungen und die schwarze 2011-Meister-Schirmmütze war auch dabei. Der Mann, der ausstieg, war etwas größer als ich, hatte einen angegrauten Fünftagebart, früher hätte man ihn als »vollschlank« bezeichnet. Unter seiner Jacke trug er einen schwarzen Anzug, ich wusste, dass er von einer Trauerfeier kam. Wir stellten einander mit Vor- und Nachnamen vor. Und dann ging's los.

Die für mich ungewohnte Erfahrung, in einem Smart mitzufahren – ich fand es gewöhnungsbedürftig, nichts vor mir zu haben –, trug wohl dazu bei, dass ich uns beide von außen sah: zwei Sachsen in einer Raumkapsel auf dem Flug durch den Westen. Von Mülheim bis Dortmund waren wir noch per Sie. Als Michael von Lützen sprach, wo er geboren und aufgewachsen ist, und ich das erfreut aufgriff, um von meinen frühen Besuchen in Lützen zu erzählen, leuchteten Michaels Augen – ein Cousin meines Großvaters, auf dessen Bauernhof in der Nähe von Weißenfels ich als Kind oft gewesen bin, hatte mehrfach Ausflüge mit mir dorthin unternommen, um mir vom heldenhaften Schwedenkönig Gustav II. Adolf zu erzählen, der 1632 in Lützen gefallen war; später war ich als Student mit Freunden nach Röcken zum Geburtshaus und dem Grab von Friedrich Nietzsche gepilgert. »Sie kennen Lützen!?« Und dann fügte Michael hinzu: »Hier kennt eigentlich niemand Lützen.«

Die A40, der »Ruhr-Schleichweg«, wie er ihn nennt, zerschneidet das Ruhrgebiet in einen nördlichen und einen südlichen Teil und verbindet es in West-Ost-Richtung. Als Zugreisender hatte ich mir fälschlicherweise die Abfolge der Bahnhöfe als eine Süd-Nord-Achse vorgestellt.

An dieser Stelle könnte ein Fußballkapitel beginnen. Das schiebe ich auf und tue stattdessen so, als hätte mir Michael bei unserem Kennenlernen nicht nur einzelne Episoden, sondern gleich seine ganze Lebensgeschichte erzählt.

Nach dem Abitur und anderthalb Jahren Grundwehrdienst studierte Michael und blieb nach seinem Bauingenieur-Diplom an der Hochschule in Leipzig. Er habe sich bereits damals mit KI und Bauinformatik beschäftigt, mit »der Brücke zwischen beidem« am Lehrstuhl für Mathematik und Informatik. Nach seinen geduldigen Erklärungen fällt es mir immer noch schwer, auch nur zu erahnen, was »Datenbankmodellierungen« bedeuten. Im Rechnerkabinett der Technischen Hochschule Leipzig standen hochwertige westliche Rechner, in LISP-KI-Sprache und Turbo-C schrieb er kleine Anwendungsprogramme, was für mich vor allem bedeutet, dass er offenbar schon sehr früh auf das richtige Pferd gesetzt hat. Obwohl er keinen IT-Abschluss vorweisen kann, werden diese Kenntnisse ihm im Herbst 1989 ermöglichen, problemlos bei HOCHTIEF als IT-Mitarbeiter anzuheuern.

1987 heiratete er. Seine Frau war Krippenerzieherin, wurde aber bald Fachberaterin für Krippenwesen. Unkompliziert war die Beziehung der beiden offenbar nicht. Zurückblickend auf das Frühjahr 1989, beschreibt sich Michael recht selbstkritisch als »siebenundzwanzigjährigen Schnösel«, mitunter ziemlich arrogant, der für DDR-Verhältnisse und sein Alter einen ungewöhnlichen Lebensstandard erreicht hatte. »Obwohl wir keine Kinder hatten, bewohnten wir eine Dreiraum-Fernheizungswohnung in der zehnten

Etage in Mockau, fuhren einen Trabant und haben vor den Toren von Leipzig im Stil von Erich Weinerts ›Emil Pelle‹ eine ›Laubenlandparzelle‹ gekauft.«

Im Mai 1989 erhalten Michaels Frau Gabi und deren Schwester die Erlaubnis, zum achtzigsten Geburtstag des Großvaters nach Bergisch Gladbach in den Westen zu fahren. Michaels Schwägerin hatte mehrfach erfolglos einen Ausreiseantrag gestellt. Selbst den Behörden musste klar gewesen sein, dass sie den Besuch wohl nutzen würde, um im Westen zu bleiben.

Am Abend des 23. Mai 1989 ist Michael bei Freunden zu Gast, die ein Telefon besitzen. Gegen zwanzig Uhr ist ein Gespräch mit seiner Frau verabredet, es ist der zweite Hochzeitstag der beiden. Eine vereinbarte Frage soll endgültige Gewissheit bringen, ob er den Trabi seiner Schwägerin verkaufen soll, denn andernfalls würde der Wagen beschlagnahmt werden, sobald ihr Wegbleiben bemerkt würde. »Irgendetwas in mir brachte mich dazu, meiner Frau dieselbe verabredete Frage zu stellen. ›Gelten die Gründe für die Vertragslegung auch für dich?‹ Nach einer kurzen Pause vernahm ich Gabis Antwort. Ihr ›Ja‹ riss mir den Boden unter den Füßen weg, ich zitterte am ganzen Körper, Tränen, Gestammel, Geschrei, jegliche Angst, dass die Stasi mithört, war plötzlich weg, und dann Stille.«

Das befreundete Paar wartet mit einer Sektflasche vor der Wohnzimmertür. Was er von ihnen erfährt, ist der zweite Schock. Seine Frau hatte die beiden vor ihrer Reise eingeweiht und gebeten, ihn nach dem Telefonat zu trösten, sogar den Sekt hatte sie vorher vorbeigebracht.

Nach zwei schlaflosen Nächten versucht er sich zum Denken zu zwingen. Viele Optionen gibt es nicht: Scheidung, Ausreiseantrag oder Flucht. Weitere Telefonate mit seiner Frau nähren die Hoffnung, sie beide könnten im Westen einen gemeinsamen Neuanfang wagen.

Beruflich steht er kurz vor dem Beginn seiner Promotion an der Technischen Hochschule Leipzig. Schon wenige Tage nach dem Bekanntwerden von Gabis Flucht wird er an der Hochschule gefragt, warum er noch den Ehering trage. Eine Woche später darf er nicht mehr in die Rechnerräume der Hochschule. Ist das schon ein Berufsverbot? Einmal wird er in die »Runde Ecke«, die Stasizentrale von Leipzig, vorgeladen. Ein weiteres Mal geht er von sich aus hin. »Naiverweise versuchte ich diesen Verein zu überzeugen, mich zu meiner Frau fahren zu lassen, um sie zurückzuholen. Warum diese Zerrissenheit, warum dieser Kniefall?«

Ich kenne kaum jemanden, der so offen über seine Unsicherheit und seine Zweifel spricht wie Michael. Er ist nicht nur hin- und hergerissen zwischen Ost und West, sondern zweifelt ebenso an der Liebe seiner Frau. Plötzlich hat der Westen auch ihr Gesicht.

Hatte er denn keine Hoffnung auf Veränderungen im Osten?

»Nein«, sagt er entschieden. Er habe mit der DDR nicht mehr viel am Hut gehabt. Ihm machte die Mangelwirtschaft, das Rumgerenne nach allem zu schaffen. »Jeden am Arsch lecken, damit man mal eine Autoreparatur bekommt, nee!« Er habe nie die »Aktuelle Kamera« gesehen, sich allerdings von der Westwerbung doch etwas blenden lassen. »Natürlich war es ein bisschen undankbar der Gesellschaft gegenüber, aber die ewige Propaganda und die ganze Ideologie, das hatte ich satt!« Er sei klargekommen im Osten, aber das System habe er abgelehnt.

Die Geschichte von Michaels Flucht ähnelt fast einer Novelle.

Da Ungarn bereits am 2. Mai 1989 damit begonnen hat, die Grenzbefestigungen zu Österreich abzubauen, scheint Michael dieser Weg in den Westen der beste zu sein. Untätigkeit und Abwarten wären ihm unerträglich gewesen. Und obwohl der doppelte Schock des zweiten Hochzeitstages ihm noch in den Knochen sitzt, ist Scheidung für ihn keine Option.

Michael stellt den Antrag für eine Reise nach Ungarn, um die »Anlage zum visafreien Reiseverkehr« zu erhalten. Die Bearbeitungszeit zieht sich hin. Am 23. Juni, einem Freitagnachmittag, geht er zur Meldestelle und überredet die letzte dort verbliebene Person mit Engelszungen, den notwendigen Stempel unter sein Visadokument zu setzen, das offenbar schon vorliegt, sonst wären seine Bahnfahrkarten futsch. An den Abschied von den Eltern und den Großmüttern denkt er lieber nicht; seinen Vater weiht er ein, seine Mutter nicht. Hinter jedem Satz tut sich eine eigene Geschichte auf. Seine Schallplattensammlung verstaut er nachts im Kofferraum seines Trabis, sie soll nicht den Behörden in die Hände fallen.

Am Dienstag, dem 27. Juni, bringt ihn ein Freund zum Leipziger Hauptbahnhof, er hat eine Fahrkarte für den Saxonia-Express und eine Rückfahrkarte. Der Zug fährt von Gleis 1, sie laufen an den Bahnsteigen vorbei, er hat auf dem Rücken seine Kraxe, einen Rucksack mit Leichtmetallgestänge. Was ihm an Habseligkeiten bleiben wird, hat darin Platz. Den Tag der Abfahrt hat er so gewählt, um noch Zeit für die Erkundung der Grenze zu haben. Am kommenden Montag, dem 3. Juli, wird Neumond sein, die dunkelste Nacht ist die geeignetste für die Flucht. Er ist jetzt siebenundzwanzig Jahre, drei Monate und fünfzehn Tage alt.

Da die großen Ferien erst in der folgenden Woche beginnen, hat er viel Platz im Zug. Kurz nach der Abfahrt will Michael das Zugfenster herunterziehen, dabei reißt das Drahtseil des Bowdenzugs und das Fenster knallt nach unten – zum Glück auf den Ehering, der fortan oval ist. Der Ehering hat ihn vor Schlimmerem bewahrt, ein gutes Zeichen, denkt Michael.

Angekommen in Budapest, ist sein erstes Ziel nicht die Westgrenze, sondern er fährt in die entgegengesetzte Richtung nach Miskolc. In Miskolc lebt Stephan, der geschiedene Mann der Schwester seiner Frau. Michael gelingt es, Stephan ausfindig zu machen. Über ihn will er rauskriegen, wo die Westgrenze tatsächlich »grün« ist, denn Stephan hat einen Cousin in der Nähe von Sopron. Stephan lässt sich erweichen. In seinem Trabi kutschiert er, seine hochschwangere Frau auf der Rückbank, Michael durch die Sommerhitze nach Sopron. Dort telefoniert Stephan viel, aber der Cousin lässt sich nicht herbeizaubern. Am Ende kann Michael froh sein, überhaupt auf den Zeltplatz von Sopron gelassen zu werden, die dortige Chefin will keinen Ärger mit der Polizei haben, die Ostdeutschen, die hier sind, wollen doch alle nur abhauen. Michael versichert ihr, nichts dergleichen im Sinn zu haben.

Am nächsten Morgen, nun schon Samstag, spaziert Michael entlang einer Bahnlinie, die in Richtung der österreichischen Grenze führt. Er, der sich trotz Taufe (neuapostolisch) als Atheist bezeichnet, geht um 8.30 Uhr in die katholische Kirche »Szent György templom in Agvallva« – Uhrzeit und Name sind ihm noch heute präsent – und bittet um höheren Beistand für seine Flucht. Offenbar aber ist der höhere Beistand en passant nicht zu haben. Michael findet einen Feldweg, glaubt, die grüne Grenze bereits ausgemacht zu haben, und will umkehren. Doch da versperren ihm zwei Militärjeeps den Weg. Er spielt den Ahnungslosen und biegt ab, das aber macht die Sache nicht besser. Mit Kalaschnikows im Anschlag kommen ihm drei Soldaten hinterher. »Als ich meinen DDR-Ausweis vorzeigte, wurde ihr Ton schärfer.« Eine Leibesvisitation folgt, die Grenzsoldaten finden Karten und Kompass. Michael wird zu einem Außenposten gebracht, dort ist ein Offizier, der gut Deutsch spricht. Nach einigem Hin und Her scheint es Michael ratsam, seine Absicht einzugestehen. Daraufhin werden ihm Handschellen angelegt, er wird ins Militärgefängnis von Sopron gefahren, wo gerade neue Rekruten vereidigt werden, deren Familien verfolgen im Kasernenhof die Zeremonie. Da passt ein Gefangener in Handschellen schlecht ins Bild.

Wenn er verspreche, sich gut zu benehmen, so der Übersetzer, werde man ihm die Handschellen abnehmen …

In der Kaserne muss er sich abermals vollständig entkleiden und sich einer »Untersuchung« unterziehen. Im Anschluss verhört ihn ein Militärstaatsanwalt. »Der hat mich so zerlegt, dass alle Dämme brachen und ich nur noch Rotz und Wasser geheult habe. Er drohte damit, meine gesamte Familie werde jetzt für mich büßen.« Kaum eine Stunde später: Michael soll Ungarn in Richtung DDR verlassen, sie werden ihn nicht festhalten, ein passender Zug ist für ihn bereits gefunden. Soldaten mit Hunden stehen bereit, um ihn zum Zeltplatz zu eskortieren. Michael bittet darum, nur von einem Soldaten begleitet zu werden. Und nicht nur das, dieser Soldat solle bitte keine Uniform tragen. Das Unglaubliche geschieht, der Dolmetscher zieht sich um und baut gemeinsam mit Michael das Zelt ab, die Eskorte wartet unterdessen in einigem Abstand vor dem Eingang. Die

Zeltplatzchefin, für die Michael das Theater aufführt, zeigt sich nicht.

Zwei Stunden später steigt er in Budapest aus dem Zug. In seinem Ausweis findet sich kein Vermerk, als hätte es nie eine Festnahme gegeben. Auch die »Reiseanlage« ist weiterhin gültig. Erschöpft, eingeschüchtert und doch hoffnungsvoll steht er um achtzehn Uhr vor der BRD-Botschaft, aber außer einem Pförtner befindet sich da am Samstagabend niemand mehr. Michael sucht sich einen Biergarten, er braucht Gesellschaft, er braucht jemanden, der ihm zuhört, er braucht eine Seele, die mit ihm fühlt. Als er an einem Tisch Deutsch, Englisch und eine dritte Sprache hört, fragt er, ob er sich dazusetzen darf. Die beiden Österreicherinnen sind zum ersten Mal in Ungarn, überhaupt zum ersten Mal im Osten. »Das ist ja zum Verrücktwerden«, sagt Margit, eine von ihnen. »Alle, die wir kennenlernen, sind Flüchtlinge!« Die beiden Männer kommen aus Rumänien. Sie haben es bis Budapest geschafft, ihr Ziel ist »Amerika«! Zusammen mit Landsleuten sind sie in einem Arbeiterwohnheim untergekommen, alle haben hier Arbeit. Einer von ihnen, Adrian, ist ebenfalls Bauingenieur. Ihm schüttet Michael sein Herz aus. Bei der Verabschiedung drücken Susanne und Margit ihm etwas Westgeld in die Hand. Adrian bietet ihm an, bei ihnen im Wohnheim zu übernachten. Aber Michael hat es sich in den Kopf gesetzt, in der Jugendherberge auf dem Gellert-Berg unterzukommen. Zum Glück notiert er sich die Adresse von Adrian und wird – die Jugendherberge ist längst überfüllt – gegen Mitternacht mit seiner Kraxe auf dem Rücken vor dem Neubaublock stehen und Adrian aus dem Schlaf klingeln. Ein Tisch wird beiseitegeräumt, auf dem Teppich kann Michael seine Isomatte ausrollen. So geht dieser denkwürdige Tag für ihn zu Ende.

Kurz vor sechs Uhr aber muss er das Wohnheim verlassen haben, denn morgens werden die Zimmer häufig kontrolliert, um blinde Passagiere wie ihn aufzuspüren.

Nun folgen vierzehn Tage in Budapest, in denen ihm seine rumänischen Schicksalsgenossen die Treue halten und auf dem Teppich ihres Zimmers Nachtasyl gewähren.

Michael zermartert sich den Kopf, wie er in den Westen gelangen könnte. »Zurück in die DDR kam nicht in Frage«, sagt er. Sich abermals an die grüne Grenze zu wagen, ist ihm zu heikel, er ist ein gebranntes Kind. Er zieht durch die Stadt, spricht bundesdeutsche oder österreichische Busfahrer an, fragt, ob sie ihn nicht im Gepäckfach verstecken könnten. Es seien gute Gespräche gewesen, hin und wieder wird ihm Geld zugesteckt, aber das Risiko will niemand eingehen. Und wer weiß, ob er nicht ein Provokateur ist?

In der BRD-Botschaft gehört er zum Schwarm der DDR-Bürger, die vorsprechen. Er könne gern einen Pass bekommen, wird ihm wie den anderen freundlich mitgeteilt, aber der werde ihm nichts nützen, denn darin fehle das ungarische Visum. Zudem solle er sich bitte überlegen, was er hier sagt, vor allem Namen und Adressen, die Botschaft werde abgehört.

Da seine elftägige Aufenthaltserlaubnis für Ungarn abläuft, geht Michael in die DDR-Botschaft und behauptet, noch ein bisschen länger Urlaub machen zu wollen. Sein Aufenthalt wird problemlos verlängert.

Ein Fixpunkt dieser irisierenden Budapester Tage ist der abendliche Treff am Kossuth-Lajos-tér, an dem sich rumänische Flüchtlinge versammeln, es müssen hundert oder gar zweihundert sein, so groß ist der Zulauf. Der Platz erweist sich als Informationsbörse: Wer hat es wie und wo und durch wen in den Westen geschafft. Für viele ist die Grenze zu Jugoslawien das vielversprechendste Schlupfloch.

Lange weiß Michaels Frau nicht, dass ihr Mann sich auf den Weg zu ihr gemacht hat. Als sie endlich miteinander telefonieren, verspricht sie, ihm zu helfen. Nach ein paar Tagen erhält Michael die Nachricht, dass der Oberbürgermeister von Bergisch Gladbach, Franz-Heinrich Krey, in der Botschaft angerufen hat, dort würden sie ihm einen Pass ausstellen. Zugleich wird ihm über seine rumänischen Freunde das Treffen mit einem Fluchthelfer in Aussicht gestellt, der für dreitausend D-Mark einen Weg nach Österreich kennt. Ein Schuldschein solle genügen. Für Freitag, den 14. Juli, ist sowohl der Termin in der Botschaft als auch das Treffen mit dem Fluchthelfer angesetzt.

Es wird auch Zeit, dass sich etwas tut. Das Geld ist ihm trotz der kleinen Zuwendungen längst ausgegangen (pro Tag durfte man nur 31 Ostmark in Forint umtauschen, im Zeltgestänge waren 250 D-Mark versteckt). Im Nachhinein wirkt es tragikomisch, dass Michael seine eiserne D-Mark-Reserve nicht antasten will, weil er glaubt, im Westen das Geld für die Zugfahrt zu brauchen. Seinen Durst stillt er an öffentlichen Brunnen und – seine Scham ist ihm noch heute anzumerken – er klaut Brötchen, Käse und Obst.

Am Tag zuvor war er von einem Mann seines Alters aus Mönchengladbach angesprochen worden, die Rumänen hätten ihm seine Geschichte erzählt. »Es war ein freundliches Gespräch, nichts weiter«, sagt Michael. Norbert, sein Gegenüber, der sich als Architekturstudent vorstellt und an den Folgen eines Unfalls laboriert, weshalb auch sein Sprachvermögen eingeschränkt ist, reist zu einem Musikfestival in der Nähe von Budapest. Der Architekturstudent wünscht ihm viel Glück, Michael dankt ihm. »Seine« Rumänen, denen er abends von dem bevorstehenden großen Tag erzählt, treiben noch schnell etwas Essen und Trinken auf. »Sie haben sich so für mich gefreut!« Am nächsten Morgen nehmen sie Abschied voneinander, dabei geht es fast feierlich zu. Michael fährt zur Botschaft. Nun kann er an der langen Reihe der Wartenden vorbeigehen, er hat ja einen Termin bei Herrn Much, der Name öffnet ihm sofort Tür und Tor. Anders als bei seinem ersten Besuch, wird er eine Treppe hinaufgeführt – nun müssen sich die Dinge ganz in seinem Sinne wenden. Herr Much – es ist derselbe Herr, der ihn bereits bei seinem ersten Besuch freundlich begrüßt hatte – weist erneut auf die unsichtbaren »Ohren« hin und fragt, was er denn für ihn tun könne. Allein diese Frage ernüchtert Michael, hatte er doch noch bis eben geglaubt, dass sein Fall bekannt und womöglich schon geregelt sei. Der nachfolgende Dialog ist kurz und bitter. Auch in der oberen Etage gibt es keine andere Antwort als zwei Wochen zuvor: »Wir können Ihnen einen Pass ausstellen, aber ...« Das ist ein Schlag in den Nacken. Herr Much rechtfertigt sich. Täglich bekomme er viele solcher Anrufe, wieder und wieder weise er darauf hin, dass er einen Pass ausstellen könne, der aber nichts bringe ... Gegen Quittung werden Michael fünfundzwanzig D-Mark ausgehändigt. Im Hinausgehen bietet ihm Herr Much an, in der Botschaft zu bleiben. Seit gestern sei unterm Dach schon eine Familie untergekommen ...

»Das war nichts für mich, denn dann hätte ich es nicht mehr selbst in der Hand gehabt.«

Er hat ja noch einen Trumpf im Ärmel: den Fluchthelfer. Dieser sieht aus wie ein Schauspieler. Aber die Information mit dem Schuldschein war falsch. Entweder dreitausend D-Mark auf die Hand oder eben keine Flucht.

Das ist der zweite Nackenschlag innerhalb von anderthalb Stunden. Michael sitzt verzweifelt und »abgerissen«, wie er sagt, auf der Bordsteinkante und kämpft mit den Tränen. »Ich wusste nicht mehr, wie ich das organisiert bekommen soll.«

Jetzt, am Tiefpunkt, taucht in ihm eine völlig verrückte Idee auf: Hatte der Typ aus Mönchengladbach nicht eine gewisse Ähnlichkeit mit ihm? Würde er ihn überreden können, ihm seinen Pass zu geben? Aber wo soll er ihn wiederfinden?

Wie unter Drogen läuft Michael durch Budapest, er weiß nicht mal, ob der andere überhaupt noch in der Stadt ist. »Diesmal schien die Bitte des Atheisten zu wirken. Ich brauchte keine zwei Stunden, da lief mir Norbert in die Arme! An der Donau kam er mir entgegen. Plötzlich steht er vor mir. Norbert! Hast du deinen Pass dabei? – Ja! – Kann ich den mal sehen? – Warum? – Zeig mal!« Das Foto im Pass weist tatsächlich Ähnlichkeiten mit Michael auf, das Foto auf dem Visum allerdings nicht.

Michael bittet Norbert, ihm seinen Pass zu »borgen«, das sei seine letzte Hoffnung. Norbert und sein Freund beraten sich. Eine Viertelstunde später lautet die Antwort: »Ja, wir machen das!«

Sie verabreden sich für den nächsten Tag um vierzehn Uhr an der Donau in der Nähe des Hotels.

Als er abends wieder vor dem Wohnheim steht, schaut ihn Adrian mit großen Augen an. Am nächsten Morgen wird Michael von einer Freundin Adrians kosmetisch hergerichtet, denn Norbert hat Halbglatze. Doch wo sie die Haare abschneidet, ist die Kopfhaut weiß. Auch sonst muss die Frau tief in den Schminkkoffer greifen. Norbert ist Brillenträger. Michael hat eine Brille bei sich, er weiß selbst nicht so recht warum, er hat sie schon fünf oder mehr Jahre nicht getragen.

Um vierzehn Uhr steht Michael in seiner Norbert-Maskierung vor dem Hotel am Donauufer. Doch es kommt niemand. Erst eine halbe Stunde später erscheint Norbert mit den Worten: »Eigentlich wollte ich nicht kommen.« Er überreicht Michael seinen Pass.

Der macht sich sofort auf den Weg. Mit der Straßenbahn fährt er bis zur letzten Station einer Ausfallstraße in Richtung Wien. Er hat auf zwei A4-Blätter verteilt »Deutschland« geschrieben. Die hält er sich mit der Linken vor die Brust, mit der anderen winkt er, den Daumen nach oben.

Ein LKW mit Dortmunder Kennzeichen hält, der will allerdings nach Hamburg und deshalb über die ČSSR fahren. Ein paar Kilometer aber kann er ihn mitnehmen. Michael, der Sachse, müht sich, hochdeutsch zu reden. Seine Norbert-BRD-Identität ist fragil.

In Győr steht er wieder an der Straße. Anders als erwartet, gibt es am Samstagabend kaum Verkehr in Richtung Österreich, Michael zählt ein Auto pro Minute. Er versucht es an einer Tankstelle, aber auch da Fehlanzeige.

Nachdem ein weißer Mercedes auf der Überholspur schon an ihm vorbeigerast ist, stoppt dieser plötzlich hundert Meter weiter. Michael rennt mit der Kraxe auf dem Rücken zu ihm, reißt die hintere Tür auf und springt hinein. »Wir halten gleich an und packen um«, sagt Vilmos, der Fahrer, ein Ungar, der in Krefeld arbeitet.

Michael stellt sich als Norbert vor und erzählt die ausgedachte Geschichte: Er habe sich mit dem Freund zerstritten, mit dem er im Zug nach Ungarn gereist sei, die Zugtickets für die Rückfahrt aber seien in der Tasche des Freundes, deshalb müsse er jetzt trampen. Michael-Norbert trägt drei

Briefe samt seinem DDR-Ausweis bei sich, den Packen verstaut er in einem unbeobachteten Moment unter dem Beifahrersitz. »Ich bin so naiv gewesen. Natürlich findet man den sofort, wenn man das Auto durchsucht.«

Michael fühlt sich leer. Nach zweieinhalb Wochen Anspannung sind es nun noch zwanzig Minuten bis zur Grenze, jetzt entscheidet es sich: Entweder oder.

Wenn sie nur den Pass kontrollieren, ist die Chance groß, dass es gelingt, schauen sie sich allerdings das Foto auf dem Visum an, wird es schwierig.

Es erweist sich als glückliche Fügung, dass sie erst gegen einundzwanzig Uhr die Grenze erreichen, die Dämmerung könnte hilfreich sein. Der Grenzer kommt, klappt den Pass auf, klappt ihn wieder zu, verschwindet mit den Pässen von Vilmos und Michael-Norbert. Aus dem Häuschen hört Michael das erlösende »Klack-klack, Klack-klack« der Stempel. Die Pässe werden ihnen wieder hineingereicht. Vilmos startet den Wagen. Allerdings halten sie gleich wieder im Niemandsland. Vilmos hat eine Videokamera im Gepäck. Um diese auszuführen, muss er ein Formular ausfüllen – das dauert und dauert. Michael hält es kaum aus.

Dann startet Vilmos wieder. Sie fahren los.

»Kommt jetzt noch eine Kontrolle?«, fragt Michael etwas später. Ist das jetzt hier österreichischer Grund und Boden? Gehört diese Straße wirklich schon zu Österreich?

»Warum fragst du so komisch?«, will Vilmos wissen. Michael beugt sich vor und zieht den Packen mit Briefen und seinem DDR-Ausweis hervor.

»Sie haben gerade einem Leipziger zur Freiheit verholfen«, sagt Michael. Vilmos, der einige Zeit braucht, bis er kapiert, was Michael ihm damit sagen will, schreit vor Freude auf und stoppt an der ersten Telefonzelle, an der sie vorbeikommen. Er muss unbedingt telefonieren und seinem Vater sagen, was er gerade gemacht hat, sein Vater soll wissen, dass sein Sohn Vilmos ein Held ist, ein Held, ein Held!

Michael hingegen überfällt plötzlich eine große Traurigkeit. Jetzt ist es endgültig, dass er seine Eltern, die Schwester, seine Großmütter und seine Freunde nie mehr oder bestenfalls sehr selten sehen wird. Ab jetzt wird alles anders sein.

Vilmos fährt die Nacht von Samstag auf Sonntag, vom 15. auf den 16. Juli, durch. Sie hören Deutschlandfunk. In den Nachrichten kommt zum ersten Mal die Meldung, dass DDR-Bürger in der BRD-Botschaft in Budapest Zuflucht gesucht haben. »Auch ich könnte jetzt dort hocken«, denkt er sich. Das ist auch der Grund, weshalb er sich, halb im Scherz, halb im Ernst, als letzten richtigen DDR-Flüchtling bezeichnet. Denn die meisten, ganz sicher nicht alle, warten von nun an, dass es eine diplomatische Lösung geben wird.

Vilmos, dessen Ziel Krefeld ist, lässt Michael am Sonntagmorgen am Kölner Ring aussteigen. Er läuft los, es sind noch fünfzehn Kilometer bis Bergisch Gladbach. Für die zweite Hälfte des Weges leistet er sich ein Taxi. Seine Frau war mit ihrer Schwester in einem Hotel in Bergisch Gladbach untergekommen, die Wochenenden verbrachten sie in der Wohnung einer Freundin, Regina, mit der sie im Osten gemeinsam in die Schule gegangen war. Gegen neun Uhr klingelt Michael bei Regina. Sie schaut aus dem Fenster. »Da steht dein Mann, aber er sieht anders aus!«, hört Michael Regina sagen. Erst in diesem Moment scheint er die Anspannung und die Erschöpfung der letzten drei Wochen zu spüren. Es folgen Tränen der Erleichterung und der Trauer.

»Wir werden nicht weiter zusammenleben«, teilt ihm seine Frau noch am selben Tag mit. »Sie wollte«, sagt Michael, »dass ich nach Gießen fahre, ins Aufnahmelager.«

Sie bringt ihn am nächsten Tag zum S-Bahnhof, von dem aus er nach Köln und dann weiter nach Gießen fahren wird. Sie steht auf dem Bahnsteig, er steht im Zug. »Als sich die Tür schloss«, sagt Michael, »war das gewissermaßen unser Schlussbild.«

In Gießen durchläuft er die Aufnahmeprozedur. »Ich war siebenundzwanzig, ich hatte keine Westverwandtschaft, nur eine Brieffreundschaft mit einer Frau aus Heidelberg. Es gab einen Cousin meines Vaters in Mülheim an der Ruhr, der wusste aber kaum etwas über mich.« Von Gießen zieht Michael nach Dortmund zu Verwandten seiner Frau. Wenn er durch die Straßen geht, fragt er sich: Ist das jetzt das neue Leben des Michael Baumeyer?

»Ich hatte zwar unbedingt weggewollt, aber was Freunde und Familie angeht, hatte ich mich völlig ›entkernt‹. Daran, dass auch meine Ehe vor dem Aus stand, hatte ich zu tragen.«

Im Spätsommer kommt er an einen Punkt, an dem er die »Ständige Vertretung« der DDR in Bonn anruft. »Ich habe gefragt: ›Lasst ihr mich wieder rein?‹ Sie sagten: ›Ja!‹ ›Gehe ich straffrei aus?‹ ›Ja‹, sagten sie. ›Bekomme ich das schriftlich?‹ ›Nein‹, war die Antwort. Da habe ich aufgelegt. Das war es dann endgültig.«

Zum Glück sorgt die Weltgeschichte für eine heitere Coda. Michael hat für den 1. November seinen ersten Arbeitsvertrag bei HOCHTIEF in Essen als IT-Mitarbeiter unterschrieben. Die Otto Benecke Stiftung bietet jedoch ostdeutschen Hochschulabsolventen im Westen die Möglichkeit, in einem einwöchigen Seminar in Westberlin Grundlagen des westlichen Staates kennenzulernen, Verwaltungsrecht, Steuerrecht, was ist eine Aktiengesellschaft, wie arbeiten Bundestag und Bundesrat, dazu einige Exkursionen. Sein zukünftiger Chef genehmigt den Aufschub mit den Worten: »Na ja, wenn Sie dann noch motivierter sind, dann gern!«

So fliegt Michael am 7. November nach Westberlin und erlebt die Öffnung der Grenze am 9. November hautnah mit, auch das ein Stoff für mehrere Seiten. »Diese Tage in Berlin haben etwas in mir geheilt«, sagt er. Jetzt kann er die Familie und die Freunde wiedersehen, jetzt kann er allmählich in das Leben eines Bundesbürgers eintauchen, und das sehr viel schneller und besser als in Leipzig. Als er dort im Dezember nachsehen will, ob er noch an die Habseligkeiten in seiner Wohnung herankommt, empfängt ihn die Nachbarin mit dem Satz: »Ober Ihre Balme kriehschense ni zurück!« Sie hatte als Zeugin bei der Beschlagnahme der Wohnungseinrichtung teilgenommen und als Dank offenbar die Palme erhalten. Der Verlust einiger Antik-Möbel wurmt ihn weniger als der seiner Sammlung von Mosaik-Heften.

Michael beginnt im Herbst 1989 sein zweites Arbeitsleben, das nach vierunddreißig Jahren, nur wenige Wochen, bevor wir uns kennenlernen, endet. Dass Michael schon mit knapp sechzig Jahren aus dem Berufsleben ausscheidet, ist Folge des Kohleausstiegsgesetzes. Nach zwanzig Jahren RWE wurde er, wie viele andere gut qualifizierte Arbeitskräfte, »freigestellt«; das geschieht sozialverträglich, aber die Botschaft ist: Ihr werdet nicht mehr gebraucht! Michael ist seit fast zwanzig Jahren verheiratet, die beiden haben ein schönes Haus mit Garten in Mülheim-Styrum, zeitweise hat er IT-Projekte mit über zweihundert Mitarbeitern geleitet, er war Betriebsratsvorsitzender bei HOCHTIEF Software GmbH, mehrmals ist er wiedergewählt worden. Vieles treibt ihn um, keineswegs nur der Fußball. Deshalb werden noch weitere Auftritte meines Freundes Michael in diesem Buch folgen.

»Ich kann ein Kind nicht lernend machen«

Über eine begehrte Schule, die es gar nicht mehr geben sollte

Nicola Küppers hatte ich schon im November letzten Jahres während der TV-Übertragung des WM-Spiels gegen Japan bei Michael und seiner Frau Thekla getroffen. Doch erst nachdem sie gegangen war, um ihren Vater nach Hause zu fahren, erzählte mir Michael, dass sie vor einiger Zeit eine Grundschule in Mülheim übernommen hatte, die abgewickelt werden sollte. Die Stadt schielte auf den Baugrund und die Schulbehörde wollte eine Problemschule loswerden, in die nur noch hundertzehn Kinder gingen, neunzig sei sowieso die Untergrenze, bei der automatisch »dichtgemacht« würde. Zudem muss das Schulgebäude in einem erbärmlichen Zustand gewesen sein. Sogar die Fenster seien blind geworden, die Eltern hätten einander vor der »Grundschule im Dichterviertel« gewarnt. Doch letztes Jahr habe die Schule einen Schulpreis bekommen – für Bildungsgerechtigkeit während der Coronazeit.

Es ist unmöglich, mein Leben vor 1990 mit den sozialen Kriterien zu beschreiben, die für die BRD gültig waren und sind. Einerseits könnte es so aussehen, als hätte die DDR all jene Kriterien erfüllt, um die schon immer gekämpft worden war und um die auch in der alten und neuen BRD gekämpft wird. Im Osten schien das soziale Gefüge im Vergleich zum Westen auf den Kopf oder die Beine gestellt. Ein bekannter Witz war: Treffen sich ein Arbeiter und ein Arzt. Sagt der Arbeiter zum Arzt: Ätsch, meine Kinder dürfen studieren und deine nicht. Sagt der

Arzt: Dafür dürfen meine Enkel studieren und deine nicht, ätsch!

Weil meine Mutter Ärztin war und alleinerziehend (Geschieden und alleinerziehend war allerdings im Hinblick auf gesellschaftliche Anerkennung kein Nachteil, im Gegenteil! Ich empfand es als unschätzbaren Vorteil, keinen Vater im Haus zu haben, denn bei ein paar Klassenkameraden soll es zu Hause »Kloppe« gegeben haben, was bei uns undenkbar war.), hatte ich keine Chance, noch irgendwie zum Arbeiterkind umgedeutet zu werden. Und auch wenn das tatsächlich eine Benachteiligung bedeutete, bin ich heute doch immer wieder versucht, Benachteiligung in Anführungszeichen zu setzen. Ist das falsch? Oder hatte ich einfach nur Glück?

Meine soziale Herkunft wurde für mich nur deshalb früh ein Thema, weil ich studieren wollte. Nach damaligen Kriterien hatte ich kein gutes Blatt in der Hand: Ich war erstens ein sogenanntes Intelligenzkind, das zweitens die Christenlehre besuchte, dessen Eltern drittens nicht der SED oder einer Blockpartei angehörten, ja dessen Vater, wenn auch geschieden, 1977 mit seiner neuen Familie in den Westen »abgehauen« war, das viertens nur anderthalb Jahre zur Armee gehen wollte (und eben nicht drei Jahre oder gar eine Laufbahn als Offizier anstrebte) und fünftens selbst nicht den Wunsch hegte, in die SED oder eine andere Partei einzutreten, eine Frage, die allerdings erst in der zwölften Klasse eine Rolle spielte. Andererseits war ich sozial eindeutig privilegiert. Meine Mutter verdiente gut, sie übte mit mir nicht nur vor Klassenarbeiten, zu Hause umgaben mich Bücher, Kunst und Musik.

In meiner gesamten Schulzeit gab es kein einziges Kind, dessen Familie keinen deutschsprachigen Hintergrund gehabt hätte. Ich kann mich auch nicht erinnern, dass es bei

Klassenfahrten jemanden gegeben hätte, der wegen eines zu knappen Budgets der Eltern nicht teilnehmen konnte.

Ich kam auf die sogenannte EOS, also auf eine »Erweiterte Oberschule« (warum die einen »delegiert« wurden und die anderen nicht, musste niemand begründen), ich überstand die achtzehn Monate Grundwehrdienst ohne Blessuren (obwohl am dreizehnten Dezember 1981 in Polen das Kriegsrecht verhängt worden war und wir nicht ganz zu Unrecht die Befürchtung gehegt hatten, in unser »Bruderland« einmarschieren zu müssen), ich bekam einen wunderbaren Studienplatz (es gab alle zwei Jahre nur fünf Plätze für Altphilologie im gesamten Land) und suchte mir dann eine Arbeit, die mir zusagte (Schauspieldramaturg) und die mir viel Freiheit und Zeit ließ. Hätte ich mir nicht selbst eine Arbeitsstelle gesucht, wäre die Uni verpflichtet gewesen, mir eine zu vermitteln.

Das ist ein Lebenslauf, der für die späte DDR glückhaft, aber auch nicht ungewöhnlich ist, sieht man von den Orchideenfächern Altgriechisch und Latein ab.

Bei Michael ist es ganz anders. Ihm hätten sie den Platz an der EOS hinterhergetragen, sagt er. Und Bauingenieure suchte die DDR, weshalb der Studienplatz auch kein Problem war. Was ich für erkämpft und glückhaft hielt, war für ihn selbstverständlich. Dies als Prolog.

Jetzt, da ich weiterschreiben will, läuft im Deutschlandfunk die Vormittagssendung »Lebenszeit« unter dem Titel: »Erfahrung fürs Leben – Was heißt es, als Kind arm zu sein?« Es fällt mir schwer, das Radio abzustellen. Im Ankündigungstext heißt es: »Jugendarmut ist in Deutschland zu einem gesellschaftlichen Problem geworden, von dem 2,9 Millionen Kinder und Jugendliche sowie 1,5 Millionen junge Erwachsene betroffen sind. Sie fühlen sich sozial ausgegrenzt, schämen sich für ihre Situation, leiden unter dem ständigen Mangel und Verzicht.« Das Ruhrgebiet war mit einer Armutsquote von 21,4 Prozent im Jahr 2019 die Problemregion Nummer eins in Deutschland. Und es steht zu befürchten, dass sich das über die Coronazeit hin weiter verschlechtert hat.

Im Dezember 2022 veröffentlichte die Ständige Wissenschaftliche Kommission (SWK), ein sechzehnköpfiges Expertengremium der Kultusministerkonferenz, ein Gutachten, in dem es hieß, dass es den Grundschulen nicht gelinge, »den Anspruch auf allgemeine Bildung für alle Kinder gleichermaßen zu gewährleisten«.

Im Mai 2023 erschien eine Studie, der zufolge etwa fünfundzwanzig Prozent der Viertklässler in Deutschland an den Mindeststandards beim Lesen scheitern, Tendenz steigend. Weitere niederschmetternde Nachrichten dieser Art ließen sich unschwer finden.

Ende des zweiten Prologs.

Michael holt mich verspätet ab, der Mülheimer Nahverkehr streikt, an jeder Ampel stauen sich die Autos weit zurück, es braucht zwei Grünphasen, um weiterzukommen. Dabei sollten wir vor Unterrichtsbeginn da sein, um den Tag von Beginn an zu erleben, das sei wichtig.

Es ist eigenartig: So wie ein Besuch im Krankenhaus wegen meiner Mutter für mich immer noch etwas Heimisch-Vertrautes hat, regt sich bei mir ein dumpfes Gefühl, sobald ich eine Schule betrete. Die Angst, zu spät zu kommen, steigert dieses Schulgefühl noch. Dabei komme ich ja als Gast in die »Grundschule im Dichterviertel«, keine Lesung, kein Elterngespräch. Kurz vor acht Uhr stürmen Michael und ich ins Schulgebäude und übersehen dabei, wie wir später erkennen, ein größeres, mit Hand beschriebenes Blatt, das an der Eingangstür hängt und uns namentlich willkommen heißt.

Der Unterricht beginnt erst um 8.15 Uhr. Zudem ist Dienstag, und dienstags gibt es nicht nur, wie an jedem Tag, im großen Foyer der Schule für die Eltern Kaffee an Stehtischen, sondern auch Kekse und Waffeln in Gesellschaft der Rektorin, also von Nicola. So geraten wir zwanglos unter die Eltern. Von den Frauen trägt nur eine kein Kopftuch, die beiden Väter könnten theoretisch meine Kinder sein. Im Schulgebäude erscheint mir Nicola im Vergleich zu unserer ersten Begegnung wie ein anderer Mensch. »Präsent« ist vielleicht das passende Eigenschaftswort. Sie ist mittelgroß, hat kurze Haare und die Beweglichkeit und Schnelligkeit einer Sportlehrerin. Eben noch stand sie neben uns, im nächsten Augenblick läuft sie auf eine Mutter und deren Kind zu, um sie zu begrüßen, das Kind klatscht mit ihr ab und verschwindet in seine Klasse. Dann steht Nicola wieder am Tisch und macht sich daran, auch die zweite Packung mit Gebäck zu öffnen. Während sie die Kekse auf dem Teller ordnet, stellt sie uns eine hochgewachsene Frau vor. Diese, sie stammt aus Marokko, erzählt uns sogleich, wie entgeistert andere Eltern reagiert hätten, als sie vor neun Jahren verkündet hatte, ihr ältestes Kind in diese Schule schicken zu wollen. Ob sie denn nicht wisse, was im »Dichterviertel« los sei? 2013/14 seien nur noch dreizehn Kinder eingeschult worden, ergänzt Nicola.

»Was können Sie meinem Kind bieten?«, hatte Khadija Ettalbi, so ihr Name, damals gefragt – sie hält ihren rechten Zeigefinger dicht vor Nicolas Gesicht. Nicola hatte Khadija ein Gespräch angeboten, auch abends, wenn die Schule geschlossen ist, damit der Vater der Kinder dabei sein konnte. Über eine Stunde hätten sie miteinander diskutiert. Jetzt sind die zwei älteren Kinder auf dem Gymnasium, das Mädchen als Jahrgangsbeste. »So habe ich gemacht«, wiederholt Khadija und erhebt abermals den Zeigefinger. Sie muss lachen und schüttelt den Kopf über sich selbst, dann zupft sie ihr Kopftuch wieder zurecht. Khadija, die, wie ich später erfahre, selbst Lehrerin in Marokko gewesen ist, hatte Nicola im Kindergarten ihrer Tochter kennengelernt, in dem Nicola auf Werbetour war – insgesamt besuchte sie sechzehn Kindergärten in der näheren und weiteren Nachbarschaft.

Aber das, wofür Nicola warb, existierte damals noch nicht – »Ich habe von meinem Traum erzählt!«, sagt sie.

Und nun höre ich zum ersten Mal aus Nicolas Mund das Wort: Bildungsgerechtigkeit. Bildungsgerechtigkeit, sagt sie, war das Wichtigste. Die Schule soll jedem Kind exzellente oder zumindest überdurchschnittliche Leistungen ermöglichen.

Kaum hat sie es gesagt, muss sie mit einer Kollegin sprechen.

Am Kaffeetisch reden wir über das Alter, in dem Kinder die Schule wechseln müssen. Ich preise Berlin an, die längere Frist, also erst nach der sechsten Klasse zu wechseln, habe den Töchtern geholfen und gutgetan. Eine andere junge Frau aus Marokko stimmt mir zu. Das sei bei ihnen und in Frankreich ähnlich, in Deutschland sei die Trennung viel zu früh. Obwohl das Gespräch sich gerade erst entspinnt, geht's weiter. Für Nicola stehen wir schon viel zu lange an einer Stelle. Wir sollen uns umsehen, am besten überall und sofort, sonst könnten wir die Schule nicht verstehen …

Allein die ersten zehn Minuten detailliert zu beschreiben reichte für einen Artikel. Kurz vor Unterrichtsbeginn kommen wir in einen Raum, in dem zwei Frauen die übriggebliebenen Wurst- und Käsescheiben vom Buffet sammeln. Noch frühstücken einige Kinder an den Tischen. Hier können alle, die es möchten, vor dem Unterricht etwas zu essen bekommen. Ich bin begeistert – und dann enttäuscht, als ich erfahre, dass dieses Frühstück nur dank einer Stiftung möglich ist. Wieso kann das nicht die Kommune leisten, das Land oder der Bund?! Es sind Uschi Glas und die »United Kids Foundation«, die dieses Essen ermöglichen. Auf der entsprechenden Seite der Stiftung findet sich statt eines Mottos die Bemerkung der Schauspielerin: »Als ich im Autoradio hörte, dass jedes dritte Grundschulkind in Deutschland Hunger leidet, war ich erschüttert und konnte mir das gar nicht vorstellen.«

Ist es nicht verwunderlich, dass die Forderung, Kindern und Jugendlichen ein anständiges Frühstück und Mittagessen zu garantieren, nicht in jedem Parteiprogramm ganz oben steht?

»Ich kann das nicht ändern«, sagt Nicola, aber sie kümmert sich, sie reagiert auf das »strukturelle Defizit«, wie ich es nennen würde. Eigentlich müssten die Reste des Frühstücks jetzt weggeworfen werden. Aber warum soll das alles in die Mülltonne wandern, wenn es sich auch für die Brote eignet, die in der ersten großen Pause von den beiden ehrenamtlich arbeitenden Frauen angeboten werden? Ab und zu führe das auch dazu, sagt Nicola, dass die hiesigen Brote den von zu Hause mitgebrachten vorgezogen würden, das sei nicht im Sinne des Erfinders. Aber das pendle sich so nach und nach ein. Und kontrollieren lasse sich das nicht. Nicola bringt die beiden Kinder, die noch hier verblieben sind, auf Trab. Sie lächeln, ohne ihren Schritt zu beschleunigen.

Wir kommen an einer Bank vorbei, die sich »Freundschaftsbank« nennt. Wer sich allein fühlt, aber nicht allein bleiben will, kann sich auf diese Bank setzen. Ich will mich schon setzen, aber wir müssen weiter. Ein Kind hält uns die Tür auf, wie angenehm!

Im ersten Klassenzimmer, das wir besuchen, sitzen die Kinder um zusammengeschobene Tische herum, ein Junge »moderiert« die Sitzung, indem er Fragen in die Runde gibt, die zu Beginn jedes Schultages gestellt werden. Die Fragen findet er in einer Art Hefter vor, der wie ein aufgestellter Tischkalender umgeblättert wird, alle können die Frage auch lesen.

Wie ungewöhnlich aber, was ich zu hören bekomme: »Und wie geht es dir, Taylor? – Danke der Nachfrage, mir geht's eigentlich gut, nur dass ich morgen zum Zahnarzt muss ... Und wie geht es dir, Ayla? Danke der Nachfrage ...« So geht es nach der Eingangsfrage von Kind zu Kind.

Gute Umgangsformen erleichtern vieles. Sie hier zu finden beglückt mich regelrecht.

In den morgendlichen Runden, flüstert Nicola, sollen die Kinder üben, über sich selbst zu sprechen, den anderen zuzuhören, sich ihnen zuzuwenden.

An der Pinnwand des Klassenzimmers studiere ich die Abbildung einer schematisierten Hand, vom Daumen bis zum kleinen Finger ist jeweils eine Wendung zugeordnet: Mir hat gefallen, dass ... Mir ist aufgefallen, dass ... Mein Tipp ist, dass ... Ich wünsche mir, dass ... Kurz zusammengefasst ... Plötzlich höre ich meinen Namen und vergesse prompt, »Danke der Nachfrage« zu sagen. Ich gebe weiter an Michael, der die Wendung parat hat.

Drei Erwachsene sitzen unter den Kindern, die Klassenlehrerin, eine Sozialpädagogin und eine Studentin im Praktikum.

Ein Kind allerdings, ich bin mir unsicher, ob Mädchen oder Junge, sitzt vor einer Schulbank und starrt mit zusammengezogenen Augenbrauen vor sich hin. Nicola spricht leise mit ihm oder ihr. Beinah unbemerkt schlüpft das Kind dann hinaus – seine Mutter wartet noch draußen bei Kaffee und Keksen –, offenbar war es vorhersehbar, dass der Abschied von ihr Zwischenstufen und Zeit braucht.

An der Pinnwand findet sich auch ein Gebilde, das Nicola »Leseraupe« nennt. Dort wird die Lesekompetenz der Kinder veranschaulicht. Die Spanne reicht von Kindern, die lernbehindert sind und von einer Integrationshelferin betreut werden, bis zu Kindern, die bereits auf dem Niveau der fünften oder sechsten Klasse sind. Allen wird dieselbe Aufgabe gestellt, zum Beispiel: Mein Lieblingslesebuch. Da gibt es dann Kinder, die sollen der Autorin oder dem Autor einen Brief schreiben. Andere Kinder wählen ein Bilderbuch. Sie werden gefragt: Wie heißt die Hauptfigur? Schreibe ihren Namen, male oder knete die Hauptfigur.

Erst jetzt wird mir klar, dass die Aufteilung der Klassen nicht nach Jahrgängen erfolgt, sondern jeweils alle Altersgruppen gemeinsam in einer Klasse lernen. Ist das wirklich sinnvoll? Mir fallen sofort Darstellungen von Dorfschulen ein, in denen es einen Lehrer in einer Klasse für alle gab.

Im Alter von sechs Jahren ist die Entwicklungsdifferenz sehr groß, es kann Unterschiede von zwei oder gar drei Jahren geben. Das ist vor allem, aber nicht nur, eine soziale Frage, denn die Voraussetzungen, die Kinder von zu Hause mitbringen, sind ganz unterschiedlich. »Wir muten schon mit den Morgenrunden unseren Erstklässlern einiges zu, allein das Vokabular, das die älteren Kinder verwenden, ist sicherlich erst mal eine Hürde. Und dann sehen wir, wie schnell sie daran wachsen. Die können viel mehr, als wir dachten!«

Wenn unterschiedliche Altersstufen miteinander lernen, ergibt das eine Art Familieneffekt, in dem die Jüngeren von den Älteren lernen. Nicola nennt das eine »natürliche Hierarchisierung«. Intelligente Kinder, die ihrer Altersgruppe immer voraus sind, lernen so auch, dass andere etwas können, das sie selbst noch nicht können. Sie schauen sich vieles von den Älteren ab, natürlich auch den Mist und den Quatsch, aber das gehöre halt dazu. Und Kinder mit Lernbehinderung lernen, dass sie etwas wissen und können, das andere erst erlernen müssen, sie werden sich ihrer eigenen Fortschritte so auch bewusst.

Auf meine Bedenken, dass die guten und älteren Kinder dann in ihrer Entwicklung gebremst würden, ernte ich ein Lächeln, das meinen Einwand als bekannt signalisiert. Das seien die Ängste ehrgeiziger Eltern. Das Gegenteil sei der Fall. Niemand lerne besser und gründlicher als jene, die das Gelernte anderen beibrächten. Dieses Wissen würde kaum wieder vergessen. Aber es finde auch eine Begabtenförderung statt, sei es als Projektarbeit oder in Zusammenarbeit mit dem Gymnasium. Nicola erzählt von einem achtjährigen Mädchen, das sich bereits für Chemie und Physik interessierte. Sie wollte von Nicola wissen, welche Auswirkung die Gammastrahlung habe, die bei der Proton-Proton-Reaktion der Sonne freigesetzt würde. Da müsse sie sich Hilfe holen, sagte Nicola und ging mit ihr ins Gymnasium. Dort wurden sie auf den Leistungskurs Physik verwiesen, der zufällig gerade stattfand und wo man sich verblüfft, jedoch hocherfreut mit ihrer Frage beschäftigte. Für Nicola war das nicht nur eine verrückte Geschichte. Und natürlich könne sie nicht ständig mit einem Kind an der Hand ins Gymnasium laufen, aber für die Schülerin sei das ein »großartiges Wirkungserlebnis« gewesen. Sie habe unter anderem gelernt, dass auch Erwachsene nicht alles wissen müssen und dass es nicht immer eine schnelle Lösung gebe. Insofern war dies nicht nur eine Fachfrage, sondern für Nicola auch eine metafachliche Frage. Es gehe nicht zuletzt darum, Ratlosigkeit »anzunehmen«. Es gebe schon Kinder, die nach drei Jahren in der Grundschule aufs Gymnasium wechselten. Da komme es auf die Eltern an. Denn auch hochbegabte Kinder können ein Problem sein.

Diese Erklärungen seien eigentlich nichts für den Schulflur, sagt Nicola, aber einen Gedanken müsse sie jetzt noch loswerden: Wir müssen zwischen einem Lernraum und einem Leistungsraum unterscheiden. Es dürfe nicht so sein, dass die Schule ein einziger Leistungsraum sei. Sie müsse zuallererst ein Lernraum sein, in dem Kinder üben dürfen, Fehler machen, Fragen stellen, mitmachen oder nicht mitmachen, in dem sie eine Rückmeldung bekommen. Die Leistung sollen sie zu einem Zeitpunkt erbringen, an dem sie so weit sind, diese erbringen zu können. Die Kinder müssen erleben können, dass sich Anstrengung lohnt. Die Eltern werden darüber informiert, wenn ein Kind die Leistung geschafft hat. Es kann sein, dass die Leistung früher als erwartet erbracht wird, oder auch, dass ein Kind die Aufgabe bereits vor einem oder gar vor zwei Jahren hätte lösen können müssen. »Aber ich kann sie ja nicht intelligent hexen!« Eine Formulierung wie diese erscheint mir charakteristisch für Nicola. »Wenn ein Kind seine Arbeit verhaut, dann habe ich einen Fehler gemacht. Das melden wir den Eltern nicht unbedingt, da wird dann weiter geübt.«

Wir sind vor einem anderen Klassenraum angekommen. Ich will aber noch wissen, ob sie denn hier drei Lehrerinnen für eine Klasse hätten? Denn es waren ja drei Frauen im Raum. Nicola, die Hand schon auf der Klinke, schüttelt sehr energisch den Kopf und hebt den Daumen der anderen Hand, als wäre die mündliche Antwort zu langwierig. »Es gibt nur eine Lehrerin«, sagt sie. Außer ihr hätte ich die Integrationsbeauftrage gesehen, die aber offiziell immer nur für ein Kind zuständig ist. Die dritte junge Frau sei eine Praktikantin. Natürlich hilft die Integrationshelferin – übrigens unterstes Lohnniveau, da sie keine Pädagogin ist! – auch anderen Kindern. Für kein Kind ist es gut, ununterbrochen unter Aufsicht zu stehen.

Nun habe ich vorerst keine Fragen mehr. Nicola öffnet die Tür, wir treten ein – ein merkwürdiges Rauschen schwillt an! Sechs oder sieben Kinder stehen mit ihren Instrumenten im Kreis und lassen klanglich ein Gewitter entstehen, die Passage eines Stückes, das wiederum Teil eines Familienkonzertes in der Stadthalle sein wird, ein Konzert mit einem richtigen Orchester. Alle Kinder sollen Kontakt zur klassischen Musik bekommen, sei es als Musizierende, sei es als Zuhörer. Auch Profis spielen mit, die Konzertkarte kostet in aller Regel sechs Euro. Gern würde ich etwas länger bleiben. Im nächsten Raum allerdings geraten wir gerade in den Unterricht einer Studentin. Ich verstehe nicht, warum wir hier nicht noch einen Moment länger bleiben können. Doch da wir unangekündigt hereingeschneit sind und es auf die Studentin wirken könnte wie eine Kontrolle, verziehen wir uns. Als Nächstes steigen wir im Treppenhaus ganz nach oben in den sogenannten Ruheraum. Wir betreten ihn schweigend, denn hier ist es tatsächlich still, obwohl mehrere Kinder anwesend sind. Zwei haben sich in einer Ecke eingerichtet und blättern in einem Buch, ein Mädchen sitzt am Tisch und baut irgendetwas zusammen, andere sitzen an Tischen und schreiben oder rechnen in einem Heft. Zwei Mädchen wiederum streifen umher, als suchten sie nach einer Beschäftigung. Hier dürfen sie alles, nur leise müssen sie sein.

»Und jedes Kind darf zu jeder Zeit hierher?« Nicola nickt.

»Dann könnte ich mich ja vor jeder Arbeit drücken«, sage ich, als wir wieder draußen sind. Theoretisch ja, aber in der Praxis sei es anders. Tatsächlich werde der Raum nur aufgesucht, wenn ein Kind von den anderen genug habe oder erschöpft sei oder für sich allein arbeiten wolle. Ich bleibe skeptisch. »Rennen die Kinder später dann nicht einfach weg, wenn ihnen etwas zu schwer wird?«

»Ich kann ein Kind nicht lernend machen«, sagt Nicola. »Besser es geht, als dass es die anderen stört. Und dann muss man weitersehen.«

Ebenso ungewöhnlich wirken auf mich die Grüppchen von zwei, drei oder vier Kindern, die sich auf den Gängen und im Foyer verteilt haben und offenbar über das iPad unterrichtet werden, das vor ihnen zwischen Schalen mit Wasser, Papiertaschentüchern, Ohrenstäbchen und anderen Utensilien liegt. Bei manchen hat sich eine Praktikantin hinzugesellt. Die Stimme der Lehrerin, die aus dem iPad spricht, verliert sich allmählich, wenn wir eine Gruppe verlassen, und kehrt wieder, sobald wir uns einer anderen nähern. Es geht um die Funktionsweise von Kläranlagen. Mein Thema!, möchte ich rufen und mich dazuhocken. Ich bin überzeugt, dabei etwas zu lernen, was ich noch nicht weiß, das ich aber wissen sollte. Haben wir in der Schule je etwas über Kläranlagen erfahren? Michael macht mich auf das Kind aufmerksam, das vorhin zu seiner Mutter entschwunden ist. Jetzt sitzt es vorgebeugt, vor sich ein Papiertaschentuch in einer Wasserschale, und blickt auf das iPad. Es sieht nicht mal auf, als wir vorübergehen.

Es gehe darum, dass die Kinder den Umgang mit den iPads erlernen, schon allein, um vorbereitet zu sein, sollte eine neue Epidemie ausbrechen. Vor allem aber soll das Lernen mit digitalen Geräten selbstverständlich werden und zu einem kompetenten Umgang führen. Ich habe die Kinder nicht gezählt, vierzig sollen es sein, die von einer Lehrerin, die zu Hause sitzt, unterrichtet werden. Was sich mir soeben noch als Notlösung darstellte, erweist sich nicht nur als gewollt, sondern auch als die einzige Möglichkeit, so viele Kinder zu unterrichten. Denn vierzig von ihnen hätten samt Experimentiergerät keinen Platz in einem Klassenzimmer, sie könnten gar nicht »analog« unterrichtet werden. Zudem ist jede Gruppe gezwungen, mit sich selbst klarzukommen, miteinander zu reden, zu fragen und zu erklären. Besser könnte die Lernsituation gar nicht sein, resümiert Nicola.

»Und die Coronazeit?« Nicola lächelt vielsagend, fast spitzbübisch, als hätte sie die Frage erwartet.

Im Vorraum zu den Lehrerzimmern gibt es eine Küchennische, mit dem zweiten Kaffee gehen wir ins »Direktorenzimmer«, das zwei kleine Schreibtische beherbergt, einen für Nicola, einen für ihre Stellvertreterin. Ein kleiner runder Tisch mit drei Stühlen, an den wir uns setzen, füllt den verbliebenen Platz. Wer hereinkommt – und es wird ständig jemand hereinkommen –, muss sich zwischen unseren Rückenlehnen und den Regalen an der Wand hindurchwinden. Ich bin froh, dass wir uns hinsetzen können und ich nicht jede Minute mit etwas Neuem konfrontiert werde.

Es klingt dann, als hätte Nicola das, was sie sagt, schon mehrmals vorgetragen. Für den Unterricht in der Coronazeit habe die Schule ja auch den Preis bekommen, sagt Michael. Da mir aber alles neu ist, was sie sagt, komme ich mit dem Schreiben kaum hinterher. Nicht alles, was ich geschrieben habe, kann ich im Nachhinein wieder entschlüsseln.

In der Coronazeit war für Nicola und alle Lehrerinnen und Lehrer klar: Wir geben das Unterrichten nicht aus der Hand, bei uns geht kein einziges Arbeitsblatt hinaus. Denn die einen bleiben allein damit, den anderen hilft der Opa oder die studierte Mutter, die Lernungleichheit wäre sofort da. Deshalb war klar: Sie machen digital weiter. »In Krisenzeiten brauchen Menschen etwas anderes als im Alltag.« Die Devise war: Bindung geht vor Bildung. Wir müssen jeden Tag jedes Kind erreichen, ganz gleich wie. In den ersten Tagen haben die Lehrkräfte bei den Kindern angerufen und gefragt, wie es ihnen geht, was sie machen, wie die Situation zu Hause ist, welche Probleme es gibt und welche technischen Möglichkeiten sie haben. Mitunter ging bei diesen Anrufen das Telefon an die Eltern weiter. Und die Eltern erzählten dann von ihren Problemen.

Unterrichtet haben die Lehrerinnen und Lehrer in den ersten zwei Wochen des Lockdowns gar nicht, stattdessen aber versucht, sich selbst so schnell wie möglich digitale Fähigkeiten anzueignen, sie »spielten«, luden sich gegenseitig virtuell ein und übten den Umgang, indem sie sich über Essensrezepte austauschten oder Tipps gaben, wo noch Toilettenpapier zu ergattern sei. Das große Glück war, dass sich die Schule schon vor der Pandemie vierzig iPads über eine Spende hatte sichern können. Diese iPads wurden temporär an jene verteilt, die zu Hause kein »digitales Endgerät« besaßen. Zudem trieb die Schule einen Sponsor für die WLAN-Guthaben auf. Der Nebeneffekt war, dass auch die Familien gleich mit digitalisiert wurden und, genauso wichtig, Anteil an der Kommunikation nahmen.

Nach zwei, drei Wochen begann dann der Unterricht wie in der Schule mit dem Morgenkreis (Wie geht es dir? Danke der Nachfrage … Das nehme ich mir heute vor, das arbeite ich …), nur eben digital. Und es ging so individuell wie nur möglich weiter. Inzwischen waren von den Lehrerinnen und Lehrern auch schon die ersten Lern-Videos produziert worden. Allerdings: Was für die eine Lehrerin ein Vergnügen war, bedeutete für andere eine Qual und lag nahe an der Überforderung. Wenig später begannen allerdings auch etliche Schüler, Videos zu erstellen. Mittlerweile übersteigt deren Kompetenz im Umgang mit dem iPad die Fähigkeiten der meisten Erwachsenen.

In der »bildschirmfreien« Zeit saß trotzdem eine Lehrkraft am Computer (»in der Konferenz«) und war bereit, Fragen aller Art zu beantworten. Die Kinder sollten wissen, dass immer jemand für sie ansprechbar war, ganz gleich, was sie auf dem Herzen hatten. Nachmittags gab es freiwillige Angebote, das Schülerparlament tagte wieder, und sogar die Freundschaftsbank war verfügbar – nur eben digital.

Was Nicola uns gegenüber skizziert, führt sie in einem Gespräch aus, das im Internet abrufbar ist.

Ihr Fazit allerdings ist für mich beinah schockierend – und das muss es für die Lehrerschaft auch gewesen sein: Während der Coronazeit waren sie näher an den Kindern dran als im normalen Schulalltag. Nicola erklärt es damit, dass sich die Kinder in den ihnen vertrauten heimischen Räumen noch mal anders geöffnet hätten als in der Schule. Gleichzeitig sei auch das Verhältnis zu den Eltern viel vertrauensvoller geworden, die hätten ebenfalls profitiert und erlebt, wie unmittelbar die Schule ihrer Kinder ihnen gerade in einer Krisenzeit helfen konnte.

Es wirkt alles so überzeugend, was sie sagt, beinah zu logisch und einsichtig, aber eben auch überraschend naheliegend.

Wehre ich mich unwillkürlich, weil ich an eine Rektorin geraten bin, die alles weiß und alles richtig macht?

»Können wir noch mal ganz von vorn anfangen?«, frage ich. Nicola ist Lehrerin und Gestalttherapeutin, sie hat an Lehrbüchern mitgeschrieben, Sonderpädagogik studiert und Erfahrungen mit »sozial und emotional aufwendigen oder gestörten Kindern oder Kindern mit Behinderung« gesammelt, wie sie formuliert. Und fügt hinzu, als hätte ich widersprochen: »Ja, es gibt auch gestörte Kinder. Man muss es beim Namen nennen! Sonst nimmt man sich die Handlungsfähigkeit!«

Michael lächelt. Dieser Aphorismus könnte auch von ihm sein. Nicola hat sich in Psychologie fortgebildet, an der Uni gelehrt und in unterschiedlichen Schulen unterrichtet, sie ist, auch das ein Terminus technicus, »Systemische Organisationsentwicklerin«, das heißt, sie berät im Auftrag der Bezirksregierung Schulen bei ihrer Entwicklung.

»Ich habe mir die kaputteste Schule weit und breit ausgesucht«, sagt sie. Wollte sie sich beweisen? Wollte sie zeigen, was man erreichen kann, wenn man das anwendet, was heute gelehrt wird, was heute weltweit anerkannt ist, aber im Gegensatz zu dem steht, was in Deutschland praktiziert wird?

»Wir machen einen Unterricht, wie wir ihn aus dem vorvorigen Jahrhundert kennen. Und die, die das verordnen, sagen mit Verweis auf sich selbst: Hat doch geklappt!«

Dann zeichnet sie uns eine sogenannte Gauß'sche Kurve auf, einen Zuckerhut. Mit dem Stift fährt sie an beiden Rändern je zwei Mal nach unten und schraffiert die Balken rechts und links. In die Mitte schreibt sie die Zahl 2,3 und das Zeichen für den Durchschnitt. »Unser Schulsystem ist auf das Mittelmaß ausgerichtet. Diejenigen, die schlechtere Voraussetzungen haben oder einfach mehr Zeit brauchen, fallen genauso heraus wie jene, die den Stoff in viel kürzerer Zeit lernen. Die einen verzweifeln, die anderen langweilen sich und kommen auf dumme Gedanken. Die Lösung sind verschiedene Tempi, damit kein Frust entsteht.«

Die Klassen nicht nach dem Alter zusammenzustellen, sondern die Altersstufen zu mischen, sei eine Möglichkeit, dem zu begegnen. Dann ist sowieso klar, dass unterschiedlicher Stoff in verschiedenen Zeiträumen gelernt wird.

Wichtig sei, dass die Kinder »gesehen« werden, dass sie sich wahrgenommen fühlen. Sie kommen mit ganz unterschiedlichen Voraussetzungen in die Schule. Mindestens zwei Drittel von ihnen haben einen Migrationshintergrund. Aber keine »bildungsnahen« Eltern, ganz gleich, welche Sprache sie zu Hause sprechen, wollen, dass ihr Kind in eine Schule geht, in der die anderen Kinder kein Deutsch können.

Nicola redet schnell, ich versuche, die genaue Formulierung festzuhalten. Immer wieder geht es um Chancengleichheit, darum, wie allen die gleiche Bildungsqualität geboten werden kann, obwohl die Voraussetzungen denkbar unterschiedlich sind. Wie viel dabei auch von den Lehrerinnen und Lehrern abhängt, die in Deutschland im Vergleich zu anderen europäischen Ländern zu den bestbezahlten gehören, erklärt Nicola an dem Beispiel von »Florians Klassentest«, für den vierhundert Experten den Mathematiktest eines fiktiven »Florian« beurteilen sollten. Bei einer maximalen Punktzahl von 26 landeten die Bewertungen im Bereich von 16 bis 24. Wie? In Mathe?! Eigentlich sollten wir ja wissen, wie sehr es auf den Beobachter ankommt. Wenn jener fiktive Florian eine Additionsaufgabe mit einem Zahlenstrahl gelöst hatte, kreideten ihm die einen das als schematisch an, weil er sich eines so simplen Mittels bedient hatte, statt die schriftliche Addition anzuwenden. Andere wiederum sahen darin die schöpferische Anwendung einer früher erlernten Methode und gaben ihm sogar noch einen Zusatzpunkt.

»Druckbetankung«, flüstert Michael, als Nicola ans Telefon muss und ich die Schreibhand ausschüttle. Nicola reagiert am Telefon so erfreut, dass wir verstummen. Hat sie erneut einen Preis gewonnen?

Immer wieder kommt die stellvertretende Schulleiterin ins Zimmer und setzt sich an den Computer, stets hat sie einige Kinder im Schlepptau. Das Thema ihrer Stunde ist das Mammut. Sie sitzen vor der Tür im großen Foyer der Schule. Und ich erlebe zum ersten Mal, jetzt, Ende Februar 2023, dass jemand ChatGPT verwendet. »Ich habe dem Programm gesagt: ›Schreibe einen Text über Mammuts‹«, berichtet die Lehrerin. »Der erste Text war zu schwer. Deshalb habe ich gesagt: ›Schreibe einen leichteren Text über Mammuts.‹ Den habe ich dann genommen.«

Zu einer Gruppe gehören Sumaila, Ben, Ali, Yala – Jagd und Waffen. Zu einer anderen Emily, Emma, Leonie – Waffen und Werkzeuge. Eine andere Gruppe bilden Bogdan und Jehor. Welche verschiedenen Werkzeuge gab es? Cem, Fabian, Diamond – Was haben Mammuts gefressen? Wie haben sie gelebt? Wie sind sie ausgestorben? Es sind sieben oder acht Gruppen.

Als Nicola aufgelegt hat, sehen wir sie erwartungsvoll an. Erst auf Nachfrage verrät sie, dass der Schule soeben ein neues Kopiergerät zugesagt wurde, das brauchten sie dringend.

Wir sind schon wieder von unserer Chronologie abgewichen.

Als Nicola 2014 die Schule übernahm, hat sie erst mal zugehört und gefragt, warum wird dieses so, jenes so gemacht? Sie hat die Lehrerinnen und Lehrer gefragt, wie sie sich eine Schule vorstellen, was ihre Träume von ihrem Beruf sind, wie sie es denn eigentlich machen wollen. »Denn man kann ja nicht immer das Gleiche tun und hoffen, dass irgendwann etwas anderes herauskommt.« Sie lacht, sie lacht viel. Soll das heißen: Eigentlich ist das alles gar nicht so kompliziert?

»Wir haben täglich miteinander gesprochen. Über Hierarchien untereinander, Hierarchien in und zwischen den Klassen, über den Dauerstress der Lehrerinnen und Lehrer. Diese Gespräche, die Wünsche und Vorstellungen, die sie hatten, waren das Wichtigste.«

Nicola scheint mitunter selbst überrascht, dass so vieles geklappt hat. Ihr Gesicht bekommt dann immer wieder diesen spitzbübischen Ausdruck.

»Ich will die beste Schule der Welt bei dem geringsten Arbeitsaufwand«, habe sie als fortan geltende Maxime verkündet. »Da hat keiner widersprochen.«

Mit der Heterogenität der Klassen habe man gelernt umzugehen. Aber nicht weniger wichtig sei, auch die Heterogenität unter den Lehrkräften zu akzeptieren. Eine dreht ein Lehrvideo nach dem anderen, weil es ihr Spaß macht, für andere ist so ein Video der Albtraum. Ist die eine deshalb die bessere Lehrerin?

Und manchmal würden kleine Dinge den Alltag erleichtern.

Zum Beispiel kaufte sie über eBay einen Kühlschrank für das Kollegium. Dann kam die Werbetour durch die Kindergärten. Das Konzept der Schule lasse sich mit den sogenannten »4 K« zusammenfassen: Kommunikation, Kollaboration, Kritisches Denken, Kreativität, vor allem aber die Bereitschaft, so individuell wie nur möglich auf jedes Kind einzugehen. Sie machte den Eltern Mut und schuf Vertrauen. Sie heuerte eine IT-Gruppe aus einem nahe gelegenen Gymnasium an, um die Homepage für die Schule zu entwerfen, eine Zusammenarbeit, die beiden Seiten viel brachte. Sie regte den Freundeskreis der Schule an, gewann Stiftungen für das Frühstück vor dem Unterricht und in der ersten großen Pause, ebenso für das Mittagessen. Sie trieb Sponsoren auf und so weiter und so fort.

Es wirkt überwältigend, was sie aufzählt und weiter aufzählt, und ich merke, wie sie mich begeistert und wie ich mich zugleich vor dieser Superrektorin innerlich zurückziehe. Oder liegt es daran, dass ich bei so viel Positivem nicht weiß, wie ich das schreiben soll? Sieht neben ihr nicht jede Lehrerin, jeder Lehrer, ob Schulleiterin oder nicht, alt aus? Natürlich sagt sie immer wieder, dass sie ohne ihr Team und ohne die Eltern gar nichts sei, sie wolle gar nicht im Mittelpunkt stehen.

Entscheidend sei die Haltung, dass man für die Kinder ein gutes Umfeld schaffen will, damit sie gut lernen. Die Methode sei dann zweitrangig.

Damit wären wieder alle im Boot.

Für den Schlüssel des Erfolgs nicht nur ihrer Schule hält sie die Frage, wie man diese Haltung strukturell im Schulalltag verankert, wie man etwas institutionalisiert, das eben nicht durch Pläne, Appelle oder gar Drohungen in den Schulalltag zu bekommen ist.

Und dann passiert etwas Unerwartetes. Ich merke, wie ich mich innerhalb weniger Minuten entspanne, ohne mir vorher bewusst gewesen zu sein, dass ich angespannt gewesen war.

Es gehe darum, sagt Nicola, jeden Tag miteinander zu reden und gemeinsame Zeit zu verbringen und sich gegenseitig zu betrachten. Sie nennt es »Feedback-Kultur«. Und dann kommt der entscheidende Satz: »Ich habe bei mir angefangen.«

Sie habe sich hospitieren lassen. Sie habe zwei jüngere Kolleginnen gebeten, ihren Unterricht zu analysieren. Sie habe denen keine Stunde gezeigt, die sie bei einer Qualitätsprüfung der Schule zeigen würde, sondern so unterrichtet, wie man das mit normaler Vorbereitung macht, wenn man auch noch ein Leben jenseits der Schule haben will. Die beiden Kolleginnen wollten sie erst loben, hätten dann aber fünf Punkte gefunden, die schlecht waren, wo sie didaktisch falsch lag oder einfach schlecht vorbereitet gewesen ist. Und sie habe sich für das »Feedback« bedankt.

Aber nicht nur beim Unterricht habe sie bei sich selbst angefangen. Sie nennt das ihre »einladende Funktion«. Sie sagt: »Ich muss der Putzfrau helfen. Wenn ich das Papier nicht aufhebe, macht das niemand, wenn ich nicht freundlich bin, dann ist es niemand. Ich muss die Regeln vorleben. Und ich brauche die Kritik der anderen. Lernen funktioniert nur, wenn sich die Synapsen öffnen können, also in Angstfreiheit, und das betrifft die Kinder genauso wie die Lehrerinnen und Lehrer.« Und dann wiederholt sie, was sie schon mal gesagt hat: »Bindung geht vor Bildung.« Und: »Beziehungsaufbau kostet viel Zeit, aber eigentlich nie zu viel.«

Mal fährt sich Nicola durch den Haarschopf, dann streicht sie wieder die für diese Geste zu kurzen Haare hinter die Ohren. Sie hospitierten sich nicht nur gegenseitig, sondern einmal pro Jahr werden zwei Lehrerinnen in eine andere Schule geschickt: »Sie sollen vier Stunden hospitieren und zwei Stunden Kaffee trinken und uns dann erzählen, was sie dort besser machen als wir. Lernen, ohne dass es was kostet.«

Was sie nicht will, ist eine »Fehlerkultur«. »Ich möchte keine abwertenden Gespräche über irgendjemanden führen, weder über Kinder noch über die Kollegen.« Sie sagt: »Statt ein Kind anzuraunzen: ›Wieso rennst du wieder rum?‹, verweise ich doch lieber darauf, dass es jetzt schon die ganze Zeit still gesessen hat. Wir müssen uns selbst erziehen, wir müssen selbst umlernen. Denn wir haben gelernt, fast immer nur darauf zu achten, was nicht funktioniert. Wir nehmen die Negativ-Differenz wahr. Unsere Aufgabe ist es, das Positive zu erkennen. Zum Beispiel, wenn jemand einem die Tür aufhält. Ich lobe die Kinder, erziehe aber die Lehrkräfte. Die anderen müssen es mir abnehmen, dass ich es ernst meine.«

Sich selbst zuerst zur Disposition zu stellen, bei sich selbst zu beginnen, gibt dem Ganzen überhaupt erst eine Grundlage.

Wieder greift Nicola zum Stift. Sinngemäß sagt sie: Alle vorausgegangenen Generationen, vor allem in den letzten zweihundert Jahren, hatten einen enormen Wissenszuwachs und enorme Transformationsprozesse zu bewältigen – sie zeichnet eine Linie, die einer Treppe mit kleinen Stufen gleicht. Jetzt aber akzeleriert der Zuwachs an Wissen in einem bisher nicht gekannten Maße, die Transformation beschleunigt sich exponentiell – statt einer weiteren Stufe zieht sie eine senkrechte Linie nach oben. Die meisten von uns stehen davor wie vor einer Wand und fallen zurück – ihr

Stift zeichnet einen Salto rückwärts, so wie manche Artisten, die ein, zwei Schritte so tun, als könnten sie eine Wand hinauflaufen, sich dann aber mit einer Rückwärtsrolle wieder auf den Boden befördern. »Vor der Unüberwindbarkeit der Aufgaben fallen wir oft genug in alte Muster zurück, suchen Zuflucht in Heilsversprechen, weil wir uns von ihnen Stabilität und Kontinuität erhoffen. Aber die KI wartet nicht. Wir können vor ihr nicht den Kopf in den Sand stecken, wir müssen uns zu ihr verhalten.« Nicola zitiert Gramsci: »Die alte Welt liegt im Sterben, die neue kämpft darum, zum Leben zu erwachen.« Als ich nachsehe, um Gramsci korrekt zu zitieren, steht statt eines Punktes am Ende ein Doppelpunkt: »Momentan ist die Zeit der Monster.« Was oder wer sind diese Monster, deren Gegenwart wir spüren? Ist es das Streben nach Eindeutigkeit, die Aufkündigung des Denkens in Beziehungen, wonach mein Gegenüber auch daran mitwirkt, was ich sage und denke und umgekehrt? Und ist diese Eindeutigkeit an eine Technologie gekettet, die spätestens seit der Atombombe jedes menschliche Maß übersteigt?

Es gehe darum, sagt Nicola, den Kindern so viel Selbstwertgefühl, so viel Kompetenz, so viel kritisches Bewusstsein, so viele Kommunikationsfähigkeiten etc. wie nur möglich zu vermitteln. Um ihrer selbst willen, aber es ist auch ein Wissen, eine Übung, eine tägliche Praxis, mit einem Wort: eine Kompetenz, die ihnen helfen soll, sich in dieser Transformation zu orientieren und zu bewegen, Spannungen und Widersprüche auch auszuhalten und selbst aktiv zu werden. »Wie ich denke, entscheidet darüber, woher ich mein Wissen beziehe und wie ich handle«, sagt Nicola. Und die tägliche Praxis, ließe sich ergänzen, beeinflusst mein Denken.

Ich hatte nicht erwartet, mit derart grundsätzlichen Überlegungen konfrontiert zu werden.

Meine letzte Frage: Was würde sie im Schulsystem anders machen?

»Am liebsten würde ich die Noten abschaffen, den Numerus clausus aufheben und jeden Tag verkünden: Beziehung geht vor Bildung. Und vielleicht Dinge benennen, die wir auch in uns haben und über die kaum gesprochen wird.«

Einen Moment ist es still, weil ich noch am Schreiben bin.

»Druckbetankung«, wiederholt Michael, als ich mein Notizbuch zuklappe.

Im Foyer erleben wir noch die letzten Minuten des Mammut-Kurses mit. Es ist gegenseitiges Lob und gegenseitige Kritik, in die die Lehrerin mit einbezogen wird. Diese widerspricht, als ihr ein Vorwurf gemacht wird, den sie nicht berechtigt findet. Allerdings, schlägt sie vor, könne sie durchaus kritisiert werden, denn sie habe ihr iPad vor der Stunde nicht genügend aufgeladen.

Ein Mädchen, das an uns vorbeirennt und sich routiniert mit Nicola abklatscht, sieht ihrer Mutter so ähnlich, dass ich nur den Zeigefinger hochzuhalten brauche, wie ihn Khadija, die Mutter des Kindes, vor neun Jahren erhoben hatte. »Ja, das ist die Jüngste der Familie.«

Im Oktober 2023 weist mich Michael darauf hin, dass die »Grundschule im Dichterviertel« unter die besten fünf Schulen Deutschlands gewählt worden ist. Als ich mit Nicola telefoniere, weil ich noch Nachfragen habe, gratuliere ich ihr und der Schule. Für sie sei wichtig, dass dieser Preis der Lernqualität der Schule gelte. »Das ist keine pädagogische Lyrik!« Fünfhundert Euro von dem Geld, das die Schule bekommt, sind bereits verplant. Sie könne es kaum erwarten, Pantoffeln für die Kinder zu kaufen.

Treu bis in den Tod

Auf dem Kriegsgräberfriedhof von Mülheim-Broich

In Mülheim-Broich wohne ich in der Hermann-Lickfeld-Straße. Durch die knappe Erklärung am Straßenschild weiß ich, dass Lickfeld Bildhauer war und von 1898 bis 1941 gelebt hat, seit 1978 trägt die Straße seinen Namen oder existiert vielleicht erst seit damals. Eine seiner Skulpturen, ein »Zusammenbrechender Krieger« von 1933, so erfahre ich aus dem Internet, wurde auf dem Kriegsgräberfriedhof von Broich aufgestellt. Wann die Skulptur dahingekommen ist, ob schon 1933 oder erst nach dem Krieg, weiß ich nicht. Lickfeld entstammte einer Arbeiterfamilie und hat zehn Jahre als Dreher in einer Fabrik von Thyssen gearbeitet, als Bildhauer war er Autodidakt. Dass eine Straße in den Siebzigern nach Lickfeld benannt wurde und ein jährlicher Förderpreis von zweitausend Euro seinen Namen trägt, sollte eigentlich für ihn sprechen. Oder?

Die Kriegsgräberanlage am Großen Berg im Uhlenhorst liegt auf der Hügelkuppe, die man als solche gar nicht wahrnimmt, da sie sich im Südwesten kaum über ihre Umgebung erhebt. Nur wer von der anderen Seite, also aus dem Tal der Ruhr, hinaufsteigt, hat diese Anmutung.

Am späten Montagvormittag – der Regen legt eine Pause ein, ohne dass die Wolkendecke irgendwo aufgerissen wäre – gehe ich wie schon so oft den Fasanenweg hinauf, doch statt wie bisher immer nach rechts wende ich mich jetzt nach links und folge dem Hinweisschild mit dem Kriegsgräberzeichen, das, wie ich mir jetzt eingestehen muss, sonst eher wie ein Warnschild auf mich wirkt.

Mein Schal ist bei dem leichten, für Januar fast lauen Wind überflüssig. Das letzte Anwesen vor dem Friedhof hat eine breite gepflasterte Zufahrt, auf der ein großer Hund reglos liegt, den Kopf aufmerksam erhoben. Hat er sich selbst derart perfekt auf der Mitte des Weges niedergelassen? Oder habe ich die Attrappe eines Pseudo-Schäferhunds mit hellem langhaarigem Fell vor mir? Das zweistöckige Haus im Hintergrund mit seinem Satteldach schrumpft angesichts des martialischen Tors und der monströsen Auffahrt.

Die Grabsteine, die ich bereits von dem breiten Weg aus sehe, deuten ein Kreuz an, dessen imaginierter Querbalken beiderseits nur wenige Zentimeter herausragt. Die Steine sind in einem größeren Abstand voneinander aufgestellt worden, als ich es sonst von Friedhöfen kenne, manche stehen allein für sich, manchmal bilden drei Steine eine Reihe, selten gibt es eine zweite Reihe dahinter.

Von dem Ort geht eine große Ruhe aus, und das nicht nur, weil ich allein bin. Die Grabsteine aus den beiden Weltkriegen haben die Farben ihrer Umgebung angenommen, sie heben sich kaum noch von der Landschaft ab.

Die ersten Grabsteine, vor die ich trete, erscheinen wie Rohlinge oder Findlinge, mitunter sind so viele Buchstaben abgefallen, dass es mir nur gelingt, den Vor- oder Nachnamen zu rekonstruieren. Hier liegt Alfons, daneben ist die Schrift wie von Laienhand in den Stein geritzt, Feldschütze Hans Kohrbach, am 16.6.1940 getötet, geboren 1913. Andere sind gut zu lesen: Flak-Gefr. Heinz Schwane, 1917–1940. Oder: MASCH. OB. GEFR. EMIL BAMBEY, GEB. 9.3.1917, GEF. 16.1.1940. Auf einem Stein offenbar zwei Brüder, OFFZ. HEINZ WOLFF, 26.9.1920–8.8.1941, darunter: FELDW. ALWIN WOLFF, 13.7.1914–14.4.1942. Er hat seinen sechs Jahre jüngeren Bruder, der es in kurzer Zeit zum Offizier gebracht hat, um acht Monate überlebt.

Von einem großen, kreisförmigen Platz führt ein Hain mit Sträuchern und Blumenbeeten zu der Skulptur von Hermann Lickfeld, die erst beim Näherkommen vor der dunkelgrünen Hecke Kontur gewinnt. Der Körper des Kriegers ist überlängt wie die unmittelbaren Vorbilder in Duisburg und Essen, zwischen denen er nun auch räumlich steht. Hermann Lickfeld hat von Wilhelm Lehmbruck und George Minne gelernt. Wie soll man sich zwischen diesen Größen behaupten?

In einem Buch von G.H.H., in seiner Dissertation über Lehmbruck, die er mir bei seinem Besuch in Duisburg im Dezember geschenkt hat, gibt es ein ganzes Kapitel über eine Auseinandersetzung von 1927 um Lehmbrucks »Sitzenden«, bei der die Skulptur sogar beschädigt wurde. Sie befand sich, kaum eine Stunde Fußweg entfernt, auf dem Friedhof des Duisburger Kaiserbergs. Bei der Lickfeld'schen Figur erscheint mir die Schwere äußerlich, als zöge die hängende Haartolle den Krieger hinab. Bin ich ungerecht? An einem anderen Ort würde ich vielleicht sogar aufmerken. Ich kann mir nicht vorstellen, dass Lickfelds »Zusammenbrechender Krieger« für die Nazis attraktiv gewesen ist, eigentlich ein Wunder, dass sie ihn nicht eingeschmolzen haben. Oder stand er damals gar nicht hier?

Obwohl ich nun gesehen habe, was ich sehen wollte, locken mich die breiten stillen Wege, deren Ende nicht abzusehen ist, weiter, das leicht abschüssige Gelände lässt mich wie von selbst gehen. Liegt es an dem frühlingshaften Wind, dass ich glaube aufzuatmen?

Die Weitläufigkeit dieses Kriegsgräber-Friedhofs, die, als er geplant wurde, nichts Gutes verhieß, wirkt tröstlich auf mich, als sollte jedem, der hier bestattet wurde, zumindest im Tod ein eigener Platz vorbehalten sein. Zugleich wächst meine Beklommenheit angesichts der immer neuen Grabsteine, von denen etliche durch Büsche halb oder fast gänzlich verdeckt werden, andere frei liegen, allein von ihrer grüngrauen Patina beschützt.

Ich weiß nicht, wie es kommt, dass ich plötzlich zu fotografieren beginne, und warum ich ausgerechnet von diesem Grabstein ein Foto mache und von jenem nicht. Je öfter ich auf den Auslöser drücke, desto größer wird mein Schuldgefühl gegenüber den nicht fotografierten Steinen. Dabei weiß ich doch, dass ich alle Bilder wieder löschen werde, vielleicht schon heute Abend.

Mitunter bezeichnen nur kleine quadratische Steinplatten im Rasen, von Laub eingehegt, das Grab. Kiefernnadeln, mal grün, mal vertrocknet, bilden eigene Schriftzeichen über der Schrift. Sobald ich einen Namen und die Geburts- und Sterbedaten darunter lesen will, muss ich stehen bleiben. In den Klöstern war das Lesen von Messen für die Verstorbenen ein richtiger Wirtschaftszweig. Müssten nicht wenigstens einmal im Jahr alle Namen derer laut ausgesprochen werden, die hier bestattet sind, nicht nur die Namen, auch die Daten von Geburt und Tod: Ernst Wilhelm Kaiser, 6.12.1914–17.9.1941, Gustav Uellenbeck, 14.1.1915–3.8.1941?

Die alleinige Nennung des Namens auf dem Grabstein, also die Abwesenheit des Dienstrangs, erscheint mir schon wie ein Protest gegen das Militär. Oder hatte die Kürze eher finanzielle Gründe, also soziale? Oder war er Zivilist? Manchmal lässt mich ein Zusatz stocken: »Unterscharführer«, das heißt, Wilhelm Oppel, 8.4.1919–18.9.1941, war ein SS-Mann, der seinen zweiundzwanzigsten Geburtstag noch im Hochgefühl einer langen Reihe von erfolgreichen Feldzügen gefeiert haben mag, er kannte ja nur Vormarsch und Sieg, von Polen bis Frankreich, von Dänemark und Norwegen bis Jugoslawien und Griechenland. Und dann kam der »Russlandfeldzug« und wieder ging es immer nur voran. Hat man noch im Sterben das Gefühl, siegreich zu sein?

Bestattet sind sie nach dem Todesjahr, aber immer wieder finden sich auch Grabsteine aus dem Ersten Weltkrieg auf der anderen Seite des Weges: Gustav Kurzinski, 31.11.1896–4.5.1918. Mittendrin ein aufwendig gestalteter Grabstein, eine Sanduhr inmitten eines Kranzes, darunter: Hier ruht in Gott unser unvergesslicher Sohn und Bruder, Landsturmmann im InfR. / Alfred Haarmann / Inh. d. EK2 u. d. Verd. Kreuzes, 25.10.1889–31.5.1921. Darunter: »Sei getreu bis in den Tod / So will ich Dir die Krone / des Lebens geben.« Der Hinweis auf die Bibelstelle ist nicht mehr zu entziffern.

Wie kommt es bei den Kriegsgräbern zu der Jahreszahl 1921? Ist er an seinen Verwundungen gestorben? Verschollen? Ungerechterweise berühren mich die aufwendig gestalteten Grabsteine weniger. Sie vermitteln den Eindruck, als wäre der Genannte eines natürlichen, zumindest eines »zivilen« Todes gestorben, so als hätten sie bei einer Trauerfeier ihren Frieden mit dem Tod machen und sich eine Erklärung zurechtspinnen können.

Das Moos lässt viele Steine aussehen, als trügen sie eine Kappe, manchmal sitzt sie schräg wie eine Baskenmütze.

Je weiter ich den Abhang hinabgehe, umso höher wachsen die Jahreszahlen der im Zweiten Weltkrieg Getöteten. »Gefallene« zu schreiben bringe ich nicht über mich, auch wenn mir dieser militärische Euphemismus schon hin und wieder unterlaufen ist. Eigentlich müsste es doch heißen: die zerschossenen und zerstochenen und zerfetzten jungen

Männer, die unter fürchterlichen Qualen verreckt sind, wenn sie nicht auf der Stelle tot waren. Starb man damals auf dem Schlachtfeld qualvoller als heute? Ich glaube nicht.

Mehr als fünfhundert Gräber sollen es auf diesem Friedhof sein. Ich will die Zahl nicht anzweifeln. Aber bei einer Zahl schnurrt alles zusammen, Qual und Schmerz und Leid werden abstrahiert, irgendwie ist es ja doch zu verkraften, fünfhundert bedeutet keine der großen Katastrophen. Fünfhundert sind nicht tausende, zehntausende oder gar Millionen Opfer. Wie wenig Zahlen an die eigene Vorstellung rühren.

Friedrich Ehleben, 29.11.1896–6.6.1942 – immerhin fast sechsundvierzig Jahre, von den hier Bestatteten hatte er eines der längsten Leben, und das mit großem Abstand. Nur wenige erreichten ihr dreißigstes Lebensjahr. Bordmechaniker Wilh. Schlieper, Feldw. der Luftw. 1914–1944. Als Relief ein Stahlhelm von einem Dolch durchstoßen, aus dem Stahlhelm quillt steinernes Eichenlaub.

Erst allmählich dringt eine Frauenstimme in mein Bewusstsein, unablässig ruft sie einen Namen und schimpft, ihr Hund hört nicht auf sie und streunt irgendwo jenseits des Friedhofzauns herum, an dem entlang ein Weg oder Trampelpfad führt. Ich habe die letzte, die unterste Gräberreihe erreicht. Statt Fotos zu machen, habe ich auf Video gedrückt, wobei ich immer kurz vor jedem Grabstein verharre. Jetzt ist eine zweite Frau mit Hund zu der ersten gekommen. Keine zwanzig Meter entfernt von mir unterhalten sie sich und rufen zwischendurch nach ihren Hunden, als entledigten sie sich einer Pflicht. Ohne mich von den Grabsteinen abzuwenden, empfinde ich Freude über die menschliche Gesellschaft im Diesseits – und stehe plötzlich doch wie vor den Kopf geschlagen still. Auf einem kahlen Stein lese ich: Unbekannt. Ich weiß nicht, warum mich das so trifft. Als wäre dieser hier der einzige Soldat, der ohne Abschied und allein hatte sterben müssen. Wie sentimental! Allein und ohne Abschied werden die meisten gestorben sein. Aber bei diesem hier wird die Familie niemals Gewissheit erhalten, wie und wann und wo er umgekommen ist. Ich denke an die vielen Grabmale, die es für den »Unbekannten Soldaten« gibt, die ich aber fast ausschließlich aus der Sowjetunion kenne. Als würde ich mir zum ersten Mal vorstellen, was das bedeutet: Unbekannt. Diese Mahnmale waren propagandistisch so überhöht, dass ich ihren eigentlichen Sinn gar nicht mehr begriff. Gibt es in Deutschland Mahnmale für den unbekannten Soldaten? Ich glaube nicht. Durfte es sie bei uns nicht geben? Hätte ich selbst vielleicht dagegen argumentiert? Vor diesem Grabstein erscheint es mir herzlos. Die Frauen lachen, und ich höre das Hecheln der vorbeijagenden Hunde. (Ein paar Monate später lese ich eher zufällig auf einer der beiden Bronzetafeln am Eingang der »Neuen Wache« in Berlin Unter den Linden: »1969 WURDEN DIE STERBLICHEN ÜBERRESTE EINES UNBEKANNTEN SOLDATEN UND EINES UNBEKANNTEN KZ-HÄFTLINGS BEIGESETZT. SIE SIND UMGEBEN VON ERDE AUS SCHLACHTFELDERN DES ZWEITEN WELTKRIEGES UND AUS KONZENTRATIONSLAGERN«.)

Ein paar Daten fallen auf, denen man nachgehen müsste, entweder ein Bombenangriff oder eine Schlacht, z.B. der 5. Januar 1945, ein Tag, an dem acht Frauen und Männer umgekommen sind. Traf sie dieselbe Bombe, dieselbe Artilleriegranate? Mir scheint, als käme die Jahreszahl 1945 am häufigsten vor. So viele, die noch im März, April und Mai 1945 getötet wurden. Es gibt Steine mit späteren Jahreszahlen: 1946, 1947, 1948. Was bedeutet das? Bei wem erkundigt man sich da?

Meine Filmerei geht mir selbst auf den Wecker, aber ich mache weiter – bis ich erschrecke. Für den Bruchteil einer Sekunde glaube ich auf dem Weg vor mir eine Plastik zu sehen. Da sitzt jemand in der Haltung eines Lesenden – ein junger Mann – auf der Lehne einer Bank und starrt auf sein Handy. Er hat mich nicht bemerkt. Ich lasse mein Handy in die Manteltasche gleiten und nehme den Weg, der über die kleine Wiese vor ihm schräg den Hang hinaufführt. Er sieht überrascht auf, wir nicken einander betont freundlich zu, ja beinah lachend, als wären wir erleichtert über die Harmlosigkeit des jeweils anderen.

Ich nehme mir vor wiederzukommen, womit ich mir zugleich die Erlaubnis erteile, nun auch an den Grabsteinen einfach vorbeigehen zu dürfen.

An einem Strauch hat sich der Fetzen eines rot-weißen Absperrbandes verfangen. Dieses Rot und dieses Weiß sind die einzigen Farben, die auf dem gesamten Friedhof herausstechen, sie gehören nicht hierher. Zwei Windlichter, die ich kurz darauf passiere, sind vom Moos befallen, ihr Dunkelrot ist zu einem Grünschwarz geworden.

Auf vielen Grabsteinen, auch auf denen aus dem Zweiten Weltkrieg, ist die Schrift kaum noch oder nicht mehr zu lesen. Ich finde das tröstlich. Warum bloß? Weil es dann wie ungeschehen wirkt? Oder wie ein Geschehen aus längst vergangener Zeit? Erschüttert uns denn ein antikes Grabmal? Oder weil der Kriegsgräberfriedhof wie eine einzige große Narbe erscheint, die immer unauffälliger wird, die sich immer mehr verwächst? Weil es dann immer unvorstellbarer wird, dass hier je frische Gräber ausgehoben werden könnten? Dass die Farben von Schnittblumen und leuchtenden Kranzschleifen das Grüngrau aus Moos, Gras und den großen Rhododendronsträuchern stören und uns aufschrecken könnten?

Nur wenige Meter von der Lickfeld-Skulptur entfernt erschreckt mich ein großer polierter schwarzer Block (Marmor?). Er scheint vom Vergrünen seiner Umgebung ausgeschlossen zu sein. »Geborgen in Gottes Frieden« überwölbt die Schrift im Halbrund die folgende Mitteilung: »Kriegsfreiwilliger Artur Land, stud. theol., geb. 27. April 1895, gest. den Heldentod, 30. Jan. 1915 in Nordfrankreich«, darunter im Halbrund: »Getreu bis in den Tod«. Ganz unten, auf dem schmalen Sockel versteckt: »Dem heißgeliebten einzigen Sohn. Seine Mutter«.

Da ist der Krieg erst ein halbes Jahr alt. Ob es der heißliebenden Mutter mit jedem Tag Krieg schwerer fiel, zu dem Grabstein zu pilgern? Ist Frau Land die Inschrift mit jedem Besuch mehr zur Qual geworden? Hat Frau Land sich irgendwann die völlige Sinnlosigkeit des Todes ihres noch nicht zwanzigjährigen Sohnes eingestanden, der, wenn er mehr Glück gehabt hätte, vielleicht sogar über die Bergpredigt von der Kanzel herab Kluges gesagt hätte? Hat sich die Mutter gefragt, was der Theologiestudent Land mit dem Gewehr in der Hand in Nordfrankreich wollte? Oder stand ihr der Sinn eher nach Rechtfertigung? Sehnte sich Frau Land gar nach einem, der ihren einzigen heißgeliebten Sohn am Erzfeind rächt und am Ende doch noch zum siegreichen Helden kürt? Weil er nicht umsonst gestorben sein durfte?!

Sollte ich ihm einen anderen Grabstein wünschen? Einen, der ihn nicht von den anderen separiert? Kann man so Ruhe finden? Ihn und die anderen Toten gehen diese Fragen nichts mehr an. Und was ist aus seiner Mutter geworden? Die Hoffnung könnte trügerisch sein, dass dieser Stein, der auch nach über hundert Jahren so unbeschadet glänzt, wie auch Hermann Lickfelds »Zusammenbrechender Krieger« in unserer Welt immer fremder und unverständlicher werden.

»Dann kann ich ja Tauben füttern gehen …«

Gespräche mit einem Polizeipräsidenten a.D.

Als ich Ende Oktober Frank Richter in der Pause eines Konzertes in Essen vorgestellt werde, bin ich unsicher, was ich von ihm halten soll. Persönlich kenne ich keine Polizisten, aber sein Auftreten, seine Zugewandtheit, seine Offenheit erscheinen mir ungewöhnlich. Wegen seiner Statur ist er gezwungen, auf seine Gesprächspartner herabzusehen. Und was er in drei, vier Minuten über die Null-Toleranz-Direktive erzählt und darüber, was die Polizei durch ihr Scheitern gelernt hat, prägt sich mir sofort ein. Der Titel auf seiner Visitenkarte klingt gut: Polizeipräsident a.D. Als ich sage, dass ich ein oder zwei Mal im Jahr von der Berliner Polizeipräsidentin Post bekäme, merke ich, dass mein vermeintlicher Geistesblitz ein peinlich alter Hut ist. Ich solle mich bis Monatsende melden, sagt er, andernfalls könne ich mit ihm nur noch Tauben füttern gehen.

Lasse ich mich vielleicht von einem Angeber beeindrucken, der immer ein paar Sätze in der Tasche hat, um einen wie mich um den Finger zu wickeln? Und warum glaubt er, dass ich ihn treffen will? Weil er mir Mafia- und Schauergeschichten erzählen kann?

Ich verpasse es, mich in den folgenden Tagen bei ihm zu melden, und schiebe es dann so lange vor mir her, dass wir einander erst Anfang des neuen Jahres in privater Runde wiedersehen. Er wirkt in sich gekehrt. Irgendeinen Kummer hat er, irgendein Missverständnis liegt ihm auf der Seele. Will er sich in der Tischrunde zu Wort melden, ist meist ein anderer schneller als er. Er winkt ab, als ich mich entschuldige, ihn unterbrochen zu haben. »Nein, nein«, sagt er und stopft zum wiederholten Mal seine Pfeife, »ihr unterbrecht mich nicht.« Nun erzählt er, wie seine Frau, einstige Radrennfahrerin, von Mülheim nach Essen aufs Polizeipräsidium fuhr. Unterwegs stieg ihr ein merkwürdiger Geruch in die Nase. Sie habe angehalten. Der Geruch war eindeutig: Cannabis. Sie schickte das dafür spezialisierte Team los, und das entdeckte tatsächlich eine Cannabispflanzung größeren Stils. Noch mitten im letzten Satz steht der Präsident a.D. auf, als wollte er Nachfragen aus dem Weg gehen, und verzieht sich samt Pfeife auf den Balkon. Wenig später geht er als Erster. Bei der Verabschiedung sage ich, dass ich mich melden werde.

Am nächsten Tag ruft er mich an, wir verabreden uns für den Samstag, Rot-Weiss Essen gegen den Halleschen FC (früher HFC Chemie), Anstoß vierzehn Uhr. »Ist 'ne ehrliche Liga, die dritte Liga«, sagt er.

Wie in den letzten zwei Wochen regnet es auch am Samstag beinah unaufhörlich. Ich hoffe auf eine Absage von Frank Richter. Punkt 11.45 Uhr hält wie vereinbart ein Auto vor meiner Tür. Das Innere des Wagens erscheint wie vom Pfeifenduft ausgekleidet.

»Und wir wollen wirklich bei diesem Sauwetter ins Stadion?«, unternehme ich kleinlaut einen Versuch. »Ich habe nicht mal einen Schirm!«

»Ach, wer geht denn mit Schirm ins Stadion?!«

Das klingt alles nicht gut. War mit »ehrlicher Liga« gemeint, dass ich jetzt unter die harten Männer gerate, die Ruhrpott-Malocher, die sich auch im strömenden Regen nicht erkälten?

Wie wird man eigentlich Polizeipräsident?

»Die Familie der Mutter alle in der Kohle, die Familie vom Vater alle im Stahl« – der Vater von der Mutter war Kumpel auf der Zeche »Zollverein«, der Vater Maschinenschlosser bei »Ruhrglas«. Aufgewachsen ist er in Essen-Borbeck. Wenn er sein Taschengeld »bei der Omma« abholte, musste er mit seinem Fahrrad Umwege machen, »denn wer durch die Ortsmitte wollte, kam immer anders raus, als er reingefahren ist«. An nachträgliche Hilfe von den Eltern war bei den Prügeleien nicht im Traum zu denken. Als er die Realschule abgeschlossen hatte und aufs Gymnasium wollte, um zu studieren, lachte der Vater nur: Wie lange wollte er denn noch die Füße unter seinen Tisch stecken? Also meldete er sich mit sechzehn zur Polizei. Seine Berufswahl erregte Misstrauen: »Beamter! Das sind die, die sich vor der Arbeit drücken.«

»Schriftsteller wäre eindeutig schlimmer gewesen«, ergänze ich.

Neben dem Polizeidienst machte er auf dem zweiten Bildungsweg das Abitur, was dem Vater wiederum gefiel, das Studium allerdings (Betriebswirtschaft in Hagen an der Fernuni) wuchs ihm neben dem täglichen Dienst über den Kopf. Frank Richter begann mit Gewerkschaftsarbeit, er war engagiert, wollte etwas und hatte ein Gespür für sein Publikum, er wusste, welche Tonlage er wo brauchte.

Mittlerweile sind wir zum Du übergegangen, das sei hier im Ruhrgebiet so. Mir lag es auch schon auf der Zunge. Denn wer so viel von sich erzählt …

Das »Stadion an der Hafenstraße« ist schon in Sichtweite, als eine Straßensperre uns an der Weiterfahrt hindert. Die Gesichter der in Regenmonturen verpackten Polizisten hellen sich auf, als sie den Mann erkennen, der sich da aus dem Auto schraubt. Und schon ist die Straßenabsperrung zur Seite gezogen, grinsend wird salutiert. Was für ein Luxus! Bin ich jemals so behütet gewesen wie als Sozius von Frank?

Während wir an den Stellplätzen für die Busse und Pkws der Gäste-Fans vorüberfahren, erklärt er mir, warum es sich heute um ein »Risiko-Spiel« handelt. Da erste und zweite Bundesliga noch pausieren, konzentriere sich alles auf die dritte Liga. Sogenannte Risikospiele werden nicht vom Stadion aus »geführt« oder »gefahren«, sondern der Stab sitzt in Essen im Präsidium. Ich müsste mitschreiben, wollte ich mir alles über die Polizeistrukturen merken. Essen ist eine Paragraf-4-Behörde, das sind jene, die über eine eigene Hundertschaft und Spezialeinheiten verfügen. Für das Spiel sind drei Hundertschaften im Einsatz, also zwei von auswärts. Unter den HFC-Anhängern, so soll vorab gemeldet worden sein, gebe es etliche gewaltbereite Fans, die wiederum Unterstützung von Hooligans aus ganz Deutschland erhielten. Es klingt nach Remmidemmi.

Wir halten in unmittelbarer Nähe des Stadions. Auf einer elektronischen Anzeige rollt die endlose Reihe der Namen derer ab, die sich »Stadionpaten« nennen dürfen, also Fans wie Frank (oder Betriebe/Gruppen/Einrichtungen), die Geld gespendet haben, damit das »Stadion an der Hafenstraße« weiterhin »Stadion an der Hafenstraße« heißen darf. Vielleicht stößt mir der Verkauf von Stadionnamen deshalb so sehr auf, weil damit ein Ort, an dem sich tausende, zehntausende Menschen in gemeinsamer Begeisterung treffen, der für viele ein Ort der Identifikation ist und den sie überhaupt erst durch ihr Kommen und ihr Eintrittsgeld zum Leben erwecken, ideell enteignet wird.

Auf meiner Eintrittskarte steht allerdings: Sparkassentribüne. Als Sparkassenkunde bin ich also auch am Sponsoring beteiligt. Auf der Rückseite der Karte ist unter der Überschrift »Hinweis für Gästefans« zu lesen: »Das Betreten der Heimbereiche von Rot-Weiss Essen ist mit Gästefanfarben nicht gestattet. Das Ordnungspersonal ist befugt, Personen (auch im Besitz einer gültigen Tageskarte) für diesen Bereich abzuweisen.« Beim HFC sind die Farben weiß-rot, bei RWE rot und weiß, das könnte kompliziert werden.

Eine große Plakatplane hängt an der Außenfassade des Stadions, darauf riesenhaft Willi »Ente« Lippens. Mir sagt der Name nichts. Dabei ist er nicht nur Rekordspieler und Rekordtorschütze von Rot-Weiss Essen. Fußballerisch gesehen hätte er wohl das Zeug gehabt, im Endspiel der WM von 1974 als Sohn einer Deutschen und eines Niederländers auf der einen oder der anderen Seite zu spielen. Verhindert hat es die Historie der beiden Staaten: In seinem einzigen Länderspiel für die Niederlande 1971 wurde er von seinen Mannschaftskameraden kaum angespielt, er galt als der Deutsche und damit quasi als Nazi. Helmut Schön hätte ihn gern für die deutsche Nationalmannschaft nominiert, aber das hätte ihm sein Vater nicht verziehen, dessen Hass auf die Nation der einstigen Besatzer war immer noch zu groß.

Von Rot-Weiss Essen weiß ich gerade mal so viel, dass Helmut Rahn bei RWE gespielt hat, der zweifache Torschütze im WM-Endspiel von Bern 1954. Im Jahr davor war Rot-Weiss Essen Pokalsieger geworden und in der Saison danach Meister, und das hat im Lande des Weltmeisters schon was zu sagen! Mitte der Fünfziger soll Rahn einen Helmut-Boom unter den Eltern von neugeborenen Jungen ausgelöst haben (vielen Dank für den Hinweis, Helmut Böttiger!).

Der Eingang an der Rückseite der Tribüne, vor dem wir uns im Nieselregen anstellen, wirkt wie der eines Verwaltungsgebäudes. Durch die Scheiben des Treppenhauses sieht man die Fans hinaufsteigen, ein Schild weist den Weg zu den Logen. Schon nach wenigen Minuten sind wir drin, hier gibt es kein Abtasten nach Alkohol oder Feuerwerk, nur die Karte wird gescannt. Im Pulk geht's dann weiter nach oben, nur dass wir auf jeder Treppenstufe verweilen, als stünden wir kurz vor einer Herz-OP.

Beinah hätte ich mir dann die Augen gerieben, als ich vor mir einen riesigen, allerdings für seine Größe recht niedrigen Raum statt einer Tribüne erblicke. Eine sehr junge und anhaltend lächelnde Frau legt ein Bändchen um mein linkes Handgelenk und zurrt es fest – nun gehöre ich ihr. Ebenfalls sehr jung sind jene Frauen und Männer, die uns auf Tabletts Bier, Saft und Wasser anbieten. Wo bin ich hier? Dritte Liga? Frank beruhigt mich: »Nee, Loge sieht anders aus!« Aber wieso ist hier alles umsonst? Er geht voran und steuert das Ende von einem der langen Tische an, dort das Schild unserer Gastgeber, die dem »Metropol-Schreiber« und seiner Begleitung diesen Nachmittag spendieren. Neben uns sitzen die Arbeiter oder Gäste einer Kfz-Werkstatt, man nickt sich kurz zu. Denn die Hauptbeschäftigung, so viel ist offenkundig, besteht jetzt in der Nahrungsaufnahme. Auch wir decken uns ein mit Currywurst (er) und Gulasch (ich), bei den Getränken schließe ich mich solidarisch der Bestellung meines Fahrers an: alkoholfreies Bier.

Frank hat zwei Bücher herausgegeben, eines davon über Clankriminalität (Phänomen Clankriminalität: Grundlagen – Bekämpfungsstrategien – Perspektiven, Stuttgart 2022). Die Schwierigkeiten begannen schon beim Namen. Darf man überhaupt von Clan sprechen? Sie haben, so sagt er, lange um diesen Begriff gerungen, sich »von außen« beraten lassen. Aber sobald in den Formulierungsversuchen die Signalwörter »Großfamilie« oder »familienbedingte Kriminalität« vorkamen, fragten die Journalisten umgehend: Sie meinen Clankriminalität?

Im Koalitionsvertrag von SPD, Grünen und FDP heißt es: »Wir machen die Bekämpfung der Organisierten Kriminalität (OK, einschließlich der sogenannten Clankriminalität) zu einem Schwerpunkt unserer Sicherheitsbehörden …« Die Passage endet mit dem Satz: »Zur sogenannten Clankriminalität wird eine definitorische Klärung herbeigeführt.« In dem Beitrag von Dorothee Dienstbühl heißt es: »Mittlerweile existiert eine neue Definition, die zum Zeitpunkt des Redaktionsschlusses noch nicht veröffentlicht war.« Jetzt, ein halbes Jahr später, steht eine verbindliche Entscheidung offenbar immer noch aus.

Das Problem, so Frank, seien vor allem die arabischen Clans, obwohl das oft Türken oder Kurden sind, die sich in den siebziger Jahren im Libanon die Papiere besorgt haben und dann aus Deutschland nicht abgeschoben werden konnten, weil Abschiebungen in Kriegsgebiete (eigentlich richtigerweise!) nicht erlaubt sind. Anders als die italienische oder russische Mafia, die sich verdünnisieren, sobald Polizei erscheint, beanspruchen arabische Clans die Straße für sich. »Und das geht nicht!«, ruft Frank. »Wenn es da einen Verkehrsunfall gab und die Beamten kamen, standen plötzlich fünfzig oder hundert Leute vor ihnen, die verhindern wollten, dass sie die Personalien aufnehmen und Zeugen befragen. ›Was willst du hier? Wir klären das! Hau ab!‹« Frank ist erregt, als erzählte er zum ersten Mal davon. »Manchmal mussten wir wegen eines lächerlichen Verkehrsdelikts mit unserer Hundertschaft da rein, um zu zeigen, wer hier das Sagen hat. Damit ging es los, deshalb sagten wir: Null Toleranz! Wir fahren null Toleranz. Jede Kippe, die aus dem Auto fliegt, wird bestraft. Funktionierte aber nicht. Da hältst du dann so ein Jüngelchen an, Anfang zwanzig, sein Schlitten so um die hunderttausend, und verlangst zwanzig Euro wegen der weggeworfenen Kippe. Der greift nur rüber zum Beifahrersitz und zieht aus seiner Aldi-Tüte 'nen Hunderter raus und reicht den zwischen zwei Fingern heraus: ›Is für dich, kauf dir was Schönes, hast ja auch kein leichtes Leben als Polizist.‹« Frank kann es so nachmachen, dass ich den jungen Kerl zu hören glaube und die Verzweiflung im Gesicht des Polizisten sehe.

»Und?«, frage ich. »Habt ihr den nicht festgenommen?«

»Da kannste als Polizei gar nichts machen. Du darfst den nicht fragen, woher er sein Geld hat. Als Polizist darfste das nicht. Und die wissen Bescheid, die haben gute Anwälte, zwei Kanzleien, die sofort auf der Matte stehen, wenn du einen von ihnen schnappst. Quassle ich zu viel? Meine Frau würde sagen, ich hab wieder Sprechperlen im Mund.«

Mein Teller ist leer, Franks Currywurst sollte mittlerweile kalt sein.

Wir gehen entlang unseres Tisches in Richtung der Glaswand, ich halte den linken Arm hoch, damit man mein Bändchen sieht, und stehe auf der Tribüne. Hier kann Frank rauchen. Rechts von uns hinter dem Tor der harte Kern der RWE-Fans, links von uns, hinter dem anderen Tor, die HFC-Fans. Die füllen aber nur ein Drittel der Tribüne, das allerdings von unten bis oben. Das Stadion ist überdacht, nur die ersten Reihen am Spielfeldrand werden nass.

Für die Fans scheint es keinen Unterschied zu machen, in welcher Liga ihre Mannschaft spielt, die Rituale ähneln einander zum Verwechseln. Natürlich bedeutet Aufstieg Glück, Abstieg Unglück. Aber je tiefer es geht, desto eingeschworener ist die Gemeinschaft, das heißt, die Mitläufer, die Erfolg stets anlockt, gibt's da nicht.

»Und wie kommt man dann, wenn schon die Polizei

nichts machen darf, an die Aldi-Tüte mit den Hunderterscheinen?«, frage ich.

»Auf Respektlosigkeit und Machtgehabe sind wir eingestellt, das ist Alltagsgeschäft. Mit Gefängnisstrafe zu drohen bringt nicht viel. Da züchtet man kleine Märtyrer, die sich für die Familie opfern. Am Ende ist das für die wie 'ne Art Beförderung, eine Stufe höher in der Hierarchie des Clans. Das Einzige, was denen wehtut: Du musst an ihr Geld. Du brauchst Steuerfahndung, Zoll und Ordnungsamt bei den Kontrollen, sonst hast du keine Chance. Die Finanzbehörden dürfen fragen: Wo habt ihr das Geld her? Wir fahren Einsätze mit Zoll oder Stadt (Ordnungsamt), da beschlagnahmst du dann schon mal 'ne Menge Tabak oder schließt 'ne Shisha-Bar, weil du da Koks oder Waffen findest.«

Frank kann gut erzählen, seine Dialoge ließen sich eins zu eins im Film verwenden. Dazwischen dann immer wieder der Polizeijargon.

»Zuerst dachten die von mir«, fährt Frank fort, »der Typ will in die Zeitung, dat legt sich bald wieder. Dann haben sie's mit Bestechung versucht. Dann kamen die Anzeigen gegen die Polizei. Als das alles nicht half, begannen die Einschüchterungen: ›Wir wissen, wo du wohnst!‹ Das ging so weit, dass Beamte in eine Falle gelockt und zusammengeschlagen wurden.«

Wir haben noch Zeit und steigen eine Etage höher. Statt der Logen, die sich dort befinden, besuchen wir Franks ehemalige Kolleginnen und Kollegen. Es gibt ein allgemeines »Hallo!« in dem kleinen Raum. Ich schüttle Hände und lasse mich als Stadtschreiber vorstellen und komme mir doch wie ein Störenfried vor. Sie sitzen vor Bildschirmen, telefonieren, beobachten das Stadion. Es kommt mir vor, als wären die Uniformierten speziell für mich gecastet worden, um mir einen sympathischen Eindruck zu vermitteln, alles offene und freundliche Gesichter. Oder liegt's am ehemaligen Präsidenten? An seinem letzten Arbeitstag sollen die Polizisten ein Spalier für ihn gebildet haben. Ich schüttle noch ein paar Hände und weiß danach nicht, wohin mit mir in diesem Raum, der schon für die sieben oder acht Uniformierten zu eng ist. Einige von ihnen sind gerade erst zurück aus Lützerath, erschöpft von sechs Tagen Dienst, mal wieder desillusioniert, zwei von ihnen im Krankenhaus, Vorwürfe wegen Polizeigewalt in der Presse. Ich kann die Dienstränge nicht bestimmen, Leutnant, Oberleutnant? Es muss für Frank eine ungewohnte Konstellation sein, dass er hier als Besucher auftaucht, während seine Frau Silvia im Stab für den Einsatz arbeitet.

Das Gegenüber von Frank erzählt aufgebracht, was an Lügen über sie verbreitet worden ist. Ich höre zu und glaube ihm und komme mir zugleich vor wie ein Spion, wie einer von der anderen Seite. Weil ich bei den Fernsehbildern eher Sympathien für die Besetzer als für die Räumer habe? Pasolini hat Anfang der Siebziger sehr entschieden die studentischen Demonstranten kritisiert, denn diese wären die Bürgersöhnchen, die Polizisten hingegen die Kinder der Proletarier.

Merkwürdigerweise hatte ich nie Aversionen gegen die Polizei. Die Bezeichnung »Bulle« würde mir nicht über die Lippen kommen. Habe ich einfach nur Glück gehabt, weder vor noch nach 1990 einen Knüppel abbekommen zu haben? War ich zu brav?

Wieder auf unseren Plätzen, ist es um uns herum noch leer. Bekommen die anderen Fans keine Wut auf die Privilegierten? »Warum? Die stehen da ja nicht, weil sie müssen oder weil sie keinen anderen Platz bekommen«, sagt Frank.

»Die stehen dort, weil sie dort stehen wollen.« Das Getrommel, die Sprechchöre und die sich einsingenden Fans folgen demselben Ritual wie bei der Borussia in Dortmund, nur läuft alles im kleineren Format und in anderen Farben ab als im Westfalenstadion.

Die Fans des HFC haben eine »Choreo« angekündigt. Mittlerweile gibt's dieses Wort auch in Wörterbüchern (Duden: »Choreo, die, a: umgangssprachlich für Choreografie, b: von einer Gruppe von Zuschauern im Stadion gezeigte Formationen aus farbigen Tüchern oder Transparenten, die Symbole der Vereine oder Ähnliches darstellen, Gebrauch: besonders Fußball«).

Als die Mannschaften auf den Platz kommen, lassen die Hallenser (Hallotri? Halloren? Halunken?) ein großes Tuch in der Breite ihres Blocks über die Köpfe hinweg die Tribüne hinaufwandern. Unten steht in Fraktur »Händelstadt«, darüber das Konterfei des Meisters aus Halle mit einer rot-weißen Mundmaske. Oder täusche ich mich? Von hier aus bleibt es undeutlich. Oben in der Mitte: Hallescher, links: Fußballclub, rechts: Chemie. Ich merke, wie mein bislang gleichgültiges Herz sich erwärmt und auf die Seite des HFC wandert, die ihren großen Meister vor sich hertragen und offenbar glauben, hier im Westen missionarisch tätig werden zu müssen. Aber hören die Hallenser Fans zu Hause mehr Georg Friedrich Händel als die Essener? Mein inneres Ungleichgewicht verschweige ich meinem Nachbarn, der mit dem Anpfiff vom Spiel gebannt ist.

Würde ich erkennen, in welche Liga das Gebolze gehört? Ich kenne hier keinen einzigen Spieler, lerne aber schnell, dass der Essener Mittelstürmer Ron Berlinski heißt. Er fällt auf, ist schneller und athletischer als die anderen, vor allem aber ein Kämpfer. Nachdem er gefoult wurde, zieht er seine

Stutzen nicht mehr hoch. Das wirkt, als wollte er sich nicht mit Nebensächlichkeiten abgeben. Im Netz finden sich die Marktwerte der Spieler. In Essen reicht die Spanne von 50.000 Euro für den dritten Torwart bis zu 400.000 Euro für Felix Götze, zentrales Mittelfeld, der jüngste Bruder von Mario Götze. Aber Götze ist ein Ausreißer nach oben. Alle anderen Marktpreise bewegen sich zwischen 100.000 und 275.000 Euro. Beim HFC gibt es immerhin vier 300.000er und der Torwart bringt es auf 400.000 Euro. Diese Preisliste berührt mich peinlich, in früheren Zeiten allerdings wäre sie ein Schock gewesen. Ich weiß noch, wie aberwitzig es auf mich als Kind wirkte, als Günter Netzer nach Madrid »verkauft« wurde. Wahrscheinlich erfuhr ich davon aus der »Sächsischen Zeitung«, die solche Spielerverkäufe mit Sicherheit angeprangert hatte. In jener Zeit (Mitte der Siebziger) machte sich dann auch Werbung auf den Trikots der Spieler breit. Wie wären die Reaktionen, wenn man so eine Preisliste für Schriftsteller aufstellen würde? Im Grunde gibt es sie schon, nur *noch* nicht in Tabellenform: Wie viel verlangt wer für eine Lesung?

In der Halbzeit – es ist kein Tor gefallen, selbst Strafraumszenen waren selten – wird wieder ordentlich gegessen. Alle scheinen die Gelegenheit zu nutzen, sich das Geld, das sie für eine Karte wie diese gezahlt haben, durch möglichst große Portionen und den entsprechenden Alkoholkonsum zurückzuholen, ein vorgezogenes Sonntagsessen, das man morgen einspart.

Frank nimmt den Faden von vorhin wieder auf. Wenn jemand sage, dass es immer schlimmer werde, dann widerspreche er nicht, er frage nur, wie es denn früher gewesen sei, zum Beispiel nach einem Fußballspiel. Oder wie oft es Einbrüche gegeben habe, wie oft Diebstähle. Die Statistiken wiesen eindeutig nach unten, die Angst der Bevölkerung jedoch wachse.

»Was es braucht, ist Aufklärung, immer wieder Aufklärung. Und die zeigt Wirkung!« Es gebe eine erhöhte Aufmerksamkeit unter Nachbarn. Das sei der Grund, weshalb es zwanzig Prozent weniger Einbrüche gebe. »Diese Gruppen, die durchs Land ziehen, die versuchen es überall. Aber wenn sie es in einer Minute nicht schaffen oder gestört werden, lassen sie es.«

Die Erfolge, nicht nur bei Einbrüchen, hätten ihnen neugierige Besucher von überallher beschert, sogar aus Schweden! »Die fragten gleich: ›Wie viele Langwaffendelikte hattet ihr im letzten Monat?‹ Das Problem haben wir zum Glück nicht.«

Allein mit den herkömmlichen Mitteln ginge es nicht. »Du musst wissen, wie die anderen denken und was ihnen weh tut über das Geld hinaus und wovor sie Respekt haben.«

»Und wovor haben sie Respekt?«

»Ich red mich hier um Kopf und Kragen«, sagt Frank und schüttelt den Kopf. Ich verspreche, es nicht weiterzusagen oder wenn, ihn vorher zu fragen. Aber schreiben würde ich schon gern darüber. Wir grinsen um die Wette.

»Das Weltbild arabischer Clans ist noch immer streng patriarchalisch und natürlich hierarchisch. Was hier normal ist, ist bei ihnen undenkbar.«

»Was ist undenkbar?«

»Wenn Frauen ihnen Handschellen anlegen«, sagt er leise, als vertraute er mir ein Geheimnis an. »Oder Hunde. Hunde gelten als unreine Tiere im Gegensatz zu Katzen. Vor Hunden haben sie Respekt. Furcht vor Hunden zu zeigen, ruiniert deinen Ruf. Aber versteh mich nicht falsch, es geht keineswegs darum, irgendjemanden zu demütigen, das wäre ganz falsch! Demütigen erzeugt nur neue Gewalt, das ist klar. Trotzdem musst du wissen, wie sie denken.«

Man müsse den Verhaltenskodex innerhalb der Clanstruktur erkennen, zum Beispiel, wenn Ehen geschlossen werden, denn Ehen würden in aller Regel gestiftet. »Die Familienvorstände verabreden die Ehen. Sie sind es auch, die Entscheidungen treffen, wenn in ihren Augen ›die Ehre‹ verletzt wurde. Da hat ein junger verheirateter Mann ein Foto von sich mit einer anderen Frau im Arm gepostet. Daraufhin wandte sich der Vater der Ehefrau an den Vater des Ehemannes: Dieses Foto verletze die Ehre seiner Familie. Der Vater des jungen Mannes sah das genauso. Wie konnte die Ehre wiederhergestellt werden? Durch den Tod des Schuldigen, also des Sohnes/Schwiegersohnes. Diese Aufgabe fiel den Geschwistern des jungen Mannes zu, sie hatten den Mord zu übernehmen. Das allerdings misslang, er überlebte schwer verletzt. Unter den Tätern gab es kein Schuldbewusstsein. Ihnen war dieser Auftrag erteilt worden, sich dem zu widersetzen war für sie undenkbar gewesen. Selbst die gekränkte Ehefrau wünschte, ihr frisch vermählter Ehemann wäre tot, dann müsste sie nicht weiter mit dieser Schande leben.«

Aber wie bricht man diese Logik auf? Wie ist es möglich, solch ein Denken und Fühlen zu verändern?

»Aufklärung ist alles«, wiederholt er. »Und es braucht Zeit, viel Zeit. Und andere Vorbilder.« Dann erzählt Frank von einer Begegnung: Die Essener Polizei hatte in den Aufnahmelagern Geflüchtete eingeladen, sich die Polizeidienststellen anzusehen. Unter anderem sollte über den Notruf informiert werden und über andere Möglichkeiten, Hilfe zu erhalten. Das Problem war: In den Herkunftsländern der Migranten geht niemand freiwillig zur Polizei. Polizei bedeutet dort Ärger, auch großen Ärger, viele seien schon froh, wenn sie die Chance bekämen, sich freizukaufen. Diejenigen, die in Essen die Einladung zum Besuch angenommen hatten, waren überrascht, ja erfreut über das, was sie erfuhren. Frank nennt diese Besucher »Multiplikatoren«. Bei manchen blieb aber die Skepsis gegenüber der Polizei groß, bei einigen war sie sogar unüberwindlich. »Es liegt an den schrecklichen Erfahrungen, die manche gemacht haben.« Einer von ihnen meinte, die Polizei habe ihnen nicht alles gezeigt. Eigentlich schon, erwidert Frank und zuckt mit den Schultern, wie er vielleicht schon damals mit den Schultern gezuckt hat. Er wisse nicht, was die Kollegen ihnen alles gezeigt hätten, aber eigentlich sollte es alles gewesen sein. Das überzeugte den Frager nicht. »Wenn die Polizei sieht, wie jemand einen Einbruch oder Diebstahl verübt, und der Einbrecher oder Dieb streitet ab, eingebrochen zu sein oder gestohlen zu haben, was macht ihr dann mit ihm?« Es sei sein gutes Recht, das Gegenteil zu behaupten, erwiderte Frank. Er könne sich einen Anwalt nehmen …

»Und ihr zwingt ihn nicht dazu, die Wahrheit zu gestehen?«

»Wie sollte er denn gezwungen werden?«

Der Frager schüttelte den Kopf und resümierte: »Mit eurem Rechtsstaat stimmt was nicht.«

Es gehe ja nicht darum, sagt Frank, Antworten aus der Tasche zu ziehen, aber man müsse sich zumindest mal klarmachen, wie schwierig es ist, Menschen mit ganz anderen Erfahrungen zu überzeugen.

Obwohl wir zu den Ersten zählen, die sich nach der Halbzeitpause zwischen den dicht an dicht sitzenden Tafelnden (Mampfenden? Schlingenden?) hindurch nach draußen schieben, haben wir bereits ein paar Minuten des Spiels verpasst, das allerdings vor sich hinplätschert. Frank stopft seine Pfeife. Ohne die Gesänge und die Pyrotechnik der Hallenser wäre nicht viel los, dabei rackern sich die Spieler im Regen ab. Das fällt unter die Rubrik »intensives Spiel«. Torchancen oder Torraumszenen sind, wie die Reporter es auszudrücken pflegen, Mangelware.

Von seiner Haltung her würde ich Frank als linken Gewerkschafter und SPD-Mann charakterisieren. Hannelore Kraft hat ihn in Hagen als PP, als Polizeipräsidenten, eingesetzt. »Das war mutig von ihr. Denn seit urlanger Zeit war ich der erste Polizist, der erste Nichtjurist auf diesem Posten.« Und auch mutig von ihm, möchte ich hinzufügen.

In der Sicherheitspolitik aber waren diejenigen, die ihm den Rücken stärkten, oft CDU-Politiker. Rüttgers habe zu ihm gestanden, Innenminister Reul sowieso, der ein Vorwort zu seinem Buch über die Clankriminalität beigesteuert hat. Mal wurde Frank als Roter beschimpft, mal als Faschist. Seine Haltung, die mir naheliegend und verständlich und richtig erscheint, wird in der Öffentlichkeit zumeist als Widerspruch wahrgenommen.

Er erzählt, wie er vor vielen Jahren als Gewerkschafter auf einen Kongress der damaligen WASG geriet, die sich später mit der PDS zur LINKEN vereinigte. Ohne Absprache wurde er ans Rednerpult gerufen. Er sprach frei. »Silvia fand meine Rede eher fad, jedenfalls war sie unzufrieden mit meinen fünfzehn Minuten und acht Sekunden.«

»Und acht Sekunden?«, frage ich.

»Und acht Sekunden«, wiederholt er. »Am nächsten Tag rief mich ein Journalist von der *** an und sagte: ›Alles, was ich für dich tun kann, ist, dass wir nicht mitmachen bei der Kampagne gegen dich.‹ Ich hatte keine Ahnung, was der meinte. Am anderen Tag wusste ich es. Ich war der rote Bulle. Sie unterstellten mir durchweg Aussagen, die ich nie gemacht hatte. Nichts von dem, was da stand, hatte ich gesagt! Sollte ich dagegen klagen, um nach einem Jahr Recht zu bekommen und einen Fünfzeiler auf Seite 19? Mein Glück war, dass da einer alles gefilmt hatte, die ganze Rede, fünfzehn Minuten und acht Sekunden. Das haben wir Wort für Wort abgetippt und an alle Zeitungen und den Rundfunk verschickt. Danach war Ruhe. Aber hätte es den mit der Kamera nicht gegeben, ich wäre erledigt gewesen.«

Frank trägt schwer an den Vorwürfen, die ihm im Laufe der Zeit gemacht worden sind. Schlagzeilen wie »Frank Richter jagt Libanesen durch Essen« haben ihn dazu gebracht, früher aufzuhören. Oder die Chat-Affäre, wie er sie nennt, die vor allem seine Frau betroffen hat. Er spricht davon, als müsste ich wissen, was er meint: Beamte aus seiner Polizeidirektion hatten einander auf ihren privaten Handys menschenverachtende, rassistische Bilder geschickt. »Woher soll ich wissen, was die privat tun?« Seine Frau war von den vier Direktionsleitern (Kripo, Verkehr, Streifenpolizei, Verwaltung) aufgrund ihrer fast dreißigjährigen Erfahrung bei der Polizei zur Extremismusbeauftragten gewählt worden. »Weil sie meine Frau war, wollte ich nichts damit zu tun haben, ich habe mich da nicht eingemischt.« Nun aber schien für die Presse alles klar zu sein. Denn wenn die Frau vom Polizeipräsidenten diesen Job hat, muss man sich ja nicht wundern. »Von Rosenheim bis Oldenburg waren wir Thema. Da rücken dann sechzig Leute an und stellen dir die Bude auf den Kopf … Nach einem halben Jahr kommt der Bericht, dass alles vorbildlich gelaufen ist. Aber wer berichtet dann noch über den Bericht? Und wenn schon jemand berichtet, wer liest das? Die Schlagzeile aber klebt an dir!«

Zwischendurch fährt Frank zwei oder drei Mal vom Sitz auf, aber das Spiel endet null zu null, was weder RWE noch dem HFC hilft, sich aus der Nähe der Abstiegsränge zu befreien.

Wir machen uns gleich auf den Rückweg. Er will zu Hause sein, wenn seine Frau kommt. »Die Kollegen scheinen das hier ja im Griff zu haben.«

Auf der Rückfahrt erzählt er mir von einem Buch, das er schreiben möchte. Er habe ja jetzt Zeit. Wenn nichts daraus würde, wäre das auch kein Problem, dann gehe er eben Tauben füttern. Er hat den Abschied nach siebenundvierzig Jahren in der Polizei-Familie noch längst nicht hinter sich. Wie sollte das aber auch anders sein?

Nach allem, was er mir erzählt hat, kann ich ihm nur zuraten, das Buch zu schreiben – nicht nur wegen der Alternative des Taubenfütterns. Er solle so konkret wie möglich schreiben, also versuchen, schriftlich zu erzählen, mündlich könne er das bereits. So ließen sich die Schwierigkeiten und die Möglichkeiten, die Nöte und die Chancen am besten zeigen. Den Titel hat er schon parat: »Der Staat ist stark – wenn er will«. Hat er mir gerade ein gut gehütetes Geheimnis anvertraut? Es gehe darum, die innere Sicherheit neu zu denken. Frank spricht dann von einem Einsatz, den die Polizei gemeinsam mit dem Sozialamt »gefahren« habe, bei dem sie die Häuser und Wohnungen aufgesucht haben, in denen Sozialhilfeempfänger gemeldet waren, »die aber sonst nirgendwo in Erscheinung traten«. Bei fast allen Adressen, die sie gezielt aufgesucht hatten, stellte sich heraus, dass die Gemeldeten dort nicht wohnten, sondern nur das Geld bezogen. Und dann sagt Frank den Satz, der vielleicht der Dreh- und Angelpunkt seiner geplanten Schrift werden könnte: »Sicherheitspolitik ist Sozialpolitik.« Wir reden darüber und landen beim Kindergeld. Denn statt das Kindergeld zu erhöhen, sollte dafür gesorgt werden, dass alle Kinder morgens und mittags im Kindergarten und in der Schule ein ordentliches Essen bekommen. Und wenn das geschafft wäre, könnte man über andere Sachen nachdenken.

»Frank Richter for president!«, sage ich zum Abschied, als wir wieder vor meiner Tür halten. Es regnet und regnet. Frank angelt vom Rücksitz ein Buch, das solle ich mir mal ansehen, wenn ich Zeit hätte. Ich bitte ihn, mir sein Exposé zu schicken. Oder seine Betrachtungen übers Taubenfüttern.

»Himmlers grüne Helfer – Die Schutz- und Ordnungspolizei im ›Dritten Reich‹« von Heiner Lichtenstein. Lichtenstein (1932–2010) war ein WDR-Redakteur, der jahrzehntelang NS-Prozesse beobachtet und darüber berichtet hat. Dafür erhielt er unter anderem die Yad-Vashem-Gedenkmedaille. Herausgegeben hat das Buch das Polizeipräsidium Essen, mein Exemplar ist eines aus der dritten Auflage, das Vorwort stammt von Frank: »Geschichte ist immer aktuell und wirft ihren Schatten voraus ins Tagtägliche.« Er nennt dieses Buch zu Recht eine »Pionierarbeit im Bereich der Täterforschung, nicht nur in der Institution Polizei«. Die erste Auflage erschien bereits 1990 im Bund-Verlag in Köln, ein Jahr vor Christopher Brownings »Ordinary Men« und drei Jahre vor dessen deutscher Übersetzung, die als »Ganz normale Männer. Das Reserve-Polizeibataillon 101 und die ›Endlösung‹ in Polen« zu einem Standardwerk wurde. Die zweite Auflage von Lichtensteins Buch folgte 2003 bei der Gewerkschaft der Polizei mit einem Vorwort von Paul Spiegel. Ich finde es verwunderlich, dass sich kein prominenterer Verlag dieses Buches annahm. Schließlich ist das die erste, fünfundvierzig Jahre nach dem Ende des Zweiten Weltkrieges erschienene kritische Auseinandersetzung mit der deutschen Polizei während der NS-Zeit. »Reichsführer SS und Chef der Deutschen Polizei« war der offizielle Titel von Heinrich Himmler, eine Doppelfunktion, die auch erklärt, warum »etwa 10% der Opfer der nationalsozialistischen Vernichtungspolitik direkte Opfer der Ordnungspolizei, insbesondere von etwa 20.000 Polizeiangehörigen der Reserveregimenter und -bataillone, waren. Nimmt man nun noch die Kriminalpolizisten in der Gestapo und besonders in den Einsatzgruppen und -kommandos der Sicherheitspolizei als Tätergruppen hinzu, sind über eine Million Menschen im Zweiten Weltkrieg durch die Hand eines deutschen Polizisten gestorben.« (Timm C. Richter im Nachwort) Lichtenstein macht auch vor der Frage nicht halt, warum so viele exponierte Täter der NS-Zeit schon wenige Jahre nach dem Ende des Zweiten Weltkrieges und entgegen der ursprünglichen Intention der westlichen Alliierten »Wiederverwendung« fanden. Die Antwort ist so simpel wie erschreckend: Im Kalten Krieg wurde ein »Kompanieführer in der Sowjetunion« oder ein »Partisanenjäger« nicht dafür zur Rechenschaft gezogen, was er getan hatte. Im Gegenteil! Dies galt als Ausweis besonderer Erfahrungen und half nicht nur in der Polizei bei Einstellung und Karriere.

Was Frank mir gegenüber nicht erwähnt hat: Er hat das Buch von Heiner Lichtenstein ein halbes Jahr vor jener sogenannten Chat-Affäre herausgegeben und nicht als Reaktion darauf. Es ist schwer vorstellbar, dieses Buch zu lesen und dabei kein kritisches Verhältnis zur Tradition der Polizei zu finden. Lichtenstein dokumentiert sehr ausführlich die Dialoge vor Gericht, sodass ein verstörend genaues Bild von der Atmosphäre der damaligen Zeit entsteht, von den Schwierigkeiten, die Täter zur Rechenschaft zu ziehen.

Am Sonntagmorgen habe ich schon die Mail von Frank mit seinen Stichpunkten, die sich, wie ich dann sehe, als Unterüberschriften eignen würden, um das, was er mir erzählt hat, zu ordnen. Das Exposé geht in den folgenden Tagen zwischen uns hin und her, ich mache ein paar Vorschläge, die er wiederum verändert. Hier das vorläufige Ergebnis:

Kapitel 1: Alle Jahre wieder

Wenn der Stein gegen den Helm kracht. Warum wir das ganze Jahr handeln müssen, wenn die programmierte Gewalt enden soll.

Kapitel 2: Behörden aller Länder, vereinigt euch

Der Aldi-Einkaufsbeutel mit den Hundert-Euro-Bündeln auf dem Beifahrersitz. Warum wir bei Verkehrskontrollen auch die Steuerfahndung brauchen.

Kapitel 3: Der Staat als Beute

»Ach, die wohnen gar nicht hier?« Warum Sicherheitspolitik die Voraussetzung für Sozialpolitik ist.

Kapitel 4: Hinter den Kulissen – Innenansichten der Polizei

24 Stunden, sieben Tage in Lützerath. Warum bei Polizisten die Familie immer warten muss.

Kapitel 5: Die Polizei in unserer Gesellschaft

Bullenschweine und Superheroes. Warum die Polizei das erste Opfer ist, wenn sich die Gesellschaft polarisiert.

Kapitel 6: Brauchen wir einen neuen Wertekompass?

Chatgruppe mit Hitlerbart. Warum wir weder den Stammtisch noch die Sonntagsreden brauchen, sondern mehr Zeit, um den Kollegen vor Ort zuzuhören.

Kapitel 7: Was nun, innere Sicherheit?

Wo der Knast zur Referenz wird. Warum wir wissen müssen, wen wir vor uns haben. Die Willkommenspolizei.

Als Reaktion auf meine erste Mail zu seinem ersten Entwurf ruft mich Frank an. Ich meine also, sagt er betont ernst, er solle doch nicht Tauben füttern gehen?

Wie sich herausstellt, hat er den ersten Entwurf am Vorabend verfasst, als er auf Silvia, seine Frau, gewartet hat. »Die kam nämlich erst kurz vor Mitternacht!«

Die Fans vom HFC hatten ihren Zug verpasst, waren dann, ihre Sprechchöre skandierend, durch die Essener Innenstadt gezogen und mussten erst mal wieder »eingefangen« und zum Bahnhof zurückgebracht werden. Dort allerdings hätten sie sich geweigert, in den vorgesehenen Zug in Richtung Halle zu steigen, denn mit diesem Zug hätten sie in Magdeburg umsteigen müssen. Mit der Begründung rückten sie erst nach einer Weile heraus. »Wenn die Magdeburger Hooligans mitbekommen, dass wir in Magdeburg umsteigen …«

Ein Sonderzug musste für die Hallenser organisiert werden, »sonst wären die bis heute geblieben«.

PS: Die erste telefonische Reaktion vom Verlag auf das zugesandte Exposé begann mit dem Satz: »Ist schon mal gut, dass Sie Gewerkschafter waren!« Wie er das zu verstehen habe, fragte Frank zurück. »Da kann man Sie nicht gleich in die rechte Ecke stellen.« Was denn an diesen Gedanken »rechts« sei? Seine Frage blieb unbeantwortet. Stattdessen bekam er den Rat, er solle doch etwas offensiver, aggressiver schreiben, provokantere Thesen. »Ich will nichts Reißerisches«, sagt Frank. »Es geht um ein paar Stellschrauben, daran müssen wir drehen. Wir haben alle Möglichkeiten, wenn wir nur wollen!«

»Für die Fans ist das ihr Leben, es muss auch unser Leben sein.«

Stadionbesuche bei Borussia Dortmund

Das Folgende beginnt – wie schon der Bericht über die Flucht von Michael im Sommer 1989 von Leipzig über Ungarn in den Westen –, als ich Michael, von seinen Freunden meistens »Baumi« genannt, zum ersten Mal Ende Oktober 2022 begegne und wir gemeinsam von Mülheim über die A40 nach Dortmund zum Spiel der Borussia gegen Manchester City fahren. Denn da sehe ich auf den Brücken, die über die A40 führen, die Zitate aus der WM-Reportage von 1954 verteilt: Rahn müsste schießen / Rahn schießt / Toooor! Toooor! Toooor! Als würden auf dieser Autobahn alle jederzeit zum Fußball fahren oder sollten doch angehalten werden, an Fußball zu denken. Wahrscheinlich gibt es nur wenige andere Beispiele, in denen die Wirkungsmacht eines Sieges in einem Fußballspiel derartige historische Bedeutung erlangte wie der Weltmeistertitel von 1954. Was wäre die alte oder ehemalige BRD (oder sollte ich besser sagen: die junge BRD?) ohne diesen Triumph gewesen? Auf jeden Fall eine andere, eine mit weniger Selbstbewusstsein, eine ohne Weltmeister-Erzählung, die einer Verheißung gleichkam, gerade weil der Sieg so unwahrscheinlich schien. Friedrich Christian Delius hat das nicht nur in einer Erzählung, sondern schon allein in einem Titel gefasst: »Der Sonntag, an dem ich Weltmeister wurde«. Diesen Sieg konnte jeder für sich persönlich verbuchen, jede und jeder durfte sich in ihrem oder seinem Selbstverständnis beschenkt und bereichert fühlen.

Bei meinen beiden Besuchen im Deutschen Fußballmuseum in Dortmund (einmal als Gast von Baumi) verbrachte ich jeweils die längste Zeit vor den Fernsehbildern dieses WM-Endspiels von 1954, weil alles daran interessant ist. Ich staunte über die Kombinationssicherheit beider Mannschaften, über das, was erst viel später als Tiki-Taka-Spiel der Spanier berühmt wurde, denn das ist dort schon zu sehen, nicht so ausgefeilt, nicht so perfekt, aber doch als selbstverständliche Ballstafette mit nur einer Ballberührung. Ich sah, welch Glück die (west)deutsche Mannschaft hatte, weil die Ungarn nur die Latte trafen und Großchancen ausließen. Reporter Zimmermann lobt in höchster Erregung und Freude den deutschen Torwart: »Toni Turek, du bist ein Teufelskerl, du bist ein Fußballgott!« Und kurz darauf: »Entschuldigen Sie, liebe Zuhörer …« Käme heute ein Kommentator, eine Kommentatorin auf die Idee, sich für Erregung und Enthusiasmus zu entschuldigen?

Fast rührend mutet es an, wie sachlich die Übergabe der Trophäe erfolgt, wie maßvoll und schlicht der Jubel, als nähme man Rücksicht auf die Ungarn, die sportlich wie im Lehrbuch gratulieren – und für die in diesem Moment eine Welt zusammenbricht.

Dann aber hört man die deutsche Nationalhymne und wie das Stadion singt: »Deutschland, Deutschland über alles, über alles in der Welt.« Ich hatte das nicht gewusst. Oder habe ich es womöglich vergessen? Bei wie vielen werden diese Textzeilen damals schlimmste Ängste geweckt haben?

Die Fahrt dauert länger, als ich gedacht habe. Als das Stadion auf der rechten Seite ins Blickfeld gerät, stauen sich auch schon die Autos in den Ausfahrten.

Ich beneide meine schreibenden Kollegen und Kolleginnen, die nicht abhängig sind vom Fußball. Was sie an

Zeit und Konzentration sparen, lässt sich wahrscheinlich in Romane oder Gedichtbände umrechnen, deren Zahl ich nicht wissen will. Aber verzichten sie dabei nicht auch auf unendlich viel? Auf Gemeinschaft, Vorfreude, Jubel und schlotternde Aufregung? Ihnen bleiben zwar unfassbares Pech und Minuten oder gar Tage voller Untröstlichkeit erspart. Aber sie werden auch nicht des Glücks aus heiterem Himmel teilhaftig, sie kennen nicht den gemeinsamen Jubel, die Umarmung mit wildfremden Menschen! Ach, verzichten sie nicht auf eine ganze Gefühlswelt, ganz zu schweigen von der Gleichnishaftigkeit des Fußballs? Der Jurist und Kolumnist Thomas Fischer schreibt im SPIEGEL vom 23.12.2022: »Die Mischung aus Zufall, Planung, Anarchie, Abhängigkeit und Autonomie, ausgeübt in extrem prekärer Lage (Bewegen des sprichwörtlich runden Balls mithilfe zu Präzision besonders ungeeigneter Körperteile im Zustand des Laufens, also permanenten Fallens), ist in ihrer Lebensanalogie nicht zu übertreffen.«

Und zugleich weiß ich doch, wie vollkommen lächerlich meine Begeisterung ist, so lächerlich, dass ich mich ihrer gelegentlich schäme. Bin ich, sind wir nicht die willigen Opfer der Marketingstrategen? Das Image der Clubs haben Werbeagenturen geformt. Entsteht mal was Eigenständiges, werden die Spieler weggekauft oder besser gesagt aufgekauft. Zudem ist es ein Spiel, in dem der Zufall der eigentliche Gott ist, der sich zwar durch verschiedenartige Opfer gewogen stimmen lässt, der aber die meisten Deutungen über Sieg und Niederlage zur Kaffeesatzleserei disqualifiziert. Der Zufallstiefpunkt war in diesem Jahr das Spiel von Borussia Dortmund gegen Werder Bremen, als ich in der 85. Minute den Zwei-zu-null-Sieg der Borussia für sicher hielt und dann drei Tore für Bremen fielen … Warum widerfährt das völlig Unmögliche, Unwahrscheinliche, ja Undenkbare gerade uns? Das passiert sonst niemandem, warum ausgerechnet Dortmund? Und warum kann ich mir nicht diese Ansammlung von verzogenen, durch irrsinnig viel Geld gefährdeten Jungs aus dem Herzen reißen, große Jungs, denen die Treueschwüre und Liebeserklärungen ihrer Fans die Eitelkeit kitzeln und den Marktwert steigern?

Denn im nächsten Moment ist auch das nicht wahr, weil ein Pass glückt oder ein Freistoß, eine Flanke, ein Flugkopfball an Konsequenz und Schönheit nicht zu überbieten ist.

Meine Fußballmanie ist eine Kippfigur, mal ist sie beinah alles und kurz darauf fast wieder nichts.

Wir fahren am Stadion und den Staus vor den Parkplätzen vorbei, nehmen eine Ausfahrt und durchstreifen das Kreuzviertel auf der Suche nach einer Parklücke, ein Glücksspiel, das auf der Ecke einer Kreuzung sein halblegales Ende findet. Wir bestätigen einander, dass der Smart hier absolut niemanden behindert. Baumi macht noch ein Foto, um Thekla zu beruhigen, die bei den Fußballausflügen ihres Mannes immer wieder von Neuem um ihr schönes Gefährt zu bangen scheint.

Kurz vor der »Trattoria« gehen wir zum Du über, denn da drinnen sind sowieso alle Schwarz-Gelb und somit alle per Du, ein BVB-Anhang der gesetzteren Art, eher Klassentreffen als Familienfeier. Dabei sehe ich im voll besetzten und von Küchendünsten trüben Lokal meinen neuen sächsischen Freund wie zum ersten Mal von vorn und nicht nur, wie im Auto, von der Seite. Er erscheint mir plötzlich, da wir die anderen, die auf ihn gewartet haben, begrüßen, vertraut wie ein Schulfreund. Das Personal begrüßt Baumi, sowohl der ältere Chef als auch die Jüngeren. »Sie sind aus Albanien«, sagt Baumi und lächelt, »wir haben eine lange

Geschichte.« Als seinem Anhängsel wird auch mir die Hand gereicht, obwohl sie dabei schon wieder Baumi ansehen. An unserem Tisch sitzt Baumis Freund A. mit zwei seiner Geschäftspartner aus Österreich. Um mich, den Neuling, sorgt sich Baumi geradezu väterlich. Seine Rückfragen, ob mir dies oder jenes recht sei, erwecken den Eindruck, ich würde vor allem in Fünf-Sterne-Hotels verkehren.

Da ich von den Söhnen meiner Frau, beide Bayernfans, ein BVB-Trikot mit meinem Namen auf dem Rücken geschenkt bekommen habe und dieses natürlich trage, erwarte ich, wohlgefälliges Aufsehen zu erregen, als ich mich in dem überheizten Raum der äußeren Schalen entledige und nun im gelben Schulze-Trikot niederlasse. Doch niemand nimmt auch nur die geringste Notiz von meinem Trikot. Denn sie alle tragen einen Namen auf dem Buckel, ich könnte sie ansprechen: Horst, Klaus, Matthias oder mit Nachnamen: Müller, Feßmann, Aschenbach – ich gerate für einen Moment in Versuchung, Letzteren so von BVB-Fan zu BVB-Fan zu fragen, ob das sein richtiger Name ist (graues, widerborstiges Haar, keine Brille, Ansätze zu Tränensäcken, ungefähr mein Alter, große ineinandergelegte Hände, die er auch nicht bewegt, wenn er spricht).

Adriano, der Freund meines Vergils, Italiener, Gastwirt, arbeitet jetzt »im Containergeschäft«. Baumi und er sprechen das Wort so selbstverständlich aus, dass ich gar nicht wage nachzufragen, wie man vom Gastwirt ins Containergeschäft wechseln kann. Der italienische Containermann geht mit den beiden befreundeten Geschäftsleuten die Spieler des BVB durch, keiner besteht. Nur Mats Hummels und Jude Bellingham. »Wenn sie Jude verkaufen, ist die Seele weg.« Ich halte den Mund, natürlich ist Bellingham nächsten Sommer weg, genau wie Erling Haaland in diesem auf und davon ging und heute mit Manchester City zurückkehren wird. Über die großen Teller mit Tagliatelle und Filetspitzen gebeugt, geraten wir in Streit. Baumi und ich verteidigen gemeinsam Reus, Guerrero, Süle und Brandt, sind uns dann jedoch mit den anderen weitestgehend einig, dass hier noch keine meistertaugliche Mannschaft spielt. Über den Fenstern des Restaurants stehen Sprüche wie: »Das hier ist nicht der Arsch der Welt, aber man kann ihn von hier aus sehen« und ähnliche Weisheiten in Richtung Schalke.

Wir gehören mit zu den Letzten, die aufbrechen. Ich ziehe mir die Hüllen wieder über und sehe zu, dass ich schnell rauskomme. Aber selbst draußen bin ich viel zu dick angezogen.

Meine Vorfreude ist – mir fällt kein besseres Wort ein – außergewöhnlich. Denn bei einer Oper, einer Lesung, einem Film, einer Ausstellung weiß ich zumindest ungefähr, was mich erwartet. Über die Stimmung im Westfalenstadion (die offizielle Bezeichnung lautet Signal-Iduna-Park) gibt es so viele Legenden, dass ich ein Erlebnis der mir unbekannten Art erwarte.

Die Zeitrechnung vor dem Spiel hat vielleicht mit der von Weihnachten, Geburtstag oder Silvester in Kindertagen zu tun, denn man glaubt, dass die Stunden und Minuten bis zum Anpfiff nie vergehen werden. Und man ahnt, dass es nach dem Spiel eigentlich gar keine Zeitrechnung mehr geben wird. Man wird in ein Zeitloch fallen, ein Zeitgefühl muss überhaupt erst wieder erzeugt werden. Das wäre eine Interpretation von Sepp Herbergers Bonmot: Nach dem Spiel ist vor dem Spiel.

Die Wiener Geschäftspartner sind so freundlich gewesen, unsere Rechnung zu begleichen. Trotzdem will ich sie gerade still in mir dafür bemitleiden, dass sie keinen richtigen

Fußball zu Hause haben und dafür nach Dortmund kommen müssen – merke aber noch im selben Augenblick, dass sie das auch über mich denken könnten: Der arme Berliner! Der arme Dresdner! Wie lebt es sich denn in einer Stadt ohne wirkliche Spitzenmannschaft?

Wir laufen los. »Immer schön bei mir bleiben«, ruft Baumi. Wir kommen gerade an Theklas Smart vorbei und beäugen argwöhnisch die Frontscheibe, ob ein Strafzettel unterm Scheibenwischer steckt, als ein großer Sportwagen (oder war es einfach nur ein großer Wagen?) neben uns stoppt: »Wisst ihr, wo's hier noch Parkplätze gibt?« Der Fahrer klingt atemlos, fast flehentlich. »Dafür bist du zu spät, mein Freund«, sagt Adriano, ohne im Gehen innezuhalten.

Mühelos würde selbst ich das Stadion finden, denn alle gehen in dieselbe Richtung. Als ich glaube, Sprechchöre zu hören, laufe ich automatisch schneller. Baumi hält mich an der Kapuze meines Hoodies fest. Je näher wir kommen, desto mehr gehen die Einzelnen und Grüppchen in einer größeren Gruppe auf, desto häufiger vergewissert sich Baumi, der uns um einen halben oder ganzen Kopf überragt, seiner Entourage. Der Weg führt schräg über den Parkplatz der Westfalenhalle, dann nach rechts. Die Straße zum Stadion und erst recht die zu ihr schräg abfallenden Grünanlagen sind kaum beleuchtet, viele, die hier noch mal in die Hecke pinkeln.

»Hörst du? Hörst du das?«, fragt Baumi. Sprechchöre, Getrommel, Klatschen, Lautsprecherdurchsagen wabern diffus über uns. Ich fürchte, noch mehr zu verpassen! Wenn wir einander hier verloren gingen, wäre das Wiederfinden pures Glück, denn bei dieser Menschenballung funktionieren die Handys nicht mehr. Baumi weiß, welches Tor uns die wenigste Zeit kostet, auch wenn wir einen kleinen

Umweg machen. Aus der langsam vorandrängenden Menge entstehen verschiedene Reihen, so als würden wir in horizontale Trichter gezogen. Dann, fast eine Art Initiation, jener Moment, an dem ich mich gleich allen anderen, die bis hierher vorgedrungen sind, umdrehen muss, damit ich besser abgetastet werden kann. Ich werde für tauglich befunden und brauche nun nur noch den Beleg, dass ich mein Opfer von 71,50 Euro tatsächlich schon erbracht habe, in Form der Eintrittskarte unter den Scanner zu halten – und stehe plötzlich im Tempelbezirk. Aufmerksam wie ein Novize folge ich Baumis Anweisungen, der auf einen Betonpfeiler deutet als Treffpunkt, sollten wir einander verlieren.

In den Stadioneingeweiden hallen die Sprechchöre wider. Wir drängen voran – und plötzlich das gleißende Licht, der Blick aufs Spielfeld, das leuchtende strahlende Grün, das tatsächlich in die Augen sticht, eine blendende Helligkeit, wie es sie nur bei Abendspielen gibt. Weiter voran im düsteren Betonbauch, vorbei an einem Stand mit Lakritze, vorbei an den Currywürsten, vorbei am Bierausschank, vorbei an den Toiletten, vor denen noch niemand ansteht. Und endlich hinauf: Block 41, Reihe 8, Sitz 31.

Die Gegenwart der Südtribüne nimmt mir den Atem. Es sind fünfundzwanzig- oder dreißigtausend Menschen, dicht beieinander, ein steiles Menschengebirge bis weit über uns hinaus. Selbst römische Feldherren bekamen nie so viele Krieger so dicht beieinander zu sehen, so vereint in denselben Bewegungen, demselben Gesang. Sie stehen da, als stünden sie schon immer dort. Wie soll ich sie nennen, diese von ihrem Glauben Beseelten? Flagellanten, Jesuiten, Janitscharen, Avantgarde? Jedenfalls stehen dort die wahren Gläubigen. Wir dagegen auf den Sitzplätzen sind nur wohltemperierte Kirchgänger, deren Name vielleicht sogar in der Kirchenbank steht, ein Familiensitz.

»Block 41, Reihe 8, Sitz 31«, repetiert Baumi, bevor er auf seinen Platz geht und mich zurücklässt. Das Stadion lebt von der Südtribüne, von der Selbstlosigkeit dieser Fanatiker, die in diesen Stunden, vielleicht an jedem Tag ihres Lebens, ihr Denken und Fühlen dieser Messe weihen, die Erlösung im Sieg finden, Geißelung und Zweifel, wenn ihr Opfer nicht angenommen wird oder nichts bewirkt. Sie gieren nach der Aufmerksamkeit der Spieler da unten auf dem Rasen, jener auch mir vertrauten Akteure, die in einer Reihe warten, um nacheinander aufs Tor zu schießen und sich aufzuwärmen. Die Spieler tun so, als gäbe es das Publikum nicht, als wären sie nicht bereit, die Hingabe derer, die an sie glauben, auch nur mit einem Zipfel Aufmerksamkeit zu belohnen.

Auf der anderen Seite in Hellblau die wohl beste Mannschaft Europas, mit zweien, die einst in Schwarz-Gelb spielten, Gündogan, der 2016 Dortmund verlassen hat, Haaland, der noch vor fünf Monaten im Dortmunder Trikot aufgelaufen ist.

Wie merkwürdig, dass ich bisher kaum an das Spiel selbst denke. Jetzt aber bin ich überzeugt, dass Dortmund gar nicht anders kann, als zu gewinnen. Denn dieser einstimmigen Prophetie aus zehntausenden Kehlen ist keine Mannschaft der Welt gewachsen, nicht mal ManCity.

Als die Mannschaften in der Kabine verschwinden und erst wieder auflaufen, als schon die Dortmunder Hymne erklingt, tobt der Anhang von Manchester City. Für die Engländer ist »You never walk alone« die FC-Liverpool-Hymne. Oder fühlen sie sich als Engländer von den Deutschen enteignet? Vergleicht man den Gesang in Liverpool mit dem in Dortmund, fällt die Entscheidung zugunsten des Originals nicht schwer. Der Beginn der Hymne ist auch der Moment, in dem man sich den BVB-Schal vom Hals nimmt und ihn zwischen den erhobenen Armen aufspannt, wobei man sich auch noch ein wenig hin- und herwiegt. Im Fernsehen habe ich nie darüber nachgedacht, wenn die Fans mit ihren Schals ins Bild kamen. Doch plötzlich habe ich Skrupel, meinen Schal vom Hals zu ziehen – dabei ist mir sowieso die ganze Zeit schon zu warm – und hochzuhalten und lauthals mitzusingen, zumindest jene Stellen, an denen alle aus voller Kehle schmettern: youh neeehhver waaalk alooone. Aber ich bringe es nicht fertig. Es geht einfach nicht, und mit jedem Augenblick, den ich den Schal weiter um den Hals behalte, ist es noch weniger möglich, obwohl mich niemand hier kennt, ich meinen Nachbarn wohl nie wieder begegnen werde.

Ein Glaube hat sehr viel, wenn nicht sogar fast alles mit Ritualen, mit dem gemeinschaftlichen Vollzug bestimmter Handlungen zu tun. Diese vorübergehende Aufgabe des Eigenen kostet Überwindung. Das war selbst im Herbst 1989 so, als es mir schwerfiel, in die Parolen der Demonstranten einzustimmen.

Da Dortmund traditionell (wenn möglich) in der ersten Halbzeit das eigene Tor vor der Südtribüne hat, um in der zweiten dann auf die »Süd« zuzuspielen, sehe ich die besten Dortmunder Angriffe nur aus der Ferne. Sobald sich eine Dortmunder Chance anzubahnen scheint, hebt es das Publikum von den Plätzen, ein synchronisiertes Verhalten, wie es sich nicht einstudieren lässt. Merkwürdigerweise erscheint mir schon nach fünfzehn oder zwanzig Minuten die Möglichkeit eines Tores, ganz gleich für welche Mannschaft, als etwas so Außerordentliches, um nicht zu sagen als etwas so Abwegiges, dass ich nicht daran glaube, das selbst je erleben zu dürfen. Dann aber Karim Adeyemi! Er vergeigt die beste Dortmunder Chance, ganz anders als später im Februar gegen Chelsea. Stößt ManCity in die Dortmunder Hälfte vor, habe ich nun all die bekannten Gesichter auf Rufweite vor mir. Sie hetzen hin und her, und ich bin überrascht, wie anders Fußballspiel ist, wenn man es tatsächlich vor der Nase hat. Meine unwillkürliche Regung ist: Jetzt lasst den anderen doch erst mal spielen! Haaland hat überhaupt keine Chance, auf ihn stürzen sie sich im Rudel. Er hockt dann wie entgeistert auf dem Rasen, und wir betrachten seine mächtigen Schenkel. Die Schnelligkeit und Aggressivität, mit der jeder Spieler attackiert wird, der den Ball hat, ist bestürzend. Und der Laie in mir begreift, dass das Talent und die Fähigkeit eines Spielers weniger darin liegen, was er mit dem Ball zu tun vermag, sondern in der Schnelligkeit, mit der er dazu in der Lage ist.

Nach einer halben Stunde werde ich davon überrascht, dass ich mich langweile. Außerdem müsste ich mal auf die Toilette. Ich bin von mir selbst befremdet. Die »Süd« ist zu einem Phänomen geworden, an das ich mich bereits gewöhnt habe. Liegt meine innere Flaute daran, dass bisher kein Tor gefallen ist? Und da mir zum ersten Mal durch den Kopf blitzt, was ich an diesem Abend noch anderes hätte machen können, frage ich mich: Mein Gott, die auf der Süd, warum tun die das? Warum identifizieren sie sich mit einem Leben, das nichts mit dem ihrigen zu tun hat? Aber ich weiß, dass auch dieser Gedanke nur die halbe Wahrheit ist. Oder sollte vielleicht das Gegenteil wahr sein? Sind es etwa die Fans, die das Eigentliche am Fußball verkörpern, nicht die Spieler, die wie die meisten abhängig Beschäftigten dorthin gehen, wo es das meiste Geld für ihre Leistung gibt?

Ausgerechnet der neue Trainer von Schalke 04, Karel Geraerts, wird im Oktober 2023 nach einem verpatzten Spiel seiner Mannschaft sagen: »Für die Fans ist das ihr Leben, es muss auch unser Leben sein.« Er sagt es nicht ironisch, für ihn ist das keine auf den Kopf gestellte Welt. Die Fans geben alles für Schalke 04, die Spieler nicht. Besser lässt sich die Verkehrung – oder sollte ich besser von »Wandel« sprechen? – der Realitätsebenen kaum formulieren.

Wenn das Ergebnis so bliebe, wären beide Mannschaften weiter und in der K.-o.-Runde. Ich vermisse den Kommentator, ich vermisse die Zeitlupen, ich vermisse die Nähe zum Geschehen. Fußball, gewandelt durch die TV-Kamera, sieht schöner aus. Der richtige Fußball aber ist anders.

Mit dem Pausenpfiff will ich auf die Toilette, verharre aber noch einen Moment, weil die Spieler auf uns zu streben, bevor sie in der Kabine verschwinden. Nur wenige von ihnen winken kurz. Das Bedürfnis, mit ihnen in Kontakt zu treten, ist groß. Einen wie Mats Hummels kenne ich doch so gut und schon so lange, was haben wir beide nicht schon alles miteinander erlebt!

Die Grandiosität der Arena hat ihr Gegenstück in den Männertoiletten. Wenn man sich nicht vor dem Pausenpfiff die Reihe entlangschiebt in Richtung Treppe (es ist ein schmaler Grat zwischen den Fußspitzen der Sitzenden oder Stehenden und den Rückenlehnen der Reihe unter uns, ein Wunder, dass man da nicht ständig jemanden sieht, der nach hinten kippt und fällt) und dann losstürmt, muss man sich am Ende der Schlange anstellen, ob Eingang oder Ausgang, ist gleichgültig, überall strebt's hinein, überall versuchen welche, nach draußen zu gelangen. Wenn man sich hat hineinschieben lassen und vor sich andere schon hineingeschoben hat, muss man aus dem Vorraum in jenen Teil kommen, in dem jeweils zehn oder zwölf oder mehr Pissoirs rechts und links an der Wand angebracht sind. Der Platz dazwischen ist voll, weil man zu dritt vor jedem Pissoir steht, die in der Mitte Rücken an Rücken. Geht irgendwo einer vom Pissoir weg, wird der dritte Platz sofort aufgefüllt, argusäugig, ob nicht gegen alle Wahrscheinlichkeit schon irgendwo eine bessere Position im Starterfeld zu finden ist. Dann kann man nur hoffen, dass der jeweilige Vordermann »ordentlich Druck« auf der Blase hat und sich weder vom Andrang hinter ihm noch von den Sprüchen (»Mann, eh, hat der 'ne Ladehemmung, oder was? Kannste da mal Elvira drüberschreiben?«) irritieren lässt. In einem solchen Moment erinnere ich mich, wie verstört, ja nahezu verzweifelt ich gewesen bin, als es mir erstmalig nicht gelang – ich muss zwölf oder dreizehn gewesen sein –, auf einer öffentlichen Toilette (mitten in Dresden) Wasser zu lassen. Von einem solchen Phänomen hatte ich nie zuvor gehört, ich befürchtete gar einen Verschluss der Harnröhre und geriet nahezu in Panik, weil ich überzeugt war, mich noch heute einer Notoperation unterziehen zu müssen. Und wie befreit ich schließlich war, als auf dem häuslichen Klo alle Ängste gegenstandslos wurden. Heute sind es profanere Fragen, die einen auf der Toilette beschäftigen: Wann öffne ich die Gürtelschnalle? Wann den Hosenstall? Und ist es besser, hinter einen jüngeren Mann zu wechseln, sofern sich denn je die Chance dazu bieten sollte? Oder harre ich weiter hinter einem der Silberhaarigen aus, zu denen ich ebenfalls gezählt werde? Trotz der relativ stabilen Ordnung, die durch die parallelen Reihen entsteht, darf man nicht schlafen, denn gerade ist eine Reihe nie. Und wenn sich dein Vordermann so platzheischend vom Pissoir wegdreht, dass du selbst zurückweichen oder zumindest auf deinem Platz stehen bleiben musst – was mitunter ein paar Sekunden dauert, weil auch der Raum neben einem von Anstehenden gefüllt ist –, kann sich von der anderen Seite bequem einer reinschieben, bevor du selbst den dir zustehenden Platz unmittelbar vor dem Pissoir eingenommen hast. Ist es erlaubt, jemanden, der schon zwei Minuten blockiert, endlich zu bitten, andere vorzulassen und sich erst einmal zu sammeln? Und woran erkenne ich schnellere, das heißt, unbefangenere Pinkler? Ist es ein gutes Zeichen, wenn einer umherschaut? Fließt es dann oder kommt es einem Hilferuf gleich? Auf diese und ähnliche Fragen habe ich keine Antwort. Es scheint eher wie im Supermarkt zu sein: Die eigene Reihe ist nie die schnellste. Mehrmals sehe ich, wie jemand (sowohl vor als auch neben mir) einen Schluck aus seinem gefüllten Bierbecher nimmt und ihn aufs Pissoir stellt, den Hosenstall öffnet, pinkelt, den Hosenstall schließt und gleich den nächsten Schluck nimmt. Bei mir ist die Not groß, sodass mich im entscheidenden Moment vor dem Urinal keine Selbstzweifel überfallen. Ich vergleiche mich klammheimlich mit einem kaltblütigen Elfmeterschützen. Schwer lässt sich jedoch in Worte fassen, mit welcher Leichtigkeit und Freude ich auf meinen Tribünenplatz zurückkehre, eine Leichtigkeit, die mir durchaus mit jener vergleichbar scheint, mit der die Spieler auf den Platz zurückkehren.

Die zweite Halbzeit ist ein Debakel. Das Spiel findet fast ausschließlich in der nun auf der anderen Seite gelegenen Dortmunder Hälfte statt. Die Dortmunder schaffen es so gut wie nie, vor die »Süd«, also in die Hälfte von ManCity, zu kommen. Und dann auch noch der Elfmeter für Manchester. Um mich herum schwirren die ganzen Redensarten, die auch mir auf der Zunge liegen: Das hatte sich abgezeichnet, das musste ja so kommen, das ist die Strafe … Dann beginnt das Pfeifkonzert, das zu einem gellenden bösen Anti-Ton anschwillt, um plötzlich in einen Freudenschrei umzuschlagen, ja zu explodieren, als Kobel den Schuss pariert. Ich klatsche mich mit völlig unbekannten Menschen ab. Und jetzt, und jetzt, und jetzt muss doch etwas anders werden, jetzt muss doch Dortmund auch mal vor dieses Tor hier kommen! Nun ist wieder alles wie im ersten Augenblick, in dem ich die Arena betrat. Plötzlich stimmt wieder alles, die Zuversicht, der Glaube sollte reichen, die Realität zu zwingen. Aber es bleibt beim torlosen Remis.

»Wir konnten nicht mehr, und Manchester wollte nicht mehr«, sagt Baumi, als wir uns wiedersehen und Erling Haaland, der bereits in der Pause ausgewechselt worden war, eine Runde über den Rasen schlendert und mit erhobenen Händen dem Stadionrund Beifall klatscht. Alle Blicke sind auf ihn gerichtet. Er allein »generiert« mehr Aufmerksamkeit als die ganze Dortmunder Mannschaft, die samt Jude Bellingham vor der Südtribüne auf dem Rasen sitzt. Haaland geht nicht zu nah an die Fans heran, auch nicht an die von Manchester. An ihm hingen so viele Träume. Ein Dortmunder Erlöser hatte er werden sollen. Nun aber hat er sich für immer abgewandt. Es wirkt, als wollte er die Groupies seiner alten Schulband trösten, nachdem er fortgezogen ist.

Der Smart steht unangetastet auf der Straßenecke, allerdings könnte niemand sagen, warum jemand das Auto ausgerechnet dort abgestellt hat, wo doch überall Platz ist.

Jetzt, da es auf Mitternacht zugeht und es im Auto wärmer ist als draußen, zwinge ich mich zum Reden.

Gibt es einen anderen Ort als das Stadion, an dem so öffentlich, so regelmäßig, so unbändig die Vorbilder, nein, Vorbild ist zu schwach, wo die Urformen und role models von Sieg und Niederlage, Glück und Enttäuschung zelebriert, vorgeführt, zur Nachahmung bereitgestellt werden? Hier lernt buchstäblich jedes Kind die Formen des Triumphs – und dessen andere Seite, die hängenden Köpfe, die Tränen, die auf dem Platz liegenden oder sitzenden Spieler, während die Sieger von neuen Kräften belebt springen, rennen, schreien.

Als ich am nächsten Morgen aufwache, überrascht mich der Blick auf die Uhr. Im Ruhrgebiet wird es eine halbe Stunde später hell als in Berlin. Und immer noch höre ich die Gesänge in meinem Kopf, die ich schon die ganze Nacht gehört habe. Wann werde ich die je wieder los?

Am 5. November bin ich schon wieder im Stadion, Bundesliga, gegen Bochum, 15.30 Uhr, das Nachmittagsspiel hat einen ganz anderen Charakter, der Fußball verschlingt eigentlich den ganzen Tag, gegen zwölf Uhr sind wir aufgebrochen, gegen dreiundzwanzig Uhr wieder zurück; denn vor und nach dem Spiel geht's ins Restaurant, das Spiel ist eher wie ein Ausflugsziel. Diesmal mit Baumis Stammgruppe, Arbeitskollegen, Betriebsratskollegen, sie kennen sich zehn, zwanzig, mehr Jahre. Alles etwas alltäglicher, lustiger, entspannter, bis wir im Stadion sind. Diesmal auf Baumis angestammten Plätzen, etwas höher als gegen ManCity, aber wieder ganz nah an der Süd. Für die ist nichts entspannter, im Gegenteil. Mit den Bochum-Fans haben sie sich auf die Distanz einiges zu sagen. Alle drei Tore für Dortmund fallen in der ersten Hälfte, also auf der anderen Seite, wenig zu sehen. Es erscheint mir nicht zwingend, nicht aus der Überlegenheit heraus. Aber dass überhaupt Tore fallen! Auf dem Platz wird ein Tor bejubelt, als wäre die Herstellung von Gold doch noch geglückt. Im Fernsehen sind Tore normal, auf dem Platz eine Art Blitz – der einschlägt oder nicht.

Als dann drei Tage später, am Dienstag, dem 8. November, Dortmund zwei zu null in Wolfsburg verliert, bin ich sauer. Spielerisch hatte sich das angekündigt, Dortmund war und ist keine Mannschaft. Und dass die Bochumer am Samstag kein Tor erzielten, war einfach nur Pech. Jetzt aber habe ich das Gefühl, als wäre ein ganzer Tag Arbeit umsonst gewesen und perdu: Als hätte ich den ganzen Samstag für die drei Dortmunder Punkte geschuftet – und am Dienstag werden sie einfach weggeschenkt.

Und Edin Terzić, der Dortmunder Trainer? Ich mag ihn. Aber ob er bereits stark genug für solch eine Position ist? Dieser Trainerberuf hat etwas Selbstmörderisches, zumindest bei den Profis. Man weiß, dass man aller Wahrscheinlichkeit noch vor Ablauf des Vertrages gefeuert wird, angeblich, weil die Fähigkeit versiegt sei, auf die Mannschaft einzuwirken. Ich würde gern wissen, wie das die Spieler sehen, was sie von einem Trainer erwarten, was sie glauben, von ihm zu bekommen. Immerhin hat Klopp, der Übertrainer von Dortmund, irgendwann selbst das Handtuch geworfen.

Im sogenannten Borusseum sehe ich mir eine Art »The Best of Kloppo« an, eine Zusammenstellung von Szenen aus seinen Pressekonferenzen. Baumi wird melancholisch. Er habe damals als Vereinsmitglied über einen Internet-Zugang verfügt, um die Pressekonferenzen verfolgen zu können. Kloppo ist ein Stand-up-Comedian, und eigentlich gibt es kaum jemanden, der ihn nicht gern zum Freund hätte. Trotzdem irritiert mich sein hartes Ha-Ha-Ha-Ha nach den Witzen. Es wirkt monströs. Liegt es an der Nahaufnahme? Monströs ist nicht ganz richtig. Vielleicht kann er nicht anders, vielleicht ist er tatsächlich so, zumindest meistens, aber in diesem Zusammenschnitt hat es etwas von corporate identity, die unerbittlich befolgt werden muss.

Trotzdem: Ein Trainer wie er ist wie der Vater fürs ganze Stadion. Die Fans (wir Fans) hätten sogar den Abstieg hingenommen, wenn er nur geblieben wäre.

Als Fan definiert man sich durch hemmungslose Einseitigkeit, ja man darf sich bedenkenlos Scheuklappen zulegen. Was im wirklichen Leben unangemessen ist und gefährlich werden kann für andere wie für einen selbst, ist die Voraussetzung einer Fan-Existenz. Sie zeichnet sich regelrecht durch die Überwindung oder besser noch Abwesenheit von Skrupeln und Ambivalenzen aus. Das ist verführerisch, nichts schöner, als vom Zweifel entlastet zu werden.

Fußballfan zu sein bedeutet aber auch, einen Teil der eigenen Lebenszeit anderen zu verschreiben, meistens einer Clubmannschaft samt deren ganzer Betriebsbelegschaft. Interessanterweise sind Frauen eher Fans der Nationalmannschaft, denn da gibt es immerhin einen Zusammenhang zwischen dem eigenen Land und denen, die für das Land spielen; und wahrscheinlich können es sich die meisten Frauen nur temporär leisten, den Verstand aufzugeben.

Ich weiß nicht, wie viel Zeit ich damit verbracht habe, an Fußball zu denken. Den geringsten Teil davon nimmt die Fernsehübertragung oder der Liveticker oder gar der Stadionbesuch ein. Es sind vor allem die ungewollten Gedanken, in die man sich verstrickt, die einen ermuntern oder sich aufs Gemüt legen. Beim Erwachen kann die im Schlaf verdrängte Erinnerung an das Ergebnis des Vortages plötzlich wie ein helles Glöckchen ertönen und mich im Dunkeln lächeln lassen oder sich mir schwer auf die Brust legen.

Die Zugehörigkeit zu einem Club hat mit dem Herkommen zu tun. Diese Fans verstehe ich. Mich verstehe ich kaum, aber ich weiß, dass es sehr viele Dortmund-Fans gibt, die nichts oder kaum etwas über Dortmund wissen, auch noch nie in dieser Stadt gewesen sind. Wir bilden eine eigenartige Spezies. In der Politik wären wir vergleichbar mit jenen, die fast immer in der Opposition sind, aber denen man es am ehesten zutraut, die Regierung (Bayern München) zu stürzen und für eine kurze Zeit selbst das Zepter in die Hand zu nehmen.

Und dann kamen mit dem neuen Jahr die Dortmunder Siege, Stolpersiege, Erste-Halbzeit-Siege, glückliche Siege, jedoch ein Sieg nach dem anderen. Aber dann, als wir fast ganz oben waren, die Tabellenführung greifbar, kam dieses fürchterlich dumme zwei zu zwei auf Schalke. Und dann das dumme Remis in Stuttgart. Der Ausgleich in Stuttgart, den ich am Liveticker verfolgte. Stuttgart in Unterzahl schießt in der 86. Minute den Ausgleich, Dortmund in der 92. den vermeintlichen Siegtreffer, Stuttgart gleicht in der 96. Minute wieder aus. Wenn es möglich wäre, sein Fan-Leben zu kündigen, ich kenne zwei oder drei, die es mit mir gemeinsam getan hätten. Und dann dieses Unentschieden in Bochum mit dem nicht gegebenen Elfmeter, das Dortmund die Meisterschaft wieder aus der Hand schlug. Und dann der 20. Mai. Um dem Jubel der beiden Bayern-Fans zu Hause vor dem Fernseher aus dem Weg zu gehen, waren meine Frau und ich essen gegangen, das griechische Restaurant bereits um 18.30 Uhr voll besetzt – bis auf einen Tisch, den wir bekamen. Am Nebentisch zwei Frauen meines Alters. Als jene, die mir schräg gegenübersaß, auf ihr Handy blickte, verzog sich ihr Gesicht schmerzlich. Eins zu null für Bayern. Wie gut, dass wir nicht zu Hause waren. Nun ja, sagte ich, bei eins zu null ist noch nicht alles unmöglich, ein Unentschieden traue ich den Leipzigern zu, solange nicht das zwei zu null kommt. Die beiden Frauen gingen, und dann kam unser Essen und wir unterhielten uns und ich dachte nur aller drei oder vier Minuten an das Spiel. Ich sah nicht aufs Handy, ich wollte mir nicht den schönen Abend verderben.

Erst als wir aufbrachen, sah ich nach: Leipzig führte zwei zu eins. Bayern konnte sogar noch ein Tor schießen und bliebe doch hinter Dortmund, sollten wir morgen siegen. Kurz vor der Wohnungstür sah ich wieder aufs Handy: drei zu eins für Leipzig. Was für ein Glück!

Ich genoss das Interview mit dem neuen Bayerntrainer Thomas Tuchel, ich genoss dessen Fassungslosigkeit. Ich gab allerdings auch Thomas Müller recht, der im Interview sagte, das müssten die Dortmunder erst mal auf dem Platz hinbekommen, zwei Mal zu gewinnen. Wie gut er uns kennt! Aber Dortmund gewann am Sonntag. Viel zu lang hatte es null zu null gestanden, viel zu lang nur eins zu null. Aber alles ging gut aus. Wie souverän Dortmund spielte und drei zu null gewann. Nun waren wir vor dem letzten Spieltag zwei Punkte vor den Bayern. Wir mussten nur noch Mainz zu Hause besiegen, gegen die wir im Hinspiel mit viel Glück gewonnen hatten.

Am Donnerstag war ich für eine Stunde in der Mittagssendung von DLF-Kultur, die Sendung fand im Humboldt-Forum mit Publikum statt. Es ging um tagesaktuelle Themen, vom Tod von Tina Turner über die »Letzte Generation«, den Ost-West-Konflikt in Deutschland, den Ukraine-Krieg. Über den letzten Punkt durfte das Publikum abstimmen: Bundesliga oder die Entscheidungen, die gerade in Florida gefällt wurden: Gouverneur Ron DeSantis hat ein Gesetz unterzeichnet, das öffentlichen Universitäten Programme für mehr Vielfalt und Inklusion verbietet. Das Publikum wählte die Bundesliga ab.

Danach kam ein älterer Mann zu mir, er habe zwei Fragen. Welches Buch von mir solle er zuerst lesen? Und: Schafft es Dortmund am Samstag?

Zum Orakel erklärt, holte ich tief Luft und sagte: Ja!

Ob ich mir da sicher wäre? Dortmund sei alles zuzutrauen, erwiderte ich, aber diesmal – Luft holen: Ja! Diesmal schaffen wir es.

Ich hatte Baumi schon anrufen wollen, ob er nicht doch noch eine Karte für mich habe. Aber dann war am Freitag die Beisetzung von Dževad Karahasan in Sarajevo und ich war am Samstag auf dem Rückflug über Wien. Die letzten beiden Nachrichten, die mich erreicht hatten, kamen von zwei Freunden, der eine Lektor, der andere Akademie-Mitglied in Darmstadt: »Na, biste im Stadion? Ihr schafft das!«; »Drück die Daumen, mein Lieber, die müssen es heute schaffen!«, dazu ein gelber Punkt und ein schwarzer Punkt.

Ich war ihnen dankbar, als hätten sie Einfluss aufs Spiel, als könnte ich mich auf ihre Empfehlung verlassen.

Kurz nach der Landung in Wien habe ich Schwierigkeiten, die Verbindung zum Internet zu bekommen. Ich bin sauer, dass ich so lange im Ungewissen ausharren muss, dass nicht endlich der Moment da ist, in dem sich meine Bedenken in Freude auflösen und ich entspannt die Bundesligasaison ad acta legen kann. Die Verbindung entsteht gerade, als ich meinen Rucksack aus dem Gepäckfach nehme und die mir zugestandene Lücke in der Reihe der nach vorn drängenden Passagiere nutze und loslaufe. Was für ein Albtraum! Wir liegen zwei zu null hinten. Drei Tore von der Meisterschaft entfernt und nur noch vierzig Minuten zu spielen. Ich denke an Naser in Sarajevo, der lachend prophezeit hatte: Dortmund werde verlieren und Köln in der Nachspielzeit den Ausgleich schießen. Das ist jetzt die einzige Hoffnung, die Bayern führen eins zu null in Köln.

Was geht mich der Fußball an? Welchen Einfluss soll dieses Ballspiel auf mich haben, für das junge Männer, von denen ich keinen persönlich kenne, so unverschämt gut bezahlt werden, dass es jeglicher wirklichen Arbeit nur Hohn spricht.

Ich telefoniere mit meiner Frau. Zehn Minuten lang sehe ich keine Ergebnisse, was für eine Ewigkeit! Und dann wiederhole ich, was mir Naser gesagt hat und was wohl die einzige Möglichkeit noch ist, die Katastrophe zu verhindern. Als ich zu Gate F17 gehe, geschieht das Wunder, Köln gleicht aus, Dortmund ist wieder Meister. Und sie schießen den Anschlusstreffer. Sie werden es schaffen, sie müssen es schaffen, genug Zeit, um noch viel mehr Tore zu schießen. Aber das macht sich am besten, wenn ich nicht auf das Handy starre, als würde mein Blick die aktuellen Ergebnisse fixieren.

Wie lange noch? Acht Minuten? Dann beim Weg ins Flugzeug die Bayern-Führung, der Ausgleich in Dortmund, dann Schluss. Aus und vorbei.

War das nicht einzigartig? War das nur ein Abbild des Lebens oder das Leben selbst? Musste man diese Dortmunder nicht für ihre versagenden Nerven hochleben lassen? War das nicht eine viel schönere, weil schmerzliche und ganz und gar nicht kitschige Geschichte? Und war diese Geschichte denn nicht einfach nur Theater, bestes Theater?

Und lag in diesem kontinuierlichen Verschwenden von Lebenszeit, den das Dasein als Fan bedeutet, nicht auch die Sehnsucht, Anteil an Geschichten zu haben, Teil von Dramen zu werden, die sich auf andere Art niemals verwirklichen ließen? Man sehnte sich nach dem Hollywood-Happyend, nach der Wirklichkeit des Traums. Und musste man nicht zugeben, dass mit dem einen Tor bei Dortmund zu wenig, dem einen Tor von Bayern zu viel nicht alle Regeln der Kunst ausgeschöpft worden sind, das furiosesste Ende seit der verlorenen Meisterschaft von Schalke 04 durch das Bayerntor in der Nachspielzeit, von dem man viel mehr spricht als von den anderen Meisterschaften? Oder war damit nicht all das Zittern der anderen dreiunddreißig Spieltage, die achtzig bis neunzig Tage bedeuten, zählt man jeden Tag, an dem ein Bundesligaspiel stattfindet, umsonst gewesen, ein Aufwand an Gefühlen, der nun ins Leere stürzt? Bleibt davon vielleicht nur: Ihr schafft das nie! Oder war es nicht das Beste, was einem selbst und der Mannschaft passieren konnte? Den Dortmundern wird diese Niederlage spätere Erfolge nur noch größer machen, und mir selbst gab sie die Distanz zurück, die ganze Darbietung zu genießen und aus dem Versagen der Mannschaft Trost für das eigene Versagen zu ziehen, das doch viel häufiger ist als der glorreiche Sieg.

Im Dortmunder Stadion muss es totenstill gewesen sein nach dem Abpfiff. Dann aber ereignete sich das Wunder: Dann wurden die Fans, dann wurde die Süd zum Akteur: Ein paar stimmten ihre Hymne an, immer mehr und mehr fielen ein, ein Gesang, an dem sich das Stadion und die Spieler aufrichteten oder, indem sie einstimmten, den Versuch unternahmen, sich aufzurichten. Plötzlich waren die Fans die Realität, die es nicht kümmerte, dass die Dortmund-Aktie schon um dreißig Prozent abgestürzt war. Die Fans sangen, und das war in dem Moment alles, was Borussia Dortmund zu bieten hatte, und das war auch das Beste, was es überhaupt geben konnte. Einen größeren Moment kann man im Stadion wohl nicht erleben, jedenfalls nicht bei einem Sieg.

Paul Lindemann und die Erzählung eines glücklichen Lebens

Gelsenkirchen I

Ende Oktober '22 hatte mich eine gemeinsame Lesung mit Raphaela Edelbauer und Per Leo, meinen beiden Vorgängern als »Stadtschreiber Ruhr«, in der »Zeche Zollverein« zusammengeführt. Im Anschluss sprach mich ein älterer Herr an, größer als ich, aufmerksame Augen hinter der Brille, ein weißer Haarkranz um die Halbglatze. Ob ich nicht Lust hätte, fragte er, mal nach Gelsenkirchen zu kommen und ihn zu besuchen, er würde mir gern seine Stadt zeigen. Nichts lieber als das! Er notierte seine E-Mail-Adresse auf eine Papierserviette und wir verabredeten uns für Ende November. Einige Tage vor unserem Treffen schrieb Paul Lindemann:

Zu meiner Familie und meiner Person einige Daten: Die Eltern sind gebürtig aus Werden a.d. Ruhr (Essen). Durch und durch Handwerker und selbständige Leute. Wir kamen 1936 nach Gelsenkirchen, übernahmen hier einen alten Sanitär-, Heizungs-, Bauklempner-Betrieb, bis heute.

Vier Geschwister zählten wir später. Die Entwicklung unseres Familienbetriebes ging einher mit dem Wachsen und Blühen der Stadt Gelsenkirchen.

Glückliche Umstände ließen uns beisammenbleiben. Somit bauten mein Vater und seine Gesellen viele zerstörte Häuser wieder mit auf, aber auch viele Neubauten, die heute noch dominant sind. Ich erlebte von 6 Jahren an [Paul Lindemann ist Jahrgang 1939 – I.S.] diese gesamte Entwicklung mit usw. Ab 1955 brummte hier das Wirtschaftswunder an allen Ecken und Kanten. Das neue Musiktheater 1958 ist der absolute Hit. Gelsenkirchen wurde und war eine wohlhabende Stadt – und ich mittendrin. Familiengründung folgte 1972. Sohn und Tochter erhielten höhere Schulausbildung und erwarben Hochschulabschlüsse (Diplome).

Was interessiert heute und für die Zukunft:

Kohle und Stahl sind leider so gut wie weg. Dafür gibt es etliche Verwaltungen und Ämter. Die Bevölkerung hat stark abgenommen, etliche große Werke mit bis zu viertausend Beschäftigten sind längst Geschichte. Aber es gibt Hoffnung, denn neue Betriebe, die Autoteile produzieren bzw. Stahlverformung machen, sind an die Stelle getreten. Wenige produktive Industriebetriebe für Stahlseile und Elektrobleche sind weiter am Ball.

Wohin geht die Reise weiter in die Zukunft?

Einen Lichtblick habe ich zu verzeichnen: Eine alte Eisenbahnbetriebsstätte – trotz Denkmalschutz, den wir erkämpften, dem Verfall zugeneigt –, erhält über Nacht eine Zukunft, und das eisenbahnspezifisch.

Näheres jetzt oder vor Ort. Bitte sprechen Sie mich darauf an.

Soweit für heute.

Mit vielen freundlichen Grüßen, Paul Lindemann

Ich treffe Paul Lindemann auf dem Hauptbahnhof von Gelsenkirchen. Er könne mich leider nicht selbst fahren, weil er sich den Fuß verstaucht habe, sagt er und eilt humpelnd mir voran zum Taxistand. Ich soll mich nach vorn setzen, er nimmt hinten Platz und bittet den Fahrer, langsam zu fahren, »eine Stadtrundfahrt«, sagt er fast feierlich. Der Fahrer sieht aus den Augenwinkeln zu mir herüber und lächelt, langsam wie ein Zug rollen wir an.

An meinem linken Ohr vorbei streckt Paul Lindemann den Arm aus: »Das Parkhaus, da haben wir mitgemacht, von den Grundleitungen der Sprinkleranlage bis ganz nach oben!« Und gleich darauf zeigt er wieder auf ein Gebäude. Ich denke erst, er meint diesen grünen Kasten, aber er meint das alte Hauptpostamt, jetzt das Verwaltungsgericht Gelsenkirchen. »Dort haben wir die sanitären Anlagen eingebaut und die gesamte Bauklempnerei durchgeführt, ja, in Kupfer-Material!«, ergänzt er noch.

Wie ich später rekonstruiere, wurde um den Bahnhof herum einiges abgerissen, um stattdessen so etwas wie diesen grünen Kasten hinzusetzen. Wird es mal wieder eine Zeit geben, in der man den Abriss positiv deutet, als Ausdruck eines Aufbruchs? Auf der Suche nach alten Ansichten des Bahnhofs und seiner Umgebung bin ich im Netz auf die Schlagzeile gestoßen: »Ein uneinsichtiges Paar hatte Sex im Gleisbereich des Gelsenkirchener Hauptbahnhofs. Am Dienstagabend … beendete die Polizei das gefährliche Treiben eines Paares.« Das Adjektiv »uneinsichtig« habe ich wohl zuletzt in meiner Schulzeit gehört, wo es auch sitzengeblieben ist, das Gleiche gilt für »gefährliches Treiben«, sodass es den Anschein hat, als wäre jener Muff, den auszutreiben man mit dem Abriss wohl auch im Sinn hatte, wieder zurückgekehrt, wenn er denn je weggewesen ist.

Der Fahrer hält sich an die von Paul Lindemann vorgegebene Geschwindigkeit. Ich lehne mich vor und sehe nach oben: ein sehr großer, sachlicher Backsteinbau aus den zwanziger Jahren, das Hans-Sachs-Haus, wie Paul Lindemann sagt, das vor etwa zehn Jahren abgerissen werden sollte. Als ich mich ungläubig umdrehe, nickt er, jaja, das wollten sie abreißen, zu teuer! Bei einem der letzten Bombenangriffe auf Gelsenkirchen am 19. März 1945 war das Hans-Sachs-Haus getroffen worden, eine Ecke stürzte ein, die aber bald wieder aufgebaut wurde. Jetzt ist es saniert und modernisiert, eine Architekturikone. Am Umgang mit dem Hans-Sachs-Haus ließe sich nicht nur Stadtgeschichte, sondern überhaupt Historie exemplifizieren.

Links sehe ich – der Taxifahrer drückt sich in den Sitz, um mein Blickfeld zu vergrößern – im rechten Winkel zur Straße eine Mauer mit einem Gewölk aus Stacheldraht obenauf. »Und dort ist das Gefängnis«, sage ich und komme mir dabei vorlaut vor. »Woher wissen Sie das?«, entgegnet Paul Lindemann überrascht. Er scheint es wirklich zu sein. Seine eigene Ausdrucksweise ist pointiert, jeder Satz ein Spannungsbogen, der zugleich mit einem Ausrufezeichen endet. Und jede Aussage klingt ein bisschen, als müsste sie die Frage nach sich ziehen: »Na, was sagen Sie dazu?«

Der Taxifahrer gibt seinerseits Erläuterungen und verstummt lächelnd, als Paul Lindemanns ausgestreckter Zeigefinger zwischen uns hindurchfährt. Wir stehen an einer Kreuzung, links vor uns eine Brache, schräg rechts gegenüber ein großes Gebäude, eine Fassade, die ganz aus Fenstern zu bestehen scheint. »Weltberühmt!«, sagt Paul Lindemann, »unser ›Musiktheater im Revier‹!« Statt der Brache hätte es da ein Schwimmbad gegeben, das voreilig abgerissen worden ist, wie mein Stadtführer weiß, um dort eine Polizeihochschule zu bauen. Die aber komme keineswegs nach Gelsenkirchen, sondern nach Herne oder nach Wanne-Eickel! Der Taxifahrer nickt zustimmend. Soll ich das glauben? Beide bejahen es nachdrücklich.

Ungläubig bestaune ich das »Musiktheater im Revier«, an dem wir so langsam, wie es der übrige Verkehr erlaubt, vorüberrollen. Das soll tatsächlich erst 1959 eröffnet worden sein? Mit dem Namen des Architekten, Werner Ruhnau, verbindet sich für mich noch nichts. Aber wie viele Architektennamen kenne ich schon?

»Da hängen diese riesigen blauen Dinger«, sagt Paul Lindemann. »Auch weltberühmt!« »Yves Klein«, ergänzt der Taxifahrer. Auch das wusste ich nicht. Der Fahrer wird instruiert, sich zwei Kirchen zu nähern, beide im Krieg zerstört, die eine zumindest – ich beuge mich vor, um hinaufzusehen, dann mit der Schläfe an der rechten Scheibe, weil der Fahrer schon wieder abdreht – hat einen modernen Turm. »Hier drüben sehen Sie ein berühmtes Gymnasium«, sagt der Taxifahrer, »da sind meine Kinder hingegangen.« Vor achtundvierzig Jahren sei er hierhergekommen, aus der Türkei. »Achtundvierzig Jahre in Gelsenkirchen!«, verkündet er lächelnd und lässt Raum für jedwede Interpretation.

Wenig später fahren wir auf den Hof der Firma »Paul Lindemann, Sanitär und Heizungen«. Lindemann jr., der den Betrieb leitet, verabschiedet sich gerade von einem seiner Arbeiter, wartet, bis sich das Taxi rückwärts hinausmanövriert hat, und verschließt dann das Tor. Von der Außentreppe, die zu seinem Büro hinaufführt, winkt er uns zum Abschied. Es wird lang heute, sagt er, er muss Angebote schreiben.

In der Küche braucht Paul Lindemann nur auf den Knopf der Kaffeemaschine zu drücken, auch die Tassen stehen schon bereit. Wie viel Zeit ich habe, will er wissen. Wie viel haben Sie denn? »Bis Sie umfallen«, erwidert er.

An der Wand hängen Fotografien von seiner Frau, sie ist vor einigen Jahren verstorben, »einfach umgekippt und tot!« Paul Lindemann sieht mich an, als suchte er immer noch nach einer Erklärung dafür. Er und seine Frau haben sich beim Tanzen kennengelernt. Gelsenkirchen war in den fünfziger Jahren eine aufstrebende Stadt, da sind große Tanzschulen aus Essen hierhergezogen … Ich muss Paul Lindemann bremsen und frage, ob ich unser Gespräch aufnehmen darf. Er bitte darum, sagt er und packt den Kuchen aus.

»Eine große bekannte Tanzschule aus Essen hat es sich genehmigt, nach Gelsenkirchen zu ziehen. Und da bin ich dann hin! Wir haben nicht nur die Tänze gelernt, die meine Schwester tanzte, sondern auch die neuen, Rock'n'Roll und so …« Er sucht nach einem weiteren Beispiel, jedenfalls hätten sie früh zu den Rolling Stones getanzt. »Und Formationstanz im Saalbau in Essen, hier, im Hans-Sachs-Haus rollten die Tanzschulen die Böden aus – Jaah! So wat jab et! – und dann fanden da Meisterschaften statt!«

Seine Frau hat die Buchhaltung fürs Geschäft erledigt. Alleinsein ist nichts, das habe er vorher so gar nicht gewusst, weil er es nicht gekannt hat, aber jetzt … Zwei Jahre nach dem Tod seiner Frau habe er eine Annonce aufgegeben. Dass es nicht geklappt habe, sagt er, liege aber nicht an ihm. Die neue Bekanntschaft habe sich nicht entscheiden können, sie sei zu eng mit ihrer Mutter verbunden gewesen.

»Mit ihrer Mutter?«

»Ja, mit ihrer Mutter!«

Als ich kurz die Aufnahme stoppe, um mich zu vergewissern, ob wir zu hören sind, ist mir nicht nur meine Stimme fremd, ich wirke sogar verzagt, was vielleicht nur am Kontrast zur Diktion meines rhetorisch versierten Gegenübers liegt oder an meiner Überraschung, plötzlich in ein anderes Leben geraten zu sein, in dem alles sein Herkommen und seine Geschichte hat, das Leben einer ganzen Familie, das sich in dieser Küche verkörpert, in Geschirr und Fußbodenbelag und verblichenen Farbfotos, als die Kinder noch klein waren, die gelben Fliesen mit dem Blütenmuster, die kastanienroten Stores, die Borte der Gardine.

Paul Lindemann stellt die kleine Flasche mit Kondensmilch vor mich hin, »Bärenmarke«. Ich schraube die cremefarbene Kappe ab, er reicht mir den Flaschenöffner, einen, wie auch wir ihn zu Hause hatten. Ich lege den Kronkorken neben den Teller und schraube den Verschluss wieder auf. Obwohl ich schon seit Ewigkeiten keine Kondensmilch mehr trinke, erscheint mir diese Prozedur des Ab- und Aufschraubens der Kappe wie eine tägliche Verrichtung, mit der ich mich in diese Küche einfüge.

Hätte mich Paul Lindemann eingeladen, wenn Gelsenkirchen eine prosperierende Stadt wäre? Gelsenkirchen habe mal das höchste Steueraufkommen des Landes gehabt, wahrscheinlich pro Kopf gesehen. Ich glaube ihm, auch wenn das ein Topos ist, der mir neuerdings häufiger begegnet.

In Gelsenkirchen wohnten Ende der fünfziger Jahre knapp 390.000 Menschen, 2018 waren es um die 260.000, also ein Verlust von einem Drittel der Einwohner. Um diese Zahl herum hat sich Gelsenkirchen stabilisiert, auch wenn die Prognosen weiter nach unten deuten. Das sind Befunde wie im Osten, nur dass es dort oft weniger als ein Jahrzehnt brauchte.

Paul Lindemann erzählt vom letzten Kriegsjahr, in dem sein Vater als Installateur freigestellt war und mit seinem »Goliath«-Dreirad die Familie auf dem Land besuchte, dabei aber von einer britischen Spitfire angegriffen wurde. Die Druckwelle der Bombe ließ den Vater und sein Gefährt in den Graben fliegen, aber, so sein Sohn Paul, der Vater konnte es aus dem Graben schieben und weiterfahren. Als er doch noch eingezogen wurde, schickte ihn ein Militärarzt in Stettin umgehend wieder zurück, es waren nur noch wenige Wochen bis zum Kriegsende.

Paul Lindemanns Vorrat an Episoden und kleinen Geschichten ist reich, viele davon sind ihm selbst erzählt worden, er trägt sie schon lange mit sich herum, so als wären es seine eigenen.

Als die Amerikaner in Gelsenkirchen einmarschierten, standen die Bewohner Spalier am Straßenrand, unter ihnen ein Pastor. Da stoppte einer der Panzer, »alle erschraken«, ein Soldat kletterte heraus, sprang auf die Straße, ging auf den Pfarrer zu, salutierte, sagte »Alles Gute, Vater« und kehrte auf seinen Panzer zurück. »Mann, Pfarrer Wasser, schreibense en Buch, Sie sind so live dabei, dat jibt's jar nicht«, hat ihm Paul Lindemann mehrmals gesagt.

Schon als Junge musste er mit raus, wenn es Notfälle gab, vor allem geplatzte Wasserrohre. Acht Bar war der Druck in Gelsenkirchen wegen der Zechen, die mitversorgt wurden. Nachts war der Druck noch höher, und da platzten dann die Eisen- und Bleileitungen (er dehnt das »Blei«, damit ich es ja nicht überhöre). Er musste dem Vater die »Funzel« halten, damit der überhaupt arbeiten konnte.

Paul Lindemann hat etliche Seiten neben sich in einer Klarsichtfolie liegen, auf denen seine Stichpunkte vermerkt sind. »Inkrustation des Bleis schützt den Menschen vor dem Blei«, fügt er noch hinzu, ohne dass ich sagen könnte, ob er das gerade abgelesen hat oder einfach so ergänzt.

Dann Währungsreform. »Im Kaufhaus, Spielzeugabteilung, alles leer, anderntach, Sie glauben es nicht, wieder hingedackelt, is dat Ding voll, Mode, Wäsche, Schuhe, Bekleidung, Spielzeugabteilung voll, das war Weihnachten, Eisenbahn, Bälle, Puppen für die Mädchen, Jojo, und vorher ratzefatze leer. Und wo kam das her? Weiß ich nicht.«

Eigentlich brauchte ich alles, was mir Paul Lindemann erzählt hat, nur mitzuschreiben. Ich versuche zusammenzufassen: keinen PKW, Auto nur zum Handwerkern, ja, nicht zum Spazierenfahren. Dann ein Borgward, schöne Ladefläche, uns ging es auch hier gut.

Mit dem Auto nach Köln … Er nennt es eine »Himmelfahrt«, weil es so schön war, Köln am Rhein, die Brücke, die im Wasser lag, bestaunt. Er zeigt mir die Kopie des Fotos von der Brücke.

Paul Lindemann war dabei, als Konrad Adenauer John F. Kennedy zu Gast hatte, er hat die beiden fotografiert in Köln. »Wat is dann passiert? Habense ihn ermordet.«

Ohne Paul Lindemanns Diktion, ohne ihn zu hören und zu sehen, verliert das Berichtete von seiner Eigenheit.

Immer wieder kommt er aufs Tanzen zurück, auf die verschiedenen Tanzpartnerinnen, vor allem eine hatte es ihm angetan, die habe »so einen schönen französischen Akzent gehabt«, der noch aus der Franzosenzeit übriggeblieben sein soll. »Das war heeerlich«, sagt er und dehnt das Wort, als wollte er es gar nicht mehr beenden, weil es so schön gewesen ist. Tanzen in Köln, tanzen in Bonn – die vielen Sekretärinnen!

An das alte Gelsenkirchen hat er keine Erinnerungen, er hat nur die Trümmerlandschaft vor Augen – nur das Haus mit den Spielwaren war stehen geblieben.

Sein Vater war nicht in der NSDAP, auch später hatten sie mit keiner Partei was am Hut gehabt, weder mit den Sozialdemokraten noch mit den Christdemokraten und auch nicht mit den Gelsenkirchen-Kommunisten, neben Bottrop die stärkste Fraktion. »Wenn die kamen, liefen sogar die Sozialdemokraten weg.« Aber er schwärmt von den tausenden von Arbeitern, die unter seinem Fenster am 1. Mai vorbeizogen. Er hat die Unglücke miterlebt, 1950 im Mai in der Zeche Dahlbusch mit achtundsiebzig toten Bergleuten. Als sie in der Schule antreten mussten, weil auch Schulkameraden ihre Väter dabei verloren hatten. Der Trauerzug mit vielen Fahrzeugen. Sie mussten die Särge dann stapeln, weil es zu eng wurde. Theodor Heuss hielt eine Rede. Oder fünf Jahre später, wieder Dahlbusch, drei Bergleute wurden eingeschlossen, aber nach vier Tagen durch die sogenannte »Dahlbuschbombe« gerettet. Nur Monate nach der Rettung wieder eine Schlagwetterexplosion wie fünf Jahre zuvor, diesmal starben zweiundvierzig Bergleute.

Die meisten seiner Sätze sind nicht nur druckreif, sondern in einer derart differenzierten Betonung vorgetragen, dass mir Nachfragen wie störende Zwischenrufe vorkommen: »Wenn du selbständig bist, kannst du dir die Arbeit suchen gehen, wenn du nicht selbständig bist, musst du warten, bis dir jemand Arbeit gibt. Ist ein toller Spruch! Von meinem Großvater!«

Wie so oft zieht er auch nach diesem Satz die Augenbrauen nach oben, eine Mimik, die sich in den zweifach geschwungenen Fältchen seiner Stirn verstetigt hat.

Sein Vater, der niemals Urlaub gemacht hat, ließ sich im Alter zu einem Ausflug nach Holland bewegen. »Da stand er dann da mit seiner Zigarre und guckte so, und wir standen herum. Da bin ich zu ihm und sagte: ›Vadder, siehst du das Meer zum ersten Mal?‹« Paul Lindemann macht eine lange Pause: »Jaaa«, sagt er dann etwas tiefer und gedehnt und hat wohl die Intonation des Vaters im Ohr – seine Augen, so scheint mir, werden für einen Moment leicht glasig.

Dann aber gleich das Nächste: An der Veltins-Arena, der Spielstätte von Schalke 04, hätten sie fast den Auftrag für die nachträgliche Installation der Dachrinnen erhalten, aber dafür ist ihr Betrieb dann doch zu klein gewesen. Er zieht ein neues Blatt aus der Klarsichtfolie.

Insgesamt werden es über drei Stunden, in denen mir Paul Lindemann aus seinem Leben erzählt. Allein seine Arbeit am Lokschuppen könnte ein eigenes Kapitel abgeben. Oder sein Kampf gegen die Orkane »Kyrill« (2007) und »Ela« (2014). So wie er das nie zuvor gehörte Brausen und Sausen in der Luft beschreibt, vermutet man in ihm einen professionellen Film-Geräuschmacher oder einen berühmten Märchenerzähler. Vielleicht hätte ich unser Gespräch tatsächlich besser gefilmt, um den Akteur und Zeugen einer Zeit ins Bild zu setzen, die länger zurückzuliegen scheint, als es die Jahreszahlen behaupten. Ganz sicher wäre da einiges dabei, das man in Gelsenkirchen noch nicht weiß und das zu wissen sich lohnen würde. Aber das kann ich nur vermuten.

Vielleicht ist etwas anderes viel wichtiger: nämlich Paul Lindemanns Wunsch, von seinem Leben zu erzählen, ein Wunsch, der sich vor allem in der Eindringlichkeit offenbart, mit der er spricht, weshalb ich den Verdacht naheliegend finde, dass hier jemand erzählt, der auf ein glückliches, erfülltes Leben zurückblickt. Oder anders gesagt: Zum Glück fehlt allein, von diesem Leben auch zu erzählen.

Die Aufnahme von Paul Lindemann endet mit einem Kling-Klong. Die eine Stimme sagt enthusiastisch: »Der Pizzabote!« Die andere: »Wie gut!«

Schwierigkeiten mit den Ruhrpottjungs

Wo Arbeiter noch Helden sind?

Die Anfrage war freundlich – ob ich vielleicht mitmachen wolle bei einem Projekt im Umfeld der Brost-Stiftung: »Gibt es eine neue, spezifische Männerwelt des Ruhrgebiets«, lautete die Frage, »und wie hat sich diese verändert in Zeiten von Feminismus und flüssigeren Übergängen zwischen den Geschlechterrollen?« Und etwas später: »Gibt es eine neue, junge, spezifische Männlichkeit des Ruhrgebiets, und wenn ja: Wie sieht sie aus? Wie hat sie sich entwickelt, wo geht es hin?«

Der Text sollte nicht lang sein. Ich sagte zu, weil ich glaubte, man erwarte von mir Ruhrpott-Greenhorn keineswegs eine schlüssige Antwort, die es, wie ich vermutete, auch gar nicht gibt. Ich konnte aber versuchen, den Wechsel im Männer- bzw. Frauenbild zu skizzieren, der sich nach 1989 im Osten vollzogen hat, und diese Erfahrungen zum Vergleich anbieten.

Je länger ich allerdings darüber nachdachte, desto fremder wurde mir die Frage. Meine Zusage und der damit verbundene Zeitdruck aber ließen mich etwas schreiben, sodass ich mein »Erfahrungsangebot« abschickte und den Auftrag für erledigt hielt, auch die vorgeschriebene Zeichenzahl hatte ich eingehalten.

Der Redakteur bedankte sich umgehend, er halte, schrieb er, den Vergleich für sehr fruchtbar, allerdings fehle ihm in meiner Betrachtung noch fast gänzlich der »Ruhrpottmann«, um den sich das Magazin ja drehe. »Könnten Sie diese Kurve noch kriegen?«, fragte er zum Schluss.

Ich war ratlos und erwiderte: »Mein Problem ist, dass mir bei meinen bisherigen Begegnungen mit Männern (und Frauen) im Ruhrgebiet keine Besonderheiten aufgefallen sind, die ich anderswo nicht auch treffen würde, das heißt, für mich überwiegt eindeutig das Individuelle. Gut möglich, dass ich bisher noch keinen richtigen Ruhrpottmännern begegnet bin. Es ist deshalb nicht Unlust oder Faulheit, die mich da keine Kurve kriegen lässt, sondern mir fehlt's einfach an Erfahrungen. Wenn Sie den Beitrag nicht nehmen können, ist das aus meiner Sicht kein Problem, mir tut's nur leid, Ihnen da nicht helfen zu können.«

Der Redakteur antwortete wiederum umgehend, diesmal sehr kurz, er müsse das mit seinen Leuten besprechen. Vor der Grußformel stand allerdings die Frage: »Wie lange sind Sie denn schon vor Ort?« Aus diesen Worten sprach seine ganze Verwunderung und seine Enttäuschung darüber, dass jemand unfähig war zu sehen, was doch jedem hätte vor Augen stehen müssen, ja was ihm, dem Redakteur, evident zu sein schien.

Ich ging in mich und antwortete: »Wenn ich die Zeit zusammenrechne, sind es etwa zwei Monate, die ich bisher hier verbracht habe (Corona, sechzigster Geburtstag und Weihnachten plus ein paar Lesungen haben mich ferngehalten).« Und dann versuchte ich zu erklären, dass für mich die Unterschiede eher sozial als regional seien. Interessant sei aber – und das ging mir in dem Moment erst auf, wenn auch eher als Frage –, dass bei der allgemeinen Abwertung der Arbeit als körperlicher, dinglich produzierender Arbeit, wie ich sie nach 1990 erlebt habe, das Ruhrgebiet dieses Ideal hochhalte, allerdings nachträglich, da die sogenannten Malocher-Arbeitsplätze in der Region verschwunden seien.

Der Redakteur bedankte sich für die Antwort, diese habe ihm geholfen, meinen Standpunkt zu verstehen. Dabei beließ er es nicht, sondern verwob das, was ich versucht hatte, ihm (und mir) in der Mail zu erklären, mit meinem ersten Entwurf. In dieser Version fand ich eine Basis, es ging noch zwei Mal hin und her. Für die Veröffentlichung im Buch habe ich den Text leicht überarbeitet und würde nun, da ich genug Zeit hatte, darüber nachzudenken, am liebsten ein Fragezeichen hinter die Überschrift setzen.

Wo Arbeiter noch Helden sind

Gibt es ihn wirklich, den Ruhrgebietsmann? Mir fällt es schwer, die Männlichkeitsbilder zwischen Ruhr und Emscher konkret zu beschreiben. So glaube ich, dass die Unterschiede zwischen einem Kumpel im Ruhrgebiet und einem im Mansfelder Land nicht allzu groß sind und auch nicht zwischen den Stahlarbeitern in Eisenhüttenstadt und denen in Duisburg oder Dortmund. Im Osten galt immer: »Ich bin Bergmann, wer ist mehr.« Und ebenso galt – eher auf dem Papier als in der Realität, aber Papier ist ja auch schon was –, dass die Arbeiterklasse die führende Klasse ist. Sie erhielt Privilegien, die mir als solche erst 1989 auffielen: der Transport zum Arbeitsort, die regelmäßige Versorgung mit Kantinenessen, die Erholungsheime, die Kindergärten und Kinderferienlager. Vor allem aber wurden Arbeiterkinder gefördert, sie durften eher Abitur machen oder studieren als die Kinder der »Schicht der Intelligenz«. Die an sich gute Intention war oft ideologisch entstellt, weil sie Kinder und Jugendliche, die keine Herkunft aus der Arbeiterklasse oder von LPG-Bauern aufweisen konnten, zurücksetzte, wobei sich diese manichäische Teilung mit den Jahrzehnten abschwächte.

Hinzu kommt: Da, wo ich geboren wurde, haben nicht nur die Männer gearbeitet, sondern auch fast alle Frauen. Unter meinen knapp dreißig Mitschülern gab es nur einen, dessen Mutter im Klassenbuch als »Hausfrau« bezeichnet wurde. Sie war meines Wissens die einzige Mutter, die mittags für ihr Kind kochte. Fast alle Frauen waren finanziell unabhängig, was nicht »gleichberechtigt« bedeutet, auch wenn es die Voraussetzung dafür ist. Als nach der Einführung der D-Mark die Industrieproduktion im Osten um siebzig Prozent einbrach, verloren mehr Frauen als Männer ihre Arbeit, aber die Frauen kamen damit wesentlich besser zurecht. Spielte die bezahlte Arbeit im Leben von Frauen eine geringere Rolle als bei Männern? Fast immer waren es die Frauen, die sich nach der Arbeit um Haushalt und Kinder kümmerten. Als die Arbeit wegbrach, war das ein Halt. Gegen Ende der DDR waren etwa sechzig Prozent derjenigen, die das Abitur ablegten, weiblich. Bis heute sind es die Frauen, die mobiler sind. In manchen ostdeutschen Regionen kommen auf hundert Frauen hundertzwanzig bis hundertfünfundzwanzig oder mehr Männer.

Es kommt noch etwas anderes hinzu. Als ich Anfang der Neunziger von einer befreundeten Schauspielerin hörte, dass sie endlich nicht mehr auf die Bühne müsse, weil ihr Mann durch Filmrollen genug Geld verdiene, war ich schockiert.

Dahinter stand eine andere Auffassung der Geschlechterrollen. Wer im Osten bis 1989 vom »Mann als Ernährer der Familie« gesprochen hätte, wäre in aller Regel belächelt worden. Mit dem Beitritt allerdings stand diese überwundene Zuschreibung ganz aktuell im Raum.

Es waren nicht nur die Gesetze, der westliche Alltag oder die Werbung, die dieses Modell in den Osten brachten. Ganz unmittelbar transportierten es die jungen oder nicht mehr so jungen »Westmänner«, die ein unerwarteter Karrieresprung in den Osten befördert hatte. Für die Ostmänner war der Verlust der Arbeit nicht nur ein materielles Problem, sondern fast mehr noch ein mentales. Hatten sich im Herbst 1989 noch Männer und Frauen gleichermaßen als Subjekte der Geschichte erfahren, die im Begriff waren, ihre Geschicke in die eigenen Hände zu nehmen, galten sie schon wenige Monate später als Kostenfaktor und überflüssig. Andererseits erschien ihr bisheriges Arbeitsleben als vergebliche Liebesmüh, da sie unter den neuen Bedingungen nicht konkurrenzfähig waren. Persönlich hatte man noch Glück, nicht zum Mitläufer oder zu Schlimmerem in einem Unrechtsstaat erklärt zu werden. Nun, da der »Mann« den »Ernährer« geben sollte, hatten sich die Chancen, dieser Rolle gerecht zu werden, statistisch gesehen dramatisch verschlechtert. Die Mehrheit der Männer schien weder beruflich noch privat konkurrenzfähig zu sein.

Im Ruhrgebiet gibt es sicherlich Analogien dazu, obwohl es hier eher ein langer Prozess war, kein Bruch innerhalb eines Jahres von jetzt auf gleich.

Im Ruhrgebiet wurde bei der Förderung von Steinkohle das Maximum 1957 mit 494.000 Beschäftigten erreicht. Gut sechzig Jahre später wurde dem Bergbau ein Staatsbegräbnis zuteil, der letzte Brocken Steinkohle landete in den Händen des Bundespräsidenten. Im Osten lag das Fördermaximum im Jahr 1989, damals wurden 160.000 Beschäftigte in den Braunkohletagebauen gezählt. Ein Jahr später waren es nur noch 65.000 Beschäftigte, fast 100.000 weniger, 1995 waren es 19.000 Beschäftigte, also eine Schrumpfung im Vergleich zu 1989 auf gut ein Zehntel in sechs Jahren.

Nicht nur im Osten gab es nach 1989 eine fatale Abwertung der Arbeiter, also derjenigen, die nicht nur ihren Verstand anstrengen müssen, sondern auch ihre Körperkräfte. Denn billige Arbeitskräfte und billige Produktionsstandorte waren seit Anfang der neunziger Jahre schnell in Ost- und Südosteuropa verfügbar. Die Ersten, die die Mauer wiederhaben wollten, waren die Westberliner Taxifahrer. Im Osten war der Bedeutungsverlust der Arbeiter dramatisch, denn zuvor hatte es keinen größeren Betrieb gegeben, an dessen Werktor nicht auf einer Tafel zu lesen gewesen wäre: »Wir stellen ein«.

Diese Abwertung körperlicher Arbeit zeigt sich nicht nur in schlechter Bezahlung und sozialer Unsicherheit, sondern auch in ihrer fehlenden Repräsentanz in der Öffentlichkeit. Ich kenne so gut wie keine TV-Serie, kaum einen »Tatort« oder »Polizeiruf«, fast keinen Film, leider auch nur sehr wenige Romane, in denen Arbeiter oder Arbeiterinnen die Hauptrolle spielen, ohne dass sie und ihre Lebensverhältnisse nicht als problematisch, prekär und sie damit im Krimi als »verdächtig« gezeigt würden.

Das Besondere im Ruhrgebiet scheint mir zu sein, dass hier eine ganze Region der harten körperlichen Arbeit bis heute die Wertschätzung entgegenbringt, die sie verdient. Je demonstrativer das geschieht, desto misstrauischer darf man sein. Denn diese Wertschätzung geschieht in gewisser Weise erst im Nachhinein. Vor siebzig oder fünfzig Jahren war diese Arbeit selbstverständlich und gefährlich und gesundheitsschädigend, nichts, das als besonders erstrebenswert galt. Die Entstehung einer ganzen Landschaft von Industriedenkmälern ist beeindruckend und begrüßenswert. Aber hat diese Entwicklung nicht auch etwas Zweischneidiges? Wohnt ihr nicht ein Moment der ideellen Enteignung derer inne, die dort früher als Malocher hatten arbeiten müssen? Und sind diese Industriedenkmäler nicht nolens volens nur in Ausnahmefällen in der Lage, die Probleme der Gegenwart zu reflektieren? Vielleicht verdeutlichen drei Fragesätze hintereinander am ehesten mein Verhältnis zu der eingangs gestellten Frage.

»Wir waren scheiße reich«

Gelsenkirchen II

1

Zum Abschluss meiner ersten Tour mit Olivier Kruschinski fahren wir am Gelsenkirchener Hauptbahnhof vorüber, biegen nach links auf eine zweispurige Unterführung, in der wir fast filmreif wenden, um, nachdem wir wieder freien Himmel über uns haben, halb auf dem Fußweg zu parken. Ich weiß nicht, warum wir ausgerechnet hier aussteigen. Vor uns Industriegelände und Neubauten. »Dort war auch mal eine Zeche«, sage ich in meiner Ratlosigkeit. Olivier Kruschinski schweigt, ein pädagogisches Schweigen, als wäre es an mir, das Rätsel unseres Halts zu lösen. »Und dort auch«, füge ich hinzu und deute auf einen weiteren Stab mit einem tellerartigen Aufsatz, der am ehesten einer langstieligen Sirene ähnelt, eine sogenannte Protegohaube, die aufsteigende Grubengase, vor allem Methan, unschädlich macht. Und wo es aufsteigende Grubengase gibt, ist in der Vergangenheit eine Schachtanlage gewesen.

»Dann hab ich ja meine Zeit nicht umsonst mir dir verbracht«, sagt Olivier (»dat is hier so, wir sagen du«) und zeigt, die Augen ein wenig zugekniffen, auf einen weiteren Filter, der auf einem mehrgeschossigen Neubau steht. »Und dort war auch noch 'ne Schachtanlage, und dort auch.«

Von hier soll das heutige Gelsenkirchen seinen Ausgang genommen haben. Hinter uns verlief die 1847 eröffnete Stammstrecke der Köln-Mindener Eisenbahngesellschaft. Schon 1840 waren in der Gegend von Gelsenkirchen größere Kohlefelder entdeckt worden, nur lagen die wesentlich tiefer als jene, die man bisher abgebaut hatte. Für Olivier ist es der Ire William Thomas Mulvany (1806–1885) gewesen, »der Gelsenkirchen wachgeküsst« hat. Mulvany kaufte die beiden Kohlefelder »Ludwigsglück« und »Neu-Christianenglück« dem Unternehmer Ludwig von Owen ab und wandte jene von Franz Haniel entwickelte Technik an, die vertikale Bohrungen und damit das Durchdringen der Mergelschicht ermöglichte, um an die sogenannten »Fettkohlenflöße« heranzukommen, eine qualitativ wesentlich bessere Kohle als die unmittelbar unter der Erdoberfläche lagernde.

Am 17. März 1855, dem St Patrick's Day, dem irischen Nationalfeiertag, ging der erste Tiefbauschacht der Zeche »Hibernia« in Betrieb (Hibernia ist der lateinische Name für Irland, die »Grüne Insel«). Die Kohle haben sie hier zu den Gleisen gebracht, da musste immer mal ein Zug anhalten. Und so ist das dann Schritt für Schritt gegangen, eine Zeche nach der anderen entstand, die Dörfer bekamen Zuwachs, die Züge hielten regelmäßig. 1907 wurde der Hauptbahnhof eröffnet. Olivier kann die Geschichte und die Geschichten aus dem Ärmel schütteln. Einiges davon lässt sich auch nachlesen in seinem Fußballreiseführer »Schalke erleben«, den er mir zum Abschied schenkt.

2

Wenn ich Fragen hatte, war immer mal wieder von Olivier Kruschinski die Rede gewesen, der wisse das bestimmt, der kenne sich da aus, den Kontakt müsse man mal herstellen. Ich hatte gar nicht anders gekonnt, als mir den Namen zu merken, denn ein französisch ausgesprochener Vorname und ein polnischer Nachname in Verbindung mit dem Stadtteil Schalke sind einprägsam. Getroffen hatte ich

Olivier dann im »Musiktheater im Revier«, also in jenem Bau, auf den ich im November nur einen flüchtigen Blick hatte werfen können, während ich mit Paul Lindemann im Taxi vorübergefahren war. Es hätte der großen plastischen ultramarinblauen Arbeiten von Yves Klein an den Wänden verschiedener Foyers des Musiktheaters gar nicht bedurft, um diesen 1959 fertiggestellten Bau als Verkörperung eines Aufbruchs, ja vielleicht sogar einer Utopie zu verstehen, in einer Zeit, wie Olivier später ergänzt, in der die Stadtgesellschaft »massiv in Kunst investiert hat«. Der Bau ist seltsamerweise nicht gealtert. Am ehesten spürbar wird die zeitliche Distanz am Design der Möbel für das Bistro, die aber wiederum so eigen und dabei schon klassisch anmuten, dass auch sie nichts Verstaubtes haben. Selbst dort, wo sich tatsächlich Staub auf der wie von Hand durchgekneteten Oberfläche des leuchtenden Ultramarinblau absetzt, soll er von Yves Klein eingeplant gewesen sein. Zu dick darf er sich aber auch nicht ablagern, weshalb der Staub mit einem Spezialgerät regelmäßig abgesaugt wird.

Erstaunlich sind nicht nur der Baukörper und die Innenarchitektur, sondern auch die weitläufigen Werkstätten, die alle im Haus untergebracht sind, wie der Fundus und die Requisite. Fast labyrinthisch verstellt sind die Räume, an deren Regalen und Kästen Hinweise kleben zu Hüten, Mänteln, Stiefeln …

Das »Musiktheater im Revier«, das an der südlichen Grenze des Stadtteils Schalke liegt, muss von Zechentürmen umzingelt gewesen sein. Ich würde gern wissen, wie diese Inkunabel bundesdeutscher Architektur, die in ihrer äußeren wie inneren Gestalt Anschluss an die vertriebene Avantgarde der Moderne suchte und dabei selbst neue Maßstäbe setzte, damals in Gelsenkirchen gewirkt hat und welche

Funktion ihr zukam. Sind der schnelle Wiederaufbau, ein gewisser Wohlstand und ein Zeitgeist, der sich wohl nicht ganz zufällig den Namen von Gelsenkirchen lieh und als »Gelsenkirchner Barock« zum Begriff wurde, als Gegenpole zu denken?

3

Olivier will mir den Schalke-Friedhof von Schalke 04 zeigen, was ich zuerst für einen Witz halte, was ihn wiederum befremdet. Ich genieße die Autofahrt und Oliviers Erklärungen. Er solle bitte nichts bei mir voraussetzen, sondern am besten bei null beginnen.

Die Häuser, die Wohnsiedlungen sind um die Zechen herum entstanden. Die Zeche hat die eigentliche Zugehörigkeit bestimmt, daraus seien die Industriedörfer, die heutigen Stadtteile gewachsen. Niemand hier würde sagen, er komme aus Gelsenkirchen, sondern er würde sagen, ich komme aus Ückendorf, und einer aus Ückendorf hat mit einem aus Buer nicht viel gemein. Mir fliegen die Namen um die Ohren, auch Schalke und Schalke-Nord. Es ist eine Region mit sogenannten Ewigkeitsschäden. Das Niveau des Ortes Schalke habe sich in den letzten Jahrzehnten um fünfzehn Meter abgesenkt, ein mir unvorstellbarer Vorgang.

Wir kommen an der Zeche Nordstern vorbei, auf der eine riesige Figur, der Herkules von Markus Lüpertz, steht. Als hätte der Gigant der Arbeit sich auf diesen Förderturm gerettet. Ist er da oben im Exil? Oder droht er von seinem Olymp herab? Oder ist er ein Relikt? Wahrscheinlich hat man als Bewohner der Gegend gar keine andere Wahl, als diesem Herkules etwas abzugewinnen, denn schließlich muss man den Halbgott, ob man das will oder nicht, über sich erdulden.

Olivier erzählt von einer Besuchergruppe aus den USA, die hätten das hier schön gefunden. Gute und bezahlbare Wohnungen, halbwegs funktionierender Nahverkehr, viel Grün, viel zu sehen an Industriegeschichte, die Verwahrlosung hält sich in Grenzen ... Auch wenn Olivier aus Ückendorf stammt und heute noch mit seiner Familie in Ückendorf wohnt, zeigt er mir die Gegend, als wäre alles sein Ückendorf, als wäre das, wovon er spricht, seine Großfamilie.

Olivier hat gleich mehrere Vergleiche. »Vor hundertfünfzig Jahren war das hier Ruhr York, das war das Silicon Valley, das war der Kohlerausch statt des Goldrauschs. Hier gab's die höchste Dichte an Ingenieuren. So eine Zeche zu betreiben, einen Hochofen zu bedienen, das war im 19. und 20. Jahrhundert Hochtechnologie. Hierher kamen sie von überall, denn hier fanden sie sofort gut bezahlte Arbeit, eine Wohnung. Und unter Tage und im Stahlwerk spielte es keine Rolle, aus welcher Gegend, aus welchem Land du kamst, Hauptsache, du konntest arbeiten und hast die Anweisungen verstanden. Denn hier hatten alle, anders als die Landarbeiter, geregelte Arbeitszeiten. Maloche war damals eh alles, und hier war's auf jeden Fall besser als aufm Kartoffelacker.«

Die Erzählkunst von Olivier Kruschinski besteht wohl darin, dass er mir alles so zu erklären vermag – Stadtführer ist für den gelernten Lehrer nur eine seiner vielen Tätigkeiten –, als hätte er auch eben erst die Zusammenhänge begriffen und teilte sie nun mir als Erstem mit. Wenn man dann denkt, dass es bildhafter und eingängiger kaum mehr geht, spricht er von »einem biblischen Epos« und meint damit die Bevölkerungszahl, die in kürzester Zeit von ein paar hundert Menschen auf fast vierhunderttausend in Gelsenkirchen explodierte, im Ruhrgebiet auf mehrere Millionen.

Bis Mitte der Sechziger hatten sie hier das größte Steueraufkommen, das Ruhrgebiet war »scheiße reich«.

Und dann stellt er sich selbst die Frage: »Und wer sind die Arbeitslosen?« Die Arbeitslosigkeit im Ruhrgebiet habe nur wenig damit zu tun, dass die Zechen geschlossen, die Hütten dichtgemacht hätten. Oder eben nur indirekt. Denn diejenigen, die hier gearbeitet haben, waren Spezialisten, die waren motiviert und gefragt, die wurden woanders mit Dank genommen. Die sind weggezogen. Man müsse sich heute nur mal die Nummernschilder ansehen von den Autos, die bei einem Schalke-Spiel auf dem Parkplatz stehen. Da gibt's Statistiken. Die kommen aus einem Umkreis von durchschnittlich hundertfünfzig Kilometern, allein dreißig Prozent der Mitglieder von Schalke 04 kommen nicht aus NRW. Früher ist man zum Spiel zu Fuß gegangen oder bestenfalls mit dem Fahrrad gefahren.

»Die sind alle weggezogen!«, sagt er. »Von fast vierhunderttausend auf etwas über zweihundertsechzigtausend! Und was ist jetzt das Problem?«, fragt er mich. Dass Olivier aufgehört hat, als Lehrer zu arbeiten, war ganz sicher ein Verlust für die Schule. »Was passiert mit den Häusern?« Ich verstehe immer noch nicht. »Die müssten saniert und wieder vermietet werden – oder abgerissen. Aber die gehören fast alle Privatleuten, und die haben kein Interesse an Investitionen. Und die Kommunen haben dafür sowieso kaum Geld. Ob in Duisburg-Marxloh, in Mülheim-Styrum, in Gelsenkirchen-Horst, meistens im Norden vom Ruhrgebiet, die Dinger stehen leer. Und damit machen einige fette Geschäfte. Sie holen die Leute aus Bulgarien, aus Rumänien und von sonst woher, die bekommen diese Häuser und Wohnungen meist überteuert vermietet und haben als EU-Bürger Anspruch auf Transferleistungen. Und das ist das Problem. Armut zieht Armut an, Kohle zieht Kohle an, Soziologiestudium, erstes Semester. Es sind keine Zuwanderer, die primär Arbeit suchen, sondern die froh sind, wenn sie in eine Wohnung oder ein Haus ziehen können, in dem es fließend Wasser, Strom und Heizung gibt und Scheiben in den Fenstern sind.«

Olivier formuliert einen Zusammenhang, den ich bisher nicht gesehen habe und der sich mir gegenüber bisher eher verdruckst und diffus als Kritik an der Zuwanderung aus Südosteuropa (womit meistens Roma gemeint sind) artikulierte. Wie geht man mit leer stehenden Häusern und Wohnungen um und wie mit dem Zuzug aus Südosteuropa?

4

Jetzt taucht in der Ferne die Arena von Schalke auf, ein riesiges silberglänzendes Ufo. Vielleicht wird Gelsenkirchen durch kaum eine Feststellung besser charakterisiert, als dass der geografische Mittelpunkt der Stadt die Arena auf Schalke ist, die »Donnerhalle«, wie Olivier sie auch nennt. »Glaub mir, glaub mir, ich erfinde das nicht«, beteuert er. Denn beim Näherkommen steht die Arena ziemlich einsam inmitten von Grünflächen, Feldern, Brachen, aus denen die unzähligen »Pilze« der Abgasfilteranlagen sprießen.

Wir halten vor dem »Schalker FanFeld« in Sutum, das 2015, also hundertelf Jahre nach der im Nebel der Geschichte liegenden Gründung des Vereins vom engagierten Lokalpatrioten Ender Ulupinar (für Olivier ein Visionär) angelegt wurde. Aus der Ferne grüßt die glänzende »Homebase«, die Arena, herüber. Diese »Grabstellenanlage« in Form eines Fußballplatzes soll an die Vereinsgründer erinnern und zugleich die letzte Ruhestätte für Fans sein. Noch sind es erst wenige Gräber, weshalb sie verloren wirken, aber Platz ist hier für exakt 1904 von ihnen – eine andere Zahl kommt auch gar nicht in Frage. Die Pflege ist für fünfundzwanzig Jahre gesichert. Würde ich nicht selbst sehen, was ich sehe, fiele es mir schwer, das zu glauben. Mir ist unbehaglich. Irgendetwas gerät hier für mich durcheinander, was für andere ganz eindeutig zu sein scheint.

Man fällt im Leben die Entscheidung, wo man beerdigt werden möchte, aber dass man sich über den Tod hinaus dem Verein verschreibt und damit eine Fan-Gemeinschaft als die letztgültige Gemeinschaft wählt, hat für mich etwas Bizarres, weil es doch das Ergebnis einer erfolgreichen Marketingstrategie ist. Olivier sieht das anders. Immerhin soll es fünfundzwanzig Friedhöfe in Gelsenkirchen geben, auf denen man als Schalker oder Schalkerin bestattet werden kann. Ist es aber für die, die ihr Fan-Sein gelebt haben, das richtige, echte gewesen? Erneut widerspricht Olivier: Hier ist man kein Schalke-Fan, hier ist man Schalker. Für mich klingt plötzlich der Begriff »Arena« wieder martialisch, als lägen hier ihre gefallenen Helden. Und wenn eines Tages in Schalke die Welt wegen der »Ewigkeitsschäden« in den Abgrund fällt und dann das Schalke-04-Ufo abheben wird, um sich auf den Weg in intergalaktische Fernen zu machen, werden jene Königsblauen, die dem Ufo am nächsten bestattet wurden, die Ersten sein, die auferstehen und mit ihm reisen werden.

»Schau mal«, sagt Olivier, als wir wieder aufbrechen, und zeigt auf ein leer stehendes Haus zwischen vier oder fünf Einfamilienhäusern mit Gärten. »Das muss gar nichts bedeuten, wirklich nicht. Aber das ist es, was ich meine.«

»Aber selbst wenn da Roma einziehen«, sage ich, »heißt das doch nicht, dass hier alles den Bach runtergeht.«

»Nein, das heißt es nicht. Ganz und gar nicht. Aber dann musst du dich kümmern. Da kommen die Ressentiments, die Beispiele von anderswo, und viele wissen einfach nicht, wie sie damit umgehen sollen, die haben schlicht Angst. Und das greifen andere dankbar auf.«

Ich erzähle Olivier von unseren Erfahrungen in Rumänien, im September 2021 in einem Dorf in Siebenbürgen, wo in einer – so die Eigenbezeichnung – »Ziganie« ungefähr tausendfünfhundert Roma (die dort nicht »Roma« genannt werden wollen) leben, drei Brunnen haben sie, um Wasser zum Trinken, Kochen, Waschen und Putzen zu holen, keine Arbeit, keine Ausbildung, fünfzehn-, sechzehnjährige Frauen mit einem oder zwei Kindern. Dieses jahrhundertealte Erbe von Ausgrenzung und Diskriminierung streift niemand einfach ab, zumal es in der Gegenwart ständig reproduziert wird.

Hier kenne jeder die Geschichten von Clans und Schleppern, sagt Olivier, die Häuser ersteigern und an die Roma vermieten, und bevor der Kaufpreis fällig ist, sind sie schon wieder weg mit den Einnahmen aus den Mieten und die Roma stünden auf der Straße. Eine Nachbarschaft, eine Kommune, ja auch eine ganze Region ist – auf sich allein gestellt – dem nicht gewachsen. Das braucht Wissen, Zeit, viel Sozialarbeit und Bildung für alle, insbesondere für die Kinder und Jugendlichen. Es braucht aber auch den Willen derjenigen, die kommen. »Hundertfünfzig Jahre hat die Integration im Ruhrgebiet funktioniert. Probleme gab es immer, aber die konnten auch immer gelöst werden, weil es den Willen zur Integration gab, den Willen zu arbeiten und eine Ausbildung zu machen. Hier werden überall Arbeitskräfte gesucht, Ausbildungsplätze angeboten, man könnte auch mal die ausgestreckte Hand annehmen. Da stößt die Gesellschaft an ihre Grenzen, nicht nur im Ruhrgebiet.« Selbst das, was Olivier die »Integrationsmaschinen« nennt, laufe ins Leere. Es beginne schon mit der Schule. Wie sollen Kinder etwas lernen und sich entwickeln, wenn sie immer nur ein paar Monate am selben Ort sind und kaum Gelegenheit haben, Deutsch zu lernen. Das erschwert wiederum die berufliche Ausbildung, ein Teufelskreis. Zudem spielten Kirchgemeinden, Sportvereine, Chöre oder Feiertage und Feste, die früher Menschen zusammenbrachten, eine geringere Rolle.

Ein weiteres, grundsätzliches Problem, das für alle gelte: Gelsenkirchen habe eines der geringsten Pro-Kopf-Einkommen. Da bekomme man mit Transferleistungen kaum weniger als für acht Stunden Arbeit am Tag. »Wer hier herkommt, fühlt sich sofort reich im Vergleich zu seinem Herkunftsland«, sagt Olivier. »Ich kann dir die Lösung nicht sagen, aber wir müssen darüber reden, offen reden, denn wir haben hier ein neues Phänomen. Und wenn es eine Lösung gibt, dann am ehesten hier, weil wir hier Erfahrung mit Integration haben. Aber beide Seiten müssen wollen.«

5

Als ich Olivier von dem Hin und Her über die »Ruhrpottjungs« erzähle, antwortet er mit einem breiten Grinsen. Und dann sagt endlich einer das, was ich die ganze Zeit geahnt, vermutet, gedacht habe: Die Malocher im Schacht und im Stahlwerk wurden erst zu Kult- und Identifikationsfiguren, als es sie nicht mehr oder kaum noch gab. Das ist Romantisierung! Und das ärgert ihn, das bringt Olivier auf die Palme. Er, als geborener unabänderlicher Schalke-Fan, nein, falsch, Entschuldigung, er als Schalker werde da sehr nachdenklich, wenn sie vor dem Spiel das Steiger-Lied singen und ihre Feuerzeuge hochhalten. Wer den ganzen Tag malochen musste, hatte keine Lust, auch noch am Feierabend daran erinnert zu werden. Und dann spricht er wieder von der Hochtechnologie, die typisch für das Ruhrgebiet sei. »Was ist denn das für ein Ideal, seinen Körper durch harte Arbeit zu ruinieren? Und im Fußball? Wieso denn Kampf? Ernst Kuzorra und Fritz Szepan sind die Erfinder des Schalker Kreisels gewesen. Auch da stehen wir für Technik, für Intelligenz! Und unsere Knappenschmiede? Das Nachwuchsleistungszentrum? Wer ist denn alles aus der Schalker Fußballschule hervorgegangen? Die Gelsenkirchner Mesut Özil und Manuel Neuer, Leroy Sané aus Wattenscheid, Joel Matip, Bochum, Julian Draxler, Gladbeck, Benedikt Höwedes, Thilo Kehrer … sind das die Malocher, von denen alle reden? Nee! Technik, Feinschliff, Taktik, Köpfchen! Wir verfälschen unsere Geschichte. Das ist eine Selbstverzwergung«, schimpft er. Zudem sei die Generation seiner Kinder für diese Malocher-Ideale, für Kohle und Stahl, nicht mehr zu begeistern. »Wir romantisieren!« Und das werde zur Identitätsfalle. »Wir haben da aufs falsche Pferd gesetzt! Wir brauchen eine neue Erzählung, eine andere Story!«

6

Vor jedem Heimspiel am Wochenende macht Olivier Kruschinski eine Führung durch Schalke. Und da ein großes Wunder geschah und mir Peter Lange, früher Vorstandsmitglied von Schalke 04, zwei Karten für das Derby Schalke–Dortmund anbot, griff ich zu und konnte meinem Freund Baumi ein Geburtstagsgeschenk zu seinem Einundsechzigsten machen! Zwei BVB-Fans undercover in beziehungsweise auf Schalke.

Wir treffen uns in der St. Josephs-Kirche, einer neuromanischen Basilika, die, wie neunzig Prozent des gesamten

Stadtteils Schalke, 1944 bis auf die Grundmauern zerstört worden war, doch bereits Anfang der fünfziger Jahre wiedererrichtet wurde. Die großen Blumenkästen und das Geländer zur Kurt-Schumacher-Straße sind mit blau-weißen Schalke-04-Textilien umwickelt, eigentlich umhäkelt. Olivier ist Mitglied der »Stiftung Schalker Markt«, die für den Erhalt und die Transformation der Kirche kämpft. Vor drei Jahren wurde in St. Joseph der letzte Gottesdienst gefeiert, seither ist die Kirche vom »Regelgottesdienst« ausgenommen, blieb aber geweiht. An Spieltagen finden Fans (und auch Nicht-Fans) hier eine angenehme Zuflucht, sie werden mit Brötchen und Getränken verköstigt, können sich ausruhen und beten. Oliviers Lieblingswort darf auch hier nicht fehlen: Er spricht über die »Integrationsmaschine« Kirche. Die Gemeinde spielte eine große Rolle. Bis in die fünfziger Jahre saßen die Spieler hier sonntags in den Bänken, sie wohnten in der Nähe. Hier wurden sie getraut, hier wurden ihre Kinder getauft, hier wurden sie auf dem Friedhof bestattet. Es war ein familiärer Umgang miteinander, die Stars waren im Alltag anwesend.

An einer Pinnwand finden sich schriftliche Kommentare, Schalke-04-Devotionalien, Fotos. »Einmal Schalker, immer Schalker! Hoch aus dem Norden. Aus Stralsund: Glück auf!« Oder: »Ich bin hier gerade in einer eher krisenhaften Lebensphase, privat, aber auch mit meiner beruflichen Selbständigkeit. Möge, ausgehend von diesem herrlichen Ort, mir der Spieltag gegen Leverkusen von unserem S04 Kraft, Zuversicht u. Glück für alles Weitere geben. Forza S04, Ralf«, dann ein Foto von Katrin Göring-Eckardt, daneben »Die Pastorenkonferenz aus St. Laurentius, Essen, war hier«, es folgen sehr viele Unterschriften. »Vamos Schalke 04, vamos a ganar«, ein Gruß aus Mexiko. Schalke 04 ist laut Wikipedia der sechstgrößte Sportverein weltweit, im Fußball der viertgrößte hinter den Bayern, Benfica Lissabon und Dortmund.

Bevor wir die Kirche verlassen, bittet uns Olivier, zwei Kirchenfenster genauer zu betrachten. Auf dem einen ist die heilige Barbara, die Schutzheilige der Bergleute, zu sehen mit einem Zechenturm und zwei Knappen unter ihr, die Hacke und Schaufel geschultert haben. Dann aber, vis-à-vis, der heilige Aloisius, der besonders für die katholische Jugend »zuständig« ist. Nach und nach entdecken wir reihum zwischen seinen blau-weißen Schuhen und seinen königsblauen Stutzen einen blau-weißen Fußball. Das Fenster stammt aus dem Jahr 1959, 1958 war Schalke 04 zum bisher letzten Mal (West-)Deutscher Meister geworden.

Wir verlassen die Kirche und überqueren die Kurt-Schumacher-Straße, die gleich neben dem »Musiktheater im Revier« beginnt und sich etliche Kilometer durch Schalke hinauf in den Norden erstreckt, noch am Gelände von Schalke 04 und seiner Arena vorüber.

Auf der anderen Seite der Kirche steht auf einem Sockel die Büste von Friedrich Grillo (1825–1888). Grillo, der Essener Kaufmann, wird auf der Tafel darunter als einer der bedeutendsten Industriepioniere des Ruhrgebiets beschrieben, der aus der »früheren Bauernschaft Schalke« in zehn Jahren einen der wichtigsten Industriestandorte gemacht hat. »Rund um Schalke gehen die Zechen Consolidation und Graf Bismarck, die Hüttenwerke Schalker Verein sowie weitere Werke der Eisen-, Glas- und Chemieindustrie auf Grillo zurück.« Aus der Zeche Consolidation ist Schalke 04 hervorgegangen. Hier arbeiteten früher jene, die für den Verein Fußball spielten.

Die Atmosphäre eines Spieltags scheint überall gegenwärtig, nicht nur durch die Autos, die mit wehenden blau-weißen Schals über die Kurt-Schumacher-Straße fahren, oder in den Straßenbahnen, die blau-weiß gewandete Gruppen in Richtung Stadion transportieren. Auch in der Schalker Straße, durch die wir gehen, strömen uns Fans entgegen oder überholen uns. Es gibt nichts, was Olivier nicht zu Erklärungen Anlass gibt: Es sind bescheidene Häuser, die hier gleich nach dem Krieg wieder gebaut worden sind, preiswert, die Fenster erstaunlich groß, ansonsten nichts, was man gemeinhin als Architektur bezeichnen würde. Wie sah man damals die neuen Häuser, als immer noch Ruinen abgetragen wurden?

Der legendäre Schalker Markt, auf dem früher »das Herz von Schalke 04 schlug«, ist heute ein Nicht-Ort, jeder Parkplatz verbreitet mehr Atmosphäre. Eine Seite bildet die verkleidete Mauer eines Großhandelsunternehmens, auf der gegenüberliegenden Seite wird die Kurt-Schumacher-Straße zur Hochstraße, nach Norden ein Zaun, dahinter ein Industriegebiet samt Containern, nach Süden, allerdings durch eine Straße getrennt, ein paar Geschäfte, wo früher das Tabakgeschäft von Ernst Kuzorra und später auch der Laden für Textilien seines Schwagers Fritz Szepan gewesen sein müssen. Kuzorra wurde und wird verehrt (»Wir leben Dich«), Szepan eher geachtet. Beide waren 1937 in die NSDAP eingetreten, Szepan allerdings engagierte sich wesentlich aktiver und war lange Zeit auch Kapitän der damaligen Nationalmannschaft.

An einer Fotowand, die aus vergrößerten Ansichtskarten zusammengefügt ist, kann man sehen, wie hinter einer dörflichen Kulisse mit Fachwerkhäusern mächtige Industrieanlagen gen Himmel ragen. Für unsere heutige Wahrnehmung ist es überraschend, dass Industriebetriebe die häufigsten Motive auf Ansichtskarten waren. Der Rauch aus den Schornsteinen wurde koloriert.

Vom Schalker Markt gehen wir weiter nördlich über eine Brücke, die sich im Laufe der Zeit einem Werksgebäude von thyssenkrupp regelrecht angeschmiegt hat, so als lehnten Brücke und Werkhalle aneinander – offenbar eine Folge der »Ewigkeitsschäden«. An der Gebäudefassade prangt ein großes Poster, das um Lehrlinge wirbt.

7

Auf der anderen Seite, schon am Ende der Brücke, steht eine ganz andere Werbetafel auf einem Grundstück: BESEITIGUNG VON PROBLEMIMMOBILIEN steht da in weißer Schrift auf blauem Hintergrund. Das »Ministerium für Heimat, Kommunales, Bau und Gleichstellung des Landes Nordrhein-Westfalen« hat einen Leitfaden zum Umgang mit Problemimmobilien herausgegeben. Und da ist in Verwaltungssprache ungefähr das zu lesen, was Olivier angedeutet hat. Ab Seite 81 geht es um Gelsenkirchen:

»Bedingt durch den seit Jahrzehnten andauernden Bevölkerungsrückgang verzeichnet die Stadt einen vergleichsweise hohen Überschuss an Wohnungen. Der Großteil der überwiegend privaten Einzeleigentümer solcher Immobilien ist (finanziell) überfordert oder nicht willens zu investieren, denn aufgrund der zu erzielenden sehr niedrigen Mieten bleiben Investitionen meist unwirtschaftlich. Seit 2014 hat sich die Situation um Problemimmobilien im Kontext der Zuwanderung im Rahmen der EU-Osterweiterung weiter verschärft. Die Nutzung und der bauliche Zustand vieler Gebäude ist prekär und entspricht häufig nicht den geltenden Vorschriften. Die Stadt Gelsenkirchen setzt aufgrund der hohen Zahl von Problemimmobilien im Stadtgebiet verschiedene sowohl objektbezogene als auch quartiersbezogene Handlungsansätze zum Umgang mit der

Thematik um. Da die Stadt erkannt hat, dass sich die Bearbeitung der Thematik als eine Daueraufgabe erweist, hat sie ein neues Referat für Zuwanderung und Integration mit dem Ziel der schnellen Eingliederung der Personengruppen in die Stadtgesellschaft gegründet. Ferner wurde – auch aufgrund der allgemeinen Diskussionen – ein neues Referat für Sicherheit und Ordnung gegründet, in dem Aufgaben aus verschiedenen Dienststellen gebündelt wurden und das unter anderem für die Wahrung des sozialen Friedens durch eine erhöhte Normbindung der Stadtgesellschaft sorgen soll.« Dazu erscheint auf einer Farbfotografie ein mehrstöckiges Haus, das bewohnt wirkt (Gardinen an den Fenstern), aber davor sieht es aus, als würde der Müll schon seit geraumer Zeit aus dem Fenster geworfen.

Nun habe ich selbst die beiden Schlagwörter benutzt, die oft in Talkrunden verwendet werden: »Müll« und »Problemhaus« beziehungsweise »Problemimmobilie«. Unter anderem sind es diese Wörter, die in dem Buch, das ich zuletzt in der »Weltbühne« gekauft habe – »Nichts gelernt?! Konstruktion und Kontinuität des Antiziganismus« von Katharina Peters/Stefan Vennmann (Hg.), Duisburg 2019 –, analysiert werden. Die lokalen Beispiele beziehen sich hauptsächlich auf Duisburg, aber die Mechanismen der Abwehr und Nicht-Integration werden nicht auf eine Stadt begrenzt sein. Die schnelle »Eingliederung der Personengruppen in die Stadtgesellschaft« ist ein schlüssig formuliertes Ziel, doch davor tut sich eine Welt an Schwierigkeiten auf. Und die liegen nicht allein an jenen, die hierherkommen.

Es steht die Frage im Raum, wie gezielt und mit welchen Mitteln die Stadtbehörden gegen einen Großteil jener Menschen vorgehen, die hier Zuflucht suchen.

»Im April dieses Jahres [2018 – I.S.] hat die Stadt vier Eingänge des Gebäudekomplexes [Rudolfstraße in Duisburg-Marxloh – I.S.] geräumt! Sie wollen nicht wissen, welche Worte ich dazu finde! Es ist doch bezeichnend, anstatt die Ressource aufzugreifen, dass sich die Bewohner*innen organisiert haben, ein Bewusstsein für ihre Nachbarschaft entwickelt haben, und sie deshalb gegen ihre Vermieter*innen und Verwaltung stark zu machen, bügelt man sie einfach weg – übrigens war das so ein Objekt, wo die Miete bar eingetrieben wurde. Man zerstört in vollem Bewusstsein die Nachbarschaft! Wir waren doch mit den Leuten nicht nur im Gespräch, wir haben dort regelmäßig für Entrümpelungen mit den Bewohner*innen gesorgt. In den Wohnungen waren auf eigene Kosten Brandschutzmelder installiert. Es gab Schulungen zu Brandschutz und Mietrecht. Den Verantwortlichen ist nichts anderes eingefallen, als die Leute auf die Straße zu setzen. Kein Gespräch, warum nicht eine Mieterzusammenkunft? Aufklären, gemeinsame Lösungen suchen, sie als gleichberechtigt und gleichwertig behandeln? Wie sollen die Leute zu uns noch Vertrauen haben? Wissen Sie, sie trösten mich hingegen: ›Mach dir nichts draus, wir kennen das schon, so hat man uns immer behandelt.‹« (Sylvia Brennemann, S. 92)

»Die vermeintliche Handlungsfähigkeit ordnungspolitischer Art ist doch in keiner ernsthaften Weise durch gezielte Förderung von Teilhabe begleitet. Es braucht Aufklärung, die demokratische und respektvolle Auseinandersetzung um den Charakter einer solidarischen Stadt. Ansonsten hat eine Stadt keine Zukunft.« (Joachim Krauß, S. 94)

Es darf nicht sein, dass diese Eingliederung in die Stadtgesellschaft allein der Nachbarschaft überlassen wird. Denn ob und wie diese Aufgabe bewältigt wird, gibt Auskunft über beinah alle Fragen, die uns persönlich wie gesellschaftlich, national wie international angehen.

In diesem Sinne verstehe ich den Essay »Was ist das Ruhrgebiet?« von Stefan Berger (»Abschied von der Kohle«, Bonn 2021), eine Tour de Force durch die Zeiten bis in die Gegenwart, wenn er resümierend schließt:

»In ihrem mentalen Horizont wird Industriekultur [...] zur depolitisierten Selbstbestätigung. [...] Vielleicht ist es an der Zeit, die überbordende Industriekultur der Region wieder zu politisieren und sie zu einer agonalen Erinnerungskultur zu formen, aus der politische Konsequenzen zu ziehen sind. Diese Kultur steht nämlich für Werte und Normen, die eine solidarische Gesellschaft anmahnen, in der soziale Gleichheit keine bloße Worthülse ist und in der das Versprechen von sozialem Aufstieg nicht auf Herkunft und dem Geldbeutel der Eltern beruht.«

8

Höhepunkt und Abschluss der Tour ist die »Kampfbahn Glückauf – FC Gelsenkirchen-Schalke«, errichtet 1927/28 auf dem Gelände der ehemaligen Zeche Consolidation. Olivier hat den Schlüssel für das Tor eines Nebeneingangs. Es läuft gerade ein Spiel, wir wissen nicht, wer gegen wen, es fragt auch niemand, aber sofort sind wir gebannt. Da wir über die Laufbahn, die den Kunstrasen umgibt, unmittelbar an das Spielfeld herankommen, überträgt sich die Körperlichkeit des Spiels auf uns, ein ganz anderes Erlebnis als in einer Arena, vom Fernsehen ganz zu schweigen. Wenn man bedenkt, dass bis 1973 hier Bundesligaspiele ausgetragen wurden, überrascht es aus heutiger Sicht, dass es nur eine überdachte Tribüne mit Sitzplätzen gibt, alles andere waren Stehplätze (die Stehtribünen sind heute nur noch ein grüner

Wall). Dabei lösten früher eher die Sitzplätze Befremden aus. Im Rudolf-Harbig-Stadion von Dynamo Dresden Mitte der Siebziger saßen nur die alten und jungen Funktionäre, alle anderen standen. Im Westen verfügten allein die »Lackschuhvereine« über Sitzplätze. Und so lange her ist diese Praxis keineswegs. Auch die großen Stadien haben heute fast ausnahmslos für ihre gläubigsten Fans noch Stehplätze. Ohne diese Fans (Ultras, Hooligans), die über ein breites Repertoire an Gesängen und Sprechchören, an verschiedenen Arten des Klatschens und an Bewegungen verfügen, das über die ganze Partie trägt, wäre die Stimmung nicht wiederzuerkennen. Bis auf wenige Szenen bliebe es sonst relativ still im Stadion. Die Dortmunder »Süd« ist, wie alle ähnlichen Fan-Plätze, als Sitzplatztribüne undenkbar.

In der Nähe des Haupteingangs sind historische Fotografien zu sehen, eine von der voll besetzten Tribüne. Wüsste ich nicht, dass es um Fußball geht, würde ich am ehesten auf eine Freilichtbühne samt Opernaufführung tippen, denn das Publikum sitzt da im Festtagsstaat. Die einfache Erklärung dafür gibt Olivier: Am Sonntagvormittag ging man zum Gottesdienst, aß danach zu Mittag und traf sich im Stadion wieder, um das Spiel zu sehen, alles im guten Anzug.

Für viele war bereits der Umzug von Schalke 04 ins Parkstadion ein Verrat. Denn das war nicht mehr Fußball IN Schalke, sondern nur noch AUF Schalke. Ein ähnlicher Bruch war dann der Umzug vom Parkstadion in die Arena.

Vor dem Eingang der »Kampfbahn Glückauf« an der Kurt-Schumacher-Straße endet die Tour am Rande der Menge, die sich vor dem Vereinslokal von Schalke 04 gebildet hat, das im Erdgeschoss eines sechsstöckigen Hauses beheimatet ist. Immer wieder fahren hupend Autos mit wehenden blau-weißen Schals vorüber oder vollgestopfte

Straßenbahnen. Hier reihen sich mehrere Schalke-04-Lokalitäten aneinander, in allen fließt das Bier, fallen sich Leute um den Hals, die sich ein paar Tage oder Jahre nicht gesehen haben. Aber auch hinter den Hausreihen, zwischen Wäschestangen und Garagen, wird gefeiert, die Schlachtgesänge der Schalker sind allgegenwärtig.

9

Bevor Baumi und ich uns in die Straßenbahn wagen, kommt ein allerletztes Bier mit Olivier Kruschinski. Ich würde ihm gern jetzt gleich ein Kompliment für seine Führung machen, aber das ginge hier im Krach und in der Bierseligkeit unter. Einer wie Olivier erscheint mir wie ein tatsächlicher Chronist, der die Geschichten sammelt und die Veränderungen notiert, dabei aber mit Haut und Haar dazugehört, ohne seinen kritisch-selbstkritischen Blick aufzugeben.

Noch ein Foto mit Olivier, als wollten wir unsere Straßenbahnfahrt hinauszögern. Wir quetschen uns dann ganz vorn in die Bahn voller Schalke-Fans, die, als hätten sie uns erkannt und wüssten nichts anderes zu sagen, immerzu »Scheiß-BVB, Scheiß-BVB« johlen. Baumi und ich sind taub und schauen stur hinaus, mit dem Rücken zu den Schalkern, damit unsere eisigen Gesichter nicht bemerkt werden. Plötzlich aber stimmen am anderen Ende des Wagens ein paar Fans das berühmte »Wir sind Schalker« an und bald hüpft der ganze Wagen und singt: »Wir sind Schalker, asoziale Schalker, schlafen unter Brücken oder in der Bahn-hofs-mission, wir sind Schalker, asoziale Schalker …« Was für ein grandioser Gesang, wenn nur die Straßenbahn nicht umkippt, aber die Fahrerin vertraut offenbar der Solidität ihres Wagens. »Wir sind Schalker, asoziale Schalker, schlafen unter Brücken oder in der Bahnhofsmission.« Es wird immer lauter, immer deutlicher. Was für eine Idee, die Schmähungen in einen Jubelgesang zu verwandeln. Als wir aussteigen, versiegt der Gesang, wir laufen inmitten von Blau-Weißen über die Fußgängerbrücke in Richtung Arena.

Im Gegensatz zum Dortmunder Westfalenstadion, das von außen nicht viel hermacht, obwohl es fast zwanzigtausend Zuschauer mehr fasst, hat die Schalke-Arena außer ihrer UFO-Anmutung auch etwas von einem Tempel – und da ich glaube, endlich das richtige Wort dafür gefunden zu haben, stellt es sich als das trivialste der Welt für ein Stadion heraus: Fußballtempel.

Schwarz-gelbe Farben sehen wir nirgendwo, der BVB-Anhang wird über einen eigenen Parkplatz und einen eigenen Zugang ins Stadion geschleust.

Während Baumi und ich noch eine Bratwurst essen, kommen in breiter Front Polizisten in voller Montur und schnellen Schritts von der Fußgängerbrücke her auf uns zu, ein an Spieltagen vertrauter Anblick. Plötzlich höre ich, wie jemand ängstlich, ja fast panisch-kläglich ruft: »Tschuldigung-Tschuldigung!! Hab ich nicht gesehen, nicht gewollt!!« Der Mann hinter ihm lässt von ihm ab. Vor uns marschiert schweigend eine martialische Truppe junger Männer vorüber, die größten Kerle in der ersten Reihe. Sie marschieren tatsächlich wie eine militärische Formation, vielleicht etwas schneller, alle schwarz gekleidet, in ihrer Mitte tragen sie die zusammengerollten Transparente und wie Zeltstangen die Stäbe, um sie aufzuspannen. Es geht alles so schnell, dass ich nicht sagen kann, wie viele es sind: Hundert? Hundertfünfzig? Zweihundert? Hinter ihnen wieder eine Gruppe von Polizisten, weil so ein Trupp nicht unbewacht in der Öffentlichkeit sein darf. Baumi und ich stehen ungläubig da. »Das gibt's auch in Dortmund, leider.«

Ich möchte mich schütteln, um den Eindruck loszuwerden. Dabei hatte mich eine Woche zuvor ein hochdotierter Chirurg und Schalker, mit dem ich bei einem Empfang zufällig zusammen am Tisch saß, auf meine heitere Prahlerei, ich würde zwei Karten fürs Derby auf Schalke besitzen und dort undercover als BVB-Fan dabei sein, mit eisiger Miene zum Schweigen gebracht: »Das ist Krieg!« Und als ich ihn verdutzt angesehen hatte, wiederholte er: »Das ist Krieg!«

Im Stadion sitzen wir dann sehr weit oben, kurz über den Presseplätzen. Wissend müssen wir lächeln, als das Steiger-Lied gespielt wird, die Feuerzeuge angehen und die Bilder von einem Schacht über die Anzeigetafeln schimmern. Neben uns entdeckt Baumi zwei weitere heimliche Dortmunder, unmittelbar in unserem Rücken allerdings kampfeslustige Schalker.

Es ist ein Spiel, das die Dortmunder bestimmen. So überlegen habe ich sie nie zuvor gesehen. Die Schalker können einem in ihrer Unbeholfenheit leidtun. Nach dem eins zu null für Dortmund feiert der schwarz-gelbe Anhang. Es wird, da sind wir uns sicher, nicht der einzige Dortmund-Treffer bleiben. Dann aber der Konter, da sehen wir schon eine Ewigkeit von vier oder fünf oder sechs oder sieben Sekunden vorher, dass da ein Schalker sich so freigelaufen hat, dass er, wenn er den Ball jetzt bekommt, nur noch einschieben muss – und so kommt es dann auch. Vor Freude und Genugtuung packt einer der Hintermänner Baumi fest an den Schultern. Sie schreien uns ihren Jubel in die Ohren. Beim zwei zu eins von Dortmund können wir uns nun auch nicht mehr beherrschen und jubeln laut. Nun ist alles wieder gut. Die drei Punkte hier sind so verdient. Und dann wieder der Ausgleich. Baumi und ich lassen die Köpfe hängen. Bei dieser Überlegenheit – und dann das. Höhnisch stimmen die Schalker an: »Deutscher Meister wird nur der BVB«, während die Dortmund-Fans ihrer Mannschaft, die in ihre Kurve gelaufen kommt, den Rücken zuwenden. Mir tut das weh, aber sie haben recht! Aus Arroganz haben sie zwei Punkte verschenkt, am Ende wird Dortmund ein Punkt zur Meisterschaft fehlen.

Auf der Rückfahrt im Auto geht mir immerzu im Kopf herum: Wir sind Schalker, asoziale Schalker, schlafen unter Brücken oder in der Bahnhofsmission. Eigentlich möchte ich es laut singen, ein Gesang wie eine Trophäe, die ich mit Enthusiasmus in die Höhe recke, obwohl sie mir nicht gehört.

Mülheim-Styrum und der Farbpunkt des Egoisten Fatzer

Eine Theateraufführung und ihre Folgen

Ein Berliner Freund hatte mich in einer E-Mail gefragt, ob ich denn in Mülheim schon Fatzer begegnet sei. Ich wusste nicht, worauf er anspielte. Also gab ich »Mülheim« und »Fatzer« als Stichworte in die Suchmaschine ein und fand so den Hinweis auf eine Aufführung von Bertolt Brechts »Der Untergang des Egoisten Johann Fatzer« in der Fassung von Heiner Müller im Theater an der Ruhr in Mülheim. Die hiesige Premiere stand in wenigen Tagen an. Erst als ich dann über »Fatzer« las, verstand ich: Brecht lässt Fatzer und die anderen drei der Panzerbesatzung von der Front des Ersten Weltkriegs, wo sie in einem toten Winkel gelandet sind, desertieren: nach Mülheim an der Ruhr! Von dem Stück, das Fragment geblieben und zu Brechts Lebzeiten nie aufgeführt worden war, hatte ich nur noch eine vage Vorstellung. Es verschwamm in meiner Erinnerung mit anderen Lehrstücken Brechts und Texten von Heiner Müller, dessen Fatzer-Fassung 1978 in Hamburg zur Aufführung gekommen war.

Obwohl wegen Corona nur jeder zweite Platz angeboten wurde, gab es noch genug Karten für die Vorstellung. Allein mochte ich nicht ins Theater gehen, zudem kostete eine Karte 23,50 Euro, vier hingegen gab es für 40 Euro. Also lud ich Michael und Thekla ein, dazu noch Natalie von der Stiftung, meine Bodenstation für die Zeit im Ruhrgebiet.

»Jetzt sind wir eine komplette Panzerbesatzung«, ging mir unwillkürlich durch den Kopf, eine unangenehme Assoziation, die sich sowohl durch die Lektüre des »Fatzer«

als auch durch die Diskussion um deutsche Panzerlieferungen aufdrängte.

Heiner Müller interpretiert »Fatzer« 1978 vor der Erfahrung der RAF. Ich lese es, wie sollte es anders sein, vor allem als Stück über den Krieg.

Ich mache
Keinen Krieg mehr, sondern ich gehe
Jetzt heim gradwegs, ich scheiße
Auf die Ordnung der Welt. Ich bin
Verloren.

Oder:

Seit vier Jahren liegend
Im Lehm der Schießstände und Schützengräben, hüpfend
Vor dem Geschoßeinschlag, dauernd suchend
Deckung – nachdenkend seit
Zwei Jahren über meine Lage und Verwendung, suche ich
Eine Art, mir selber zu zeigen, was mit mir ist:
Aber seit gestern erinnere ich mich
Einer kleinen Zeichnung, welche ich
Gesehen habe in einem Buch
So eine
Will ich euch anlegen.
Der Punkt bedeutet
Fatzer.

Und etwas weiter wiederholt er:

Der Punkt bedeutet
Fatzer

Das bin ich und hier ist gegen mich
Unabsehbar eine Linie, das sind
Soldaten wie ich, aber mein Feind
Hier aber sehe ich
Plötzlich eine andere
Linie, die ist hinter mir, die ist
Auch gegen mich. Was ist das? Das ist
Die uns herschicken, das ist die
Burschoasie.
Endlich nach Jahren
Sehe ich den Feind
Das ist ja nicht
Unsere Sache, die hier
So blutig abgehandelt wird
Feuer und Wasser kämpfen auf der einen
Seite, auf der anderen Feuer und Wasser
Blickten sie bloß zurück aus der
Blutigen Umklammerung, sie sähen
Jeder hinter sich stehend
Den Feind und so sah ich
Nach vier Jahren blindwütigen Kriegs
Vorhin plötzlich hinter mich und sah
Plötzlich alles. Nämlich
Vor mir, gegen den ich focht: meinen Bruder
Hinter mir aber und hinter ihm unsern Feind

Merkwürdigerweise spielt die Unterscheidung in jene, die ihre Haut zum Markte tragen, und jene, die auf die eine oder andere Art und Weise vom Krieg profitieren und sich im sicheren Abstand zur Front halten, nur in der Berichterstattung über Russland eine Rolle. Abgesehen von den Freiwilligen, sind es doch auf beiden Seiten die sozial

Schwächeren, deren Söhne eingezogen werden. Wer studiert, muss nicht in den Krieg. Vielleicht zählt das zu den bittersten Erfahrungen, dass die einen kämpfen müssen und dabei ihr Leben und ihre Gesundheit aufs Spiel setzen und die anderen nicht. Schon dieser Aspekt macht Fatzer wichtig.

Wir bekommen noch etwas von der Einführung mit: die Geschichte als der neue Gott, dem geopfert werden muss. Der Verrat als Vorwurf in der jungen Sowjetunion.

Kurz vor Beginn der Vorstellung gibt es im Zuschauerraum einen gemäßigten Tumult, weil offenbar die auf den Karten ausgedruckten Plätze nicht mit denen in der Realität übereinstimmen. Die ersten drei Reihen sind mit einem großen Tuch abgedeckt.

Als es losgeht, bin ich sofort gebannt. Die vier »Soldaten« und die spätere Therese Kaumann, Ehefrau von einem der vier, bei der sie in Mülheim an der Ruhr Unterschlupf finden werden, verkörpern im Zusammenspiel (und ganz ohne Requisiten) einen Panzer, dann ein Maschinengewehr, sie streifen ihre Kostüme ab, die zwischen Yeti und getarntem Panzer changieren. Den Chor spricht ein »TV-Korrespondent«. Ich glaube schon, endlich einmal wieder in eine gelungene Theateraufführung geraten zu sein, als nach etwa einer halben Stunde – ungefähr der Hälfte dieser Spielfassung – sich die verwendeten Mittel in den Vordergrund schieben: Farbeimer, die Fatzer über sich ausgießt (wie im Folgenden auch jene, die kurzzeitig Fatzer verkörpern werden). Die Showeffekte verselbständigen sich, statt der Erhellung des Textes zu dienen. Sicherlich lassen sich für die Farbeimer Begründungen finden: Vereindeutigung? Brandmarkung? Entindividualisierung? Gesichtslosigkeit? Die Farbeimer korrespondieren auch mit den Bildern einer Waschmaschine, die vor und nach der Vorstellung auf die

Bühnenleinwand projiziert wird. Aber mich führt das vom Text weg und von einer Idee, mit der ich gern durch die Aufführung beschenkt worden wäre. Gerade als die Kompaktheit des Textes mehr Transparenz im Spiel gebraucht hätte, wird es für mein Dafürhalten beliebig. Der Verrat, der sich in Müllers Fassung vordrängt und der seinen Grund in den Überlebenskämpfen hat, wäre ja gerade auch in Kriegszeiten ein bedrängendes Thema. Ich versuche, wie so oft, allein dem Text zu folgen, ihn möglichst unbeschadet unter der Inszenierung hervorzuziehen.

Im Vordergrund der Bühne entsteht allmählich ein Matsch aus den ausgekippten Farben, in dem sich Fatzer (oder jeweils einer seiner Darsteller) abstrampelt. Nun wird auch klar, warum die ersten Sitzreihen gesperrt sind.

Obwohl ich verstimmt bin wegen der vergebenen Chance, klatsche ich lange mit, als könnte ich meinen Applaus auf die erste Hälfte des Stückes leiten.

Ich bin der Einzige von uns Vieren, der seine Verärgerung ausspricht. Warum musste Fatzer umgebracht werden? Das Unausweichliche dieser Tat wie auch ihre Idiotie und Menschenverachtung hätte uns die Aufführung auf die eine oder andere Weise nahebringen müssen. Jetzt ist da nur Beliebigkeit, was ja auch eine Antwort wäre, wäre diese Beliebigkeit eine gestaltete. Niemand setzt sich auf die Stühle in jenem Raum, in dem die Einführung stattfand, um an dem bereits vor der Vorstellung angebotenen Gespräch teilzunehmen. Viele warten vor der Tür ab, so auch wir. Ich würde gern den anderen zuhören, um mich womöglich zu korrigieren. Aber heute wollen offenbar alle lieber den anderen zuhören.

Michael entschuldigt sich, er müsse noch mal in den Zuschauerraum. Als er wiederkommt, brechen wir auf und fahren zum Bahnhof Styrum. Ich erwarte eine Bahnhofskneipe, glaube sogar schon den Zigarettendunst zu riechen, stattdessen betreten wir ein gutbürgerliches Lokal, in dem älteres Publikum, die Damen tatsächlich dauergewellt, den Ausklang einer Familienfeier genießt. Der Wirt blickt demonstrativ auf die Uhr, bietet uns dann aber sehr freundlich einen Tisch an.

Ich bestelle ein großes Bier, Michael ein kleines, Natalie und Thekla Wein. Die drei neigen dazu, die Inszenierung zu verteidigen. Umso mehr polemisiere ich, denn nach der sehr guten ersten Hälfte fühle ich mich um die zweite betrogen. Wohl um meinem Eifer zu entkommen, ist plötzlich von Styrum die Rede, wo Thekla und Michael ihr Haus haben. Die Zugtrasse zwischen Mülheim und Duisburg zerschneidet Styrum, den nördlichen Stadtteil Mülheims, wobei der eine Teil als der bessere von beiden gilt. Aber welcher?

Vor einiger Zeit, so Michael, ist die Haltestelle Sültenfuß saniert worden, von dort sind es noch zwei, drei Minuten bis zu ihrem Haus. Kaum war die Sanierung abgeschlossen, fand sich auf dem Fußweg ein großer weißer Farbfleck. Entweder ist da jemandem ein Farbeimer runtergefallen und ausgelaufen oder der Farbeimer wurde mutwillig ausgekippt. Ob Ungeschick oder Absicht – einige müssen die weiße Pfütze übersehen haben. Und so wanderte die Farbe an den Sohlen etlicher Passanten durchs Viertel. Auch jetzt, da die Farbe getrocknet ist, machen die meisten einen Bogen um den Klecks. Michael wollte den weißen Fleck selbst vom Fußweg entfernen, da sich die Straßenreinigung dafür nicht zuständig fühlte. Ihm wiederum wurde untersagt, sich selbständig an der Reinigung zu versuchen, er könnte da mehr ruinieren als verbessern.

Nun hat er Eingaben geschrieben. Ich habe vergessen, an wen sie alle gingen. Eine Antwort steht noch aus. Plötzlich hält mir Michael sein Smartphone vors Gesicht. »Das sieht aus wie auf der Bühne!«, ruft er und wischt auf dem Smartphone zwischen zwei Bildern hin und her: das eine von vorhin, das er von der leeren, graubefleckten Bühne gemacht hat, dann eines von dem mittlerweile ebenfalls grauen Fleck von Styrum. Man könnte sie tatsächlich fast verwechseln.

»Hat Fatzer nicht behauptet, er wäre ein Punkt? Und ist Fatzer nicht in Mülheim umgebracht worden?«, frage ich schon leicht beseelt mitten im zweiten großen Bier, während die anderen noch an ihrer ersten Bestellung nippen. »Und hat uns die Inszenierung nicht dafür sensibilisiert, wie das ästhetisch aufzufassen wäre?« Von einem geübten Rhetor nur mit Mühe zu unterscheiden, fahre ich nach einer kurzen Pause fort: »Du ziehst die Eingabe zurück, lieber Michael, und erneuerst den weißen Farbfleck. Dann schreibst du eine neue Eingabe mit der Bitte, an der Stelle des Farbflecks eine Tafel anbringen zu dürfen folgenden Inhalts: ›Hier wurde im Jahre 1918 der Egoist Johannes Fatzer von seinen Kameraden hingerichtet‹. Und darunter:

›Der Punkt bedeutet
Fatzer
Das bin ich …‹«

Die Kellnerin tritt heran, die letzte Bestellung. Ich nehme noch eins, die anderen schütteln den Kopf, Michael muss fahren.

Meine Idee gefällt mir immer besser. Ich weiß jetzt sogar, wie das Schild für Fatzer aussehen soll, ein weißes Emailleschild mit blauer Schrift, und es wäre doch wunderbar, hier an eine literarische Figur zu erinnern, die real, aber nicht wirklich ist – oder umgekehrt? Statt Beschwerden zu schreiben, fahre ich fort, kämpfen wir jetzt dafür, diesen Ort zum Denkmal zu deklarieren. Die Tischgesellschaft, so viel bekomme ich noch mit, wechselt Blicke und bleibt skeptisch. Ich agitiere weiter, wobei ich mit einem Zug mein drittes Bier austrinke, was zu meiner Überraschung als Zeichen für einen hastigen Aufbruch genommen wird.

Am nächsten Morgen ärgere ich mich, nur auf den Punkt insistiert zu haben und nicht auf die Linien:

»Vor mir, gegen den ich focht: meinen Bruder
Hinter mir aber und hinter ihm unsern Feind.«

Das hätte mit auf die Tafel gehört. Michael kommt auf meinen Vorschlag nicht mehr zurück. Ich auch nicht.

Wochen später werden die Steine an der Straßenbahnhaltestelle herausgenommen und umgekehrt wieder eingesetzt, von dem weißen Farbfleck – anders, als von den Ideen Fatzers – bleibt nicht mal für Eingeweihte eine Spur.

Woraus das Ruhrgebiet gemacht ist

Eine Buchhandlung, die Ruhr, die Emscher, die Dichtung und die Kohle

Die Einladungen zu zwei sehr verschiedenen Besuchen ergaben sich bei einer Lesung in Essen-Holsterhausen in der »Insel der Bücher« Mitte Januar. Dabei ist die Geschichte dieser Buchhandlung, die Sebastian Schmitz 2021 gegründet hat, selbst bemerkenswert. Hört man Sebastian Schmitz erzählen, könnte man glauben, er habe sie aus Langeweile gegründet. Denn als Flugbegleiter der Lufthansa war er während der Coronazeit nur selten im Dienst. Sebastian ist groß, blond und hat ein gewinnendes Lächeln. In den letzten drei Jahren hat er ein englischsprachiges Buch über die »Interflug« geschrieben und herausgebracht, weil es über die Fluggesellschaft der DDR auf Englisch keine Veröffentlichung gab. Das Buch erregte so viel Interesse, dass es später auch auf Deutsch erschien. Außerdem liegt ein Buch von ihm über die Trinkhallen des Ruhrgebiets aus – während der Coronazeit hat er eine nach der anderen mit dem Fahrrad abgeklappert und fotografiert. Und es gibt ein Buch von ihm über Briefkästen in aller Welt. Ohne Nachfragen hätte ich davon allerdings nichts erfahren. Eine Idee zu haben und daraus etwas zu machen stiftet für ihn Sinn genug. Ein Buchhändler, der selbst Bücher schreibt.

Die Geschäftsräume, in denen bis Anfang 2021 eine Kinderbuchhandlung untergebracht war, standen mehrere Monate lang leer, was auf Sebastian wie eine Aufforderung gewirkt haben muss. Er erkundigte sich bei anderen Essener Buchhändlern, ob es überhaupt möglich wäre, auch ungelernt eine Buchhandlung zu führen. Er erhielt Zuspruch, ihm wurden die wichtigsten Dinge erklärt und gesagt, was er wo zu beantragen habe, sie nahmen den Neuling in ihre Zunft auf.

Wenige Wochen nach der Eröffnung infizierte er sich mit Covid. Seine Mutter sprang als Verkäuferin ein, die Öffnungszeiten schrumpften auf die Nachmittagsstunden. Doch im Vergleich zu den ersten Tagen ging der Umsatz kaum zurück. Deshalb öffnet die »Insel der Bücher« generell erst um vierzehn Uhr. Die Zeit, die Sebastian im Laden steht, genießt er. Und wenn er nach Tokio unterwegs ist oder nach São Paulo, übernimmt eine iranische Studentin oder ein Arbeitskollege von der Lufthansa oder ein ehemaliger Buchhändler aus Essen seinen Posten, mitunter, wenn niemand Zeit hat, steht Sebastians Mutter bereit.

Lesungen gibt es bei ihm erstaunlich viele und ganz unterschiedliche. Von Krimiautoren, die in die Buchhandlung kommen und sich vorstellen (bei Torsten Reda war »der Laden zweimal komplett voll«), über Frank Goosen, der den Gemeindesaal füllte – Sebastian vergaß in der Aufregung, dem Autor ein Glas Wasser hinzustellen, wofür er von der Bühne aus freundlich gegeißelt wurde –, bis hin zu Susanne Abel mit ihrem Bestseller »Stay away from Gretchen«. Sie hatte er als Flugbegleiter kennengelernt. Und natürlich die »Metropolschreiber Ruhr«, denn wir sind während unseres Aufenthaltes in Mülheim unentgeltlich zu haben. Glücklicherweise leidet die Vorbereitung nicht darunter. Ganz im Gegenteil!

Während ich noch nach der richtigen Hausnummer suche, laufe ich Sebastian über den Weg. Gerade schleppt er Stühle aus der Buchhandlung über die Straße in das »Fachgeschäft für Stadtwandel«, dort gibt's tagsüber kostenlosen Kaffee und ein Refugium, wenn man im Warmen sitzen möchte und Gesellschaft sucht. Und wer etwas braucht, findet in diesem »Fachgeschäft« immerhin eine große Auswahl an Kleidung und Schuhen für kleines Geld. Und heute Abend eben auch eine Lesung.

Der für mich vorgesehene Sessel wird durch Stuhl und Tisch ersetzt, dazu ein Glas stilles Wasser. »Benötigen Sie irgendwas? Spezielle Getränke? Essen?«

Nach einem Volontariat am Goethe-Institut in Moskau Ende der neunziger Jahre bewarb sich Sebastian für eine Ausbildung zum diplomatischen Dienst, allerdings ohne Studium. Um seine Chancen zu verbessern (statt in einer Konsularabteilung Pässe auszustellen, wollte er lieber ein richtiger Diplomat werden), begann er, Geografie zu studieren, und jobbte nebenher am Berliner Flughafen Tempelhof. Mit dem Studium allerdings tat er sich schwer. Eine Freundin seiner Mutter war Stewardess bei der Lufthansa. Wenn sie von ihren Reisen erzählte, schien sie ein anderer Mensch zu werden. Sebastian faszinierten ihre Berichte. Er bewarb sich und wurde genommen. Das ist jetzt dreiundzwanzig Jahre her. Diplomat, finde ich, hätte auch zu seiner ruhigen, zuvorkommenden Art gepasst. Oder wäre er dafür zu eigensinnig, auch zu unternehmungslustig? Sein Buchladen trage sich, sagt er, Tendenz steigend.

Etwa dreißig Zuhörer sind gekommen, ein paar Plätze bleiben frei. Ich lese aus »Tasso im Irrenhaus«, drei Erzählungen, deren Dreh- und Angelpunkt jeweils ein Kunstwerk ist. Im Anschluss gibt es Fragen. Was ich hier im Ruhrpott so treibe und was ich bisher beobachtet habe. An diesem Abend merke ich zum ersten Mal, dass ich, gefragt nach dem Ruhrgebiet, vom Osten zu erzählen beginne, als hätte ich die Frage falsch verstanden. Es ist der Unterschied zu meinen Erfahrungen, der sich mir unwillkürlich aufdrängt und über den ich das Ruhrgebiet zu beschreiben versuche. Ein Zuhörer in Radfahrerkluft bemerkt, dass sowohl in »Das Deutschlandgerät« als auch in »Die rechtschaffenen Mörder« sich die Gesellschaft im Rücken des Protagonisten bewege. Obwohl sich jene Protagonisten selbst kaum verändern, stehen sie nun an einem völlig anderen Ort in der Gesellschaft als zuvor. Diese Analogie ist mir nicht bewusst gewesen, ich kann mich nur für diese Beobachtung bedanken. Beim Signieren treffe ich auf den Verleger Peter Marx und auf Jörg Potthaus, pensionierter Lehrer und Autor mehrerer Romane, die im »Hummelshain Verlag« erschienen sind. Der Verleger lädt mich nach Kettwig an der Ruhr ein, da würden sie Anfang Februar einen Abend für Wilhelm von Kügelgen veranstalten, als gebürtiger Dresdner interessiere mich das vielleicht, oder?

Auch der Mann in der Fahrradmontur bietet mir an, ihn zu besuchen, er arbeite in Mülheim bei den Wasserwerken.

»Vielleicht interessiert Sie das ja?«

»Und ob!«

Wenig später stehe ich mit Sebastian Schmitz auf dem Bahnsteig des Essener Hauptbahnhofs. Er will nach Düsseldorf, also in dieselbe Richtung wie ich. In den wenigen Minuten der Fahrt bis Mülheim schnurren wir unsere Familienverhältnisse herunter. Ihm ist offensichtlich gerade das Herz schwer. Kurz bevor ich aussteige, sagt er: »Der Buchladen ist jetzt mein Lebensglück.« Erst zu Hause nehme ich die angenehme Erschöpfung wahr, eine, von der ich seltsamerweise den Eindruck habe, sie würde mich leichter machen.

Die Ruhr

Die Hauptverwaltung der Wasserwerke befindet sich unmittelbar an der Ruhr, neben der Brücke ins Stadtzentrum, auf der anderen Straßenseite die Stadthalle. Aus dem Fenster von Henning Grotelüschens spartanisch eingerichtetem Büro sieht man vor allem Wasser. Das andere Ufer scheint weit entfernt zu sein. Ich bin überrascht, in welche Richtung der Fluss fließt, obwohl ich doch weiß, dass die Ruhr in den Rhein mündet.

Henning Grotelüschen ist promovierter Jurist, nach 2002 war er unter Rot-Grün im Stab der Regierungssprecher in Berlin. Er ist es also gewohnt, dass man ihm Fragen stellt, und er weiß, wie man jemandem etwas erklärt.

Auf seiner Visitenkarte steht: Leiter Recht und Sonderaufgaben, RWW Rheinisch-Westfälische Wasserwerksgesellschaft mbH, Am Schloß Broich 1–3, 45479 Mülheim.

Henning Grotelüschen unterscheidet zwischen dem Endprodukt und dem Rohstoff, eine Terminologie, die mich seltsamerweise bei Wasser befremdet, weiß ich doch, dass ein Wasserwerk Trinkwasser produziert und der Rohstoff nichts anderes sein kann als eben auch Wasser, in Mülheim ist es das Wasser der Ruhr. Ich frage noch mal nach: Ja, das gesamte Trinkwasser von Mülheim und vielen anderen Städten wird aus dem Ruhrwasser gewonnen.

Bei dem Flussnamen »Ruhr« dachte ich lange an ein schwarzes, mit Industrieabfällen verseuchtes Gewässer, mehr Brühe als Fluss. Färbt das dunkle U als einziger Vokal samt der Assoziation von Kohle und Schwerindustrie ein ganzes Gebiet schwarz? Oder liegt es an der Wortgleichheit mit der Krankheit »Ruhr«, der Ursache für Durchfall, Erbrechen, Bauchkrämpfe, Fieber? Wahrscheinlich hat der Name für die Krankheit wie für den Fluss den gleichen Ursprung: Im Mittelhochdeutschen ist »ruor« die Bezeichnung für »Bauchfluss« bzw. im Althochdeutschen »ruora« für Strömung und schnelles Fließen. Was in dem einen Fall höchst unangenehm ist, ist in dem anderen ein Hinweis für ein schnell fließendes Gewässer, das nicht nur zum Namensgeber einer ganzen Region geworden ist, sondern auch zu ihrer Lebensader: Von 1776 bis 1780 wurden allein zwischen Duisburg und Langschede (bei Bochum) sechzehn Schleusen neu installiert, bis zu achtzig Schiffe, vor allem beladen mit Steinkohle, wurden um 1800 täglich »hindurchgeschleust«. Die Ruhr entwickelte sich zu einem der befahrensten Flüsse Europas. 1860 erreichte die Ruhrschifffahrt ihren Höhepunkt. Die Ruhraaken, sogenannte Flachbodenschiffe mit einem Tiefgang von weniger als einem Meter, transportierten in jenem Jahr 867.734 Tonnen Steinkohle nach Duisburg, wo die Kohle gebraucht oder auf Rheinschiffe umgeladen wurde. Mit dem Bau der Ruhrtal-Bahn (zwischen 1872 und 1876) nahm der Transport zu Wasser stetig ab, der mit der Bahn dagegen stetig zu. 1889 soll die letzte Ruhraake die Schleuse von Mülheim passiert haben.

Noch wichtiger als für die Schifffahrt ist die Ruhr für das Trinkwasser, denn ohne trinkbares Wasser ist alles nichts.

Als im April 2021 in Berlin zum Wassersparen aufgerufen wurde, war das für mich ein Schock, denn wir waren nicht am Ende eines heißen Hochsommers, sondern im Frühling bei noch recht kühlen Temperaturen.

Henning Grotelüschen legt mir die Kopie eines Artikels aus dem Band »Die Ruhr und das Ruhrgebiet« (Hg. Bodo Hombach, Essen 2020) vor, den ich allerdings bereits vor ein paar Tagen gelesen hatte. Der Titel klingt ziemlich trocken: »Die Wasserversorgung im Ruhrgebiet am Beispiel des regionalen Wasserversorgers RWW«, geschrieben von Grotelüschens früherem Kollegen Andreas Macat, der über viele Jahre die RWW-Museen geleitet hat.

Schon nach wenigen Zeilen war ich von dem Artikel gebannt gewesen. Mich hatte frappiert, dass erst 1892 – da gab es in Deutschland bereits ein sehr gutes, weit verzweigtes Eisenbahnnetz – durch Robert Koch die Cholera-Erreger im Trinkwasser nachgewiesen wurden. Erst dieser Nachweis widerlegte jene Theorien, die behaupteten, die Seuchen würden durch »Miasmen«, durch »üble Gerüche und Ausdünstungen des Bodens«, hervorgerufen. Obwohl man in Deutschland wusste, welch enorme Leistungen die Römer beim Bau von Wasserleitungen und Abwassersystemen vollbracht hatten, ist dieses Wissen fast bis zur Schwelle zum 20. Jahrhundert offenbar verschüttet gewesen. Die Metropolen London und Paris, aber auch Großstädte wie München und Hamburg erlebten durch die Industrialisierung und den damit verbundenen sprunghaften Bevölkerungszuwachs verheerende Cholera- und Typhusepidemien.

Was ich im Folgenden referiere, verdanke ich den Erklärungen von Henning Grotelüschen wie dem Artikel von Andreas Macat. Wer es nicht so genau wissen will, wie das Trinkwasser aufbereitet wurde und wird, kann die folgenden Seiten überblättern. Ich wollte jedoch die Gelegenheit nicht ungenutzt lassen, die Herstellung des uns so selbstverständlichen »Produkts« Trinkwasser etwas besser zu verstehen, und hoffe, dass es die eine oder den anderen auch interessiert.

Das erste Wasserwerk Deutschlands entsteht 1848 in Hamburg, 1856 folgt Berlin, an der Ruhr baut acht Jahre später die Stadt Essen ihr Wasserwerk. Als in Mülheim 1866 die Cholera ausbricht, führt das keineswegs zu einer Untersuchung der Brunnen. Erst 1871 gibt es endlich Analysen, die die katastrophale Situation verdeutlichen und 1876 zur Gründung eines Wasserwerks führen, das im Jahr darauf 356 Hausanschlüsse versorgt – bei ca. 18.000 Einwohnern. Überzeugend erscheint dieses Modell damals offenbar den wenigsten. Es ist das schnell wachsende Industrieimperium von August Thyssen (in Mülheim-Styrum sind seit 1871 Bandeisen-, Röhrenwalz-, Stahl- und Blechwalzwerke entstanden), das verlässlich große Mengen an Wasser benötigt. Über einige Zwischenstufen kommt es zum Bau eines eigenen Wasserwerkes unterhalb von Styrum, unmittelbar vor jenem von Oberhausen. Der Protest der Oberhausener bringt nichts. 1893 wird der fünfzig Meter hohe Wasserturm neben dem (ebenfalls von Thyssen erworbenen) Schloss Styrum fertiggestellt. Thyssen beliefert jedoch nicht nur die eigenen Betriebe, sondern auch Styrum und Städte wie Bottrop, Gladbeck und Dorsten über Fernleitungen. Innerhalb weniger Jahre wird Thyssen zum größten Wasserversorger im westlichen Ruhrgebiet.

1903 wird das selbständige Unternehmen »Wasserwerk Thyssen & Cie.« gegründet. Zwei Drittel des Wasserverbrauchs entfallen auf die eigenen Betriebe. Um den Pegelstand der Ruhr regulieren zu können, gründet sich bereits 1899 der Ruhrtalsperrenverein, um Talsperren an den Zuflüssen zu errichten. Im »Jahrhundertsommer« von 1911 – die Talsperren sind noch im Bau – trocknet der Unterlauf der Ruhr fast völlig aus. »Das Ende der Ruhr« heißt eine Schlagzeile der »Mülheimer Zeitung«. Thyssen lässt Ruhrwasser ohne Klärung in sein Wassernetz pumpen, in der Folge bricht Typhus aus. Das auf Anregung von Robert Koch gegründete Institut für Hygiene und Bakteriologie in Gelsenkirchen verhindert die Ausweitung der Typhusepidemie, indem es die Zugabe von Chlorkalk zur Desinfektion des Trinkwassers fordert.

In einer Zeit, in der insgesamt 109 verschiedene Wasserwerke Trink- und Brauchwasser aus der Ruhr gewinnen, werden das Mülheimer, das Oberhausener und das Thyssen'sche Wasserwerk zur Rheinisch-Westfälischen Wasserwerksgesellschaft mbh zusammengeschlossen, die am 1. Januar 1913 ihren Betrieb beginnt. »Rund 500.000 Menschen, zahlreiche Industriebetriebe, 36 Schachtanlagen und 31 Bahnhöfe waren in dem etwa 300 Quadratkilometer großen Gebiet zu versorgen.« Das Rohrnetz hat eine Länge von 420 Kilometern mit 11.000 Hausanschlüssen. Die Wasserleitungen führen aber fast immer durch Zechengebiete, wo der Erdboden instabil ist. Bergsenkungen bewirken unentwegt Rohrbrüche, sodass im nördlichen Versorgungsgebiet neue Wasserwerke gebaut werden müssen, die Grundwasser fördern. Ein weiteres entsteht am Rhein und wird ab 1937 zu einem großdimensionierten Wasserwerk ausgebaut, das 1941 in Betrieb geht. Allerdings befinden sich die Förderanlagen größtenteils unterirdisch, über dem Boden ist die Anlage als ein Gehöft getarnt, Fachwerkhäuser täuschen einen bäuerlichen Betrieb vor, der Bombenkrieg ist von Anfang an eingeplant. Oberhausen und Mülheim und die »kriegswichtigen« Betriebe vor Ort bekommen jetzt zusätzlich Wasser durch Leitungen »vom Rheinstrand«.

Nach dem Zweiten Weltkrieg liegen die Städte in Trümmern, die Wasserversorgung hingegen ist kontinuierlich ausgebaut worden und vergleichsweise wenig beschädigt. Die Abnehmer sind vor allem private Haushalte. Doch durch den wirtschaftlichen Aufschwung wird auch von der Industrie wieder mehr Wasser beansprucht und gleichzeitig die Qualität des Wassers in der Ruhr und ihren Nebenflüssen immer stärker belastet, sodass bisherige Filtermethoden sich als ungenügend erweisen. Ab 1963 wird in Mülheim ein sogenanntes Multi-Barrieren-System installiert, »bei dem mehrere Aufbereitungsstufen hintereinandergeschaltet sind«. Es werden »Zusatzstoffe« beigegeben, die beispielsweise Eisen und Ammonium binden. Durch Aktivkohlefilter werden Chlor und andere Elemente gebunden, sodass das Wasser weder danach riecht noch schmeckt. Mit den einsetzenden Zechenschließungen verlagert sich der Schwerpunkt der Wasserlieferungen wiederum zu den Haushalten. Dies bedeutet auch eine Verschiebung von einer kontinuierlichen Lieferung zu einer dem privaten Tagesrhythmus folgenden.

Wenn man Henning Grotelüschen zuhört, merkt man dem zugereisten Norddeutschen an, wie anhaltend ihn das Ruhrgebiet mit seinen bis heute sichtbaren und prägenden industriellen Strukturen fasziniert, ein Staunen, dem auch ich mich nicht entziehen kann. Die Leitungen, die ursprünglich dem enormen Wasserbedarf der Zechen und Großbetriebe dienten, sind für die Büro- und Einkaufszentren, für all das, was neu gebaut worden ist, viel zu groß dimensioniert. Und es scheint bei der Suche nach einer »Nachnutzung« auch nichts Gleichwertiges zu geben, weshalb meistens nur der »Rückbau« bleibt. Bei Wasserleitungen, die eine Nutzungsdauer von bis zu hundert Jahren haben, ist dieser Wandel noch lange nicht abgeschlossen.

Ab Mitte der Siebziger startet RWW das sogenannte »Mülheimer Verfahren«, das 1983 abgeschlossen wird und auch international große Beachtung findet, geht es doch um die Eliminierung von Chlor bei der Aufbereitung des Wassers. Verstärkt werden biologische Prozesse angewandt.

Nach den Langsamsandfilterbecken und einer »mehrtägigen Bodenpassage« wird das Wasser über Brunnen gefördert. Bei der sich anschließenden mechanischen und teilbiologischen Reinigung werden Schweb- und Trübstoffe entfernt. Die größte Neuerung aber besteht darin, anstelle von Chlor die sogenannte Ozonierung einzusetzen. »Ozon, ein überaus reaktives sauerstoffähnliches Gas, bewirkt neben der Entkeimung und Geschmacksverbesserung des Wassers eine Oxidation.« Die noch im Wasser befindlichen Stoffe wie Eisen und Mangan werden dadurch zu Granulat, das durch Filter aus dem Wasser entfernt wird. In einem nächsten Schritt binden Aktivkohlefilter Giftstoffe, unter anderem Pflanzenschutzmittel. Zusätzlich werden Mikroorganismen eingesetzt. Seit 2003 wird das Wasser abschließend mit UV-Licht behandelt, womit eine Vermehrung von Mikroorganismen im Wasser ausgeschlossen sein soll.

Trotz immer weiterer technologischer Verbesserungen bei der Trinkwasseraufbereitung ist der Schutz der Gewässer die entscheidende Voraussetzung für die Qualität des Trinkwassers. Deshalb gibt es seit Anfang der neunziger Jahre Kooperationsvereinbarungen mit der Landwirtschaft, um die Nitratbelastung des Grund- und Flusswassers zu reduzieren. Die Gewässerverunreinigung der Ruhr befindet sich seither »auf historisch niedrigem Niveau«, der Fluss zählt zu den saubersten in Europa.

Je mehr ich erfahre, desto mehr beeindruckt mich, was für eine (fast an ein Wunder grenzende) Leistung es ist, dass sauberes Wasser aus dem Hahn kommt. Am ehesten werden wir uns dieser Selbstverständlichkeit bewusst, wenn Preise steigen. Man rechnet bei den Nebenkosten. Aber wie aufgeschmissen ist unsereiner, wenn bei einer Rohrreparatur oder Havarie das Wasser abgestellt wird oder es einen Stromausfall gibt. Die generelle Verfügbarkeit von Wasser, Strom, Wärme, Müll- und Abwasserentsorgung ist nur selten ein Thema gewesen. Mir scheint, dass sich das gerade ändert.

Deshalb muss man sich auch den nachfolgenden Satz, der sich wie das Statement am Ende einer betriebseigenen Broschüre liest, mit Freude und einem regelrechten Anflug von Begeisterung von Henning Grotelüschen ausgesprochen vorstellen: RWW versorgt als einer der größten Wasserbetriebe 900.000 Menschen samt allen dazugehörigen öffentlichen Einrichtungen, Betrieben, Gewerken und Geschäften im westlichen Ruhrgebiet, im niederbergischen Raum und im südlichen Münsterland mit fünfundsiebzig Millionen Kubikmetern Trink- und Brauchwasser.

Ich will nicht sagen, dass ich mich im Folgenden mit Henning Grotelüschen gestritten hätte. Doch in einem Kästchen gegen Ende der Reportage geht es um die »Liberalisierung«, die die EU seit den neunziger Jahren für die Wasserversorgung betreibt. Auch in Mülheim gab es damals Veränderungen: »2002 veräußerten die kommunalen Gesellschafter den Großteil ihrer RWW-Anteile an den RWE-Konzern. 2019 gingen diese Anteile im Zuge der Übernahme der RWE-Tochter Innogy SE an den E.ON-Konzern über.«

Henning Grotelüschen wirbt für diese Konstruktion, gerade im Ruhrgebiet gebe es seit jeher einen Mix von öffentlich- und privatrechtlichen Strukturen. Das ist nicht zu bestreiten, doch entstanden diese privatrechtlichen Versorgungsstrukturen aus dem Bedürfnis, die eigenen Betriebe am Laufen zu halten, da dies von den öffentlichen gegen Ende des 19. Jahrhunderts noch nicht zu leisten war. Das

Jahr 2002, in dem RWE seine Beteiligung von vierzehn auf knapp achtzig Prozent erhöht, die Kommunen behalten rund zwanzig Prozent, gehört zudem in die Hochphase der sogenannten PPP – »Public-private-Partnership« –, eines sozialdemokratisch eingefärbten Produkts des Neoliberalismus. Fast alle der großen PPP-Projekte sind gescheitert und mussten unter hohen Kosten für das Gemeinwesen wieder rückabgewickelt werden.

Ich habe versucht, mich in Berlin bei der Rekommunalisierung der Wasserbetriebe zu engagieren. Ein Häuflein Aufrechter, der »Berliner Wassertisch«, hatte fast ohne finanzielle Mittel und gegen die Politik aller Berliner Parteien und gegen die überraschend geschlossen auftretenden Medien 2011 ein Volksbegehren durchgesetzt, das die Rekommunalisierung erzwang.

Ich habe keinen Grund, RWW irgendetwas vorzuwerfen. Aber aus der Daseinsvorsorge sollte niemand Profit schlagen dürfen. Diese privat zu betreiben kommt generell gesehen einer Selbstentmachtung des Gemeinwesens gleich. Henning Grotelüschen pocht weiter auf die regionalen Besonderheiten der Wasserversorgung, was ich wiederum auch nicht in Frage stellen will.

Unser gemeinsames Interesse wendet sich wenig später dem bedrohlich nachlassenden Luftdruck in meinem vorderen Radreifen zu. Nachdem Henning Grotelüschen eine Luftpumpe besorgt hat, radeln wir zum Aquarius, dem im Auftrag von August Thyssen errichteten Wasserturm, der seit 2002 ein aufwendig eingerichtetes Museum für Wasser ist. Es ist eine schöne Tour, die an der Stadthalle und ihren Gärten vorbeiführt, dann entlang der Ruhr, über Fußgänger- und Radfahrerbrücken und über ausgedehnte Wiesen hinweg, die allesamt als Wassergewinnungsflächen genutzt werden. Hinter Bäumen breitet sich ein Neubau der Aldi-Süd-Zentrale aus. Wir sind ein ungleiches Gespann, er auf seinem Rennrad, ich auf dem instand gesetzten Damenrad mit wackligem Einkaufskorb vor dem Lenker, Don Quijote und Sancho Panza, mit prallen Reifen allerdings tritt es sich leichter in die Pedale.

So spät an einem regnerischen Wochentag Ende Januar sind wir die einzigen Besucher. Mit dem Fahrstuhl geht's nach oben.

Einige der Computer, auf deren Bildschirmen die Videos laufen, sind mittlerweile selbst zu Museumsstücken gereift, immerhin funktionieren sie. Noch nicht vorführbereit ist eine Installation, die veranschaulicht, wie das Wasser im Aquarius anstieg, um von hier oben aus in jeden Haushalt zu fließen, der an die Versorgung angeschlossen war und nicht höher lag als dieser »Wasserkopf«. Der Rundblick ist tatsächlich unschätzbar, wenn man sich orientieren will. Ich versuche, in diese Aussicht, über die sich allmählich die Dämmerung senkt, meine einzelnen Erinnerungsbilder einzuhängen – bin ich nicht schon dort und dort gewesen? –, vor allem aber die Himmelsrichtungen zu bestimmen. Von hier sieht man, wie die Zugtrasse von Mülheim Hauptbahnhof nach Duisburg den nördlichen Stadtteil Styrum zerschneidet. Es bleiben wenige Unterführungen, durch die ein Durchschlupf möglich ist. Dahinter sehe ich mein Lieblingswindrad, das wohl einsamste seiner Art, das auf einer langgestreckten Halde allein ausharren muss. Auf der gegenüberliegenden Seite fließt die begradigte Ruhr an den großen Werkhallen vorüber, unter anderem auch an der von Siemens, wo (wahrscheinlich immer noch) jene Turbine steht, die eigentlich in Nord Stream I wieder eingebaut werden sollte.

Von hier oben aus sind die unterschiedlich gefüllten Sandfilterbecken gut zu sehen, auch die verschiedenen Hallen des Wasserwerks, die den weiteren Schritten des »Mülheimer Verfahrens« dienen. Ich nehme mir vor, den Aquarius an einem der nächsten Tage nochmals zu besichtigen. Denn hier finde ich die Anschaulichkeit, die mir fehlt, um von all dem wirklich einen Begriff zu bekommen.

Die neuen Schwierigkeiten bei der Bereitstellung von Trinkwasser bestehen in den extremen Schwankungen des Wetters. Gerade bei Hitze und Trockenheit wird viel Wasser benötigt, in anderen Monaten wiederum nicht. Das führte dazu, dass RWW bereits 2012 bei den Wassergebühren den früher üblichen Grundpreis von zwanzig Prozent auf einen sogenannten Systempreis von fünfzig Prozent erhöht hat, der Mengenpreis ist dementsprechend kleiner geworden. Seither sind viele andere Wasserversorger diesem Vorbild gefolgt.

Beim Abschied vom Aquarius werde ich mit einem Buch und reichlich Informationsmaterial bedacht. Gut vorbereitet, so nehme ich mir vor, werde ich wiederkommen. Allerdings steht dieser Besuch – zu meiner Schande sei's gesagt – noch immer aus.

Erst auf dem Rückweg bemerke ich in unmittelbarer Nähe des Aquarius eine Art Schrein, einen überdachten hellen Stein. Oder ist es ein alter Backofen? Tritt man näher, entpuppt sich der helle Stein als das Segment einer Wasserleitung, die die Römer vor ca. zweitausend Jahren gebaut hatten, um Köln mit Quellwasser aus der Eifel zu versorgen. Für die hundert Kilometer sollen sie nur fünf Jahre gebraucht haben. Gefunden wurde dieses Stück in Hürth, südwestlich von Köln. Man kann lange darüber spekulieren, wie schnell die Fähigkeiten verloren gehen, die man für den

Bau eines solchen Aquädukts braucht. Über Jahrhunderte wurde dieses Ingenieurswissen vielleicht nicht einmal vermisst, weil es keine großen Städte gab.

Der Artikel über die Geschichte des RWW endet mit einer erhellenden Rechnung. Der Pro-Kopf-Wasserverbrauch in deutschen Haushalten liegt heute bei 125 Liter pro Tag. Doch »der überwiegende Teil unseres Wasserverbrauchs manifestiert sich nicht im Haushalt, sondern im Konsum«. Da allerdings schlagen in Deutschland pro Kopf viertausend bis fünftausend Liter zu Buche. So merkwürdig es klingen mag, aber durch die Importe von Futter- und Nahrungsmitteln wie von Rohstoffen ist der Großteil des Wasserverbrauchs in andere Weltgegenden ausgelagert, also »outgesourct«. Wann begann die Geschichte dieser Art des Wasserverbrauchs? Und wie haben sich dabei Ost und West unterschieden? Es wäre interessant, die östliche »Mangelwirtschaft« unter diesem Aspekt zu betrachten.

Wir fahren auf dem Radschnellweg in Richtung Hauptbahnhof. Jetzt müsse ich aber unbedingt auch die Kollegen bei der Emschergenossenschaft treffen, sagt Henning Grotelüschen, denn sie bilden das Pendant zur Ruhr. Er verspricht, mich nach Bottrop zu vermitteln. Dann rauscht er auf dem Radschnellweg in Richtung Essen davon.

Die Emscher

Wer sich die Karte des Ruhrgebiets ansieht, fragt sich, warum das Ruhrgebiet nach der Ruhr benannt worden ist, denn die Ruhr verläuft südlich der großen Städte und in deutlichem Abstand zu ihnen. Ausnahmen sind Hagen, Mülheim und Duisburg, die beiden Letztgenannten befinden sich schon fast oder direkt an der Mündung der Ruhr in den Rhein. Zudem ist das Ruhrtal regelrecht idyllisch. Wer Werden oder Kettwig besucht, beide gehören verwaltungstechnisch zu Essen, denkt auch nicht entfernt an eine Industrieregion.

Die Emscher hingegen ist der zentrale Fluss des Ruhrgebiets, von der Größe her ist sie allerdings eher ein Bach. Mit der Industrialisierung wurde die Emscher zum offenen Abwasserkanal, zur »Köttelbecke«, die schnurgerade in einer Betonwanne verlief. Die Emscher mied man, wer in ihrer Nähe wohnte, war oft Gestank ausgesetzt und musste bei Hochwasser schon allein durch Kontakt mit der Brühe um seine Gesundheit fürchten.

Für mich zählt die Renaturierung der Emscher, die in den neunziger Jahren begann, zu den grandiosesten Leistungen, die im Ruhrgebiet in den letzten dreißig Jahren vollbracht wurden. Es ist ein Triumph des Gemeinwesens, das für 5,6 Milliarden Euro ein Flüsschen – oder eigentlich einen ganzen Landstrich – ins Leben zurückgeholt hat. Die Abwässer fließen nun in dreißig Meter Tiefe durch dicke Rohre und werden in drei riesigen Kläranlagen aufbereitet und wieder in die Emscher eingeleitet. Nicht nur die Vegetation kehrte zurück, sogar Fische gibt es, an der Emscher wird geangelt, an einzelnen Hängen ihres Ufers wird seit etlichen Jahren Wein angebaut.

Eines der großen Klärwerke steht unweit von Bottrop. Um dort hinzugelangen, kann man über den öffentlichen Nahverkehr einen Fahrschein lösen, der nach vorheriger telefonischer Anmeldung dazu berechtigt, am Hauptbahnhof Bottrop in ein Taxi zu steigen, das pünktlich vorfährt. Die Fahrt erscheint mir wie ein einziges Kreuz und Quer, als sollte mein ohnehin strapazierter Orientierungssinn weiter verwirrt werden. Am Ende der Fahrt geht es ein Stück an der weitläufigen Kläranlage entlang, markant sind vor allem vier Bauten in der Form monumentaler Eier.

Nachdem mich das Taxi am Pförtnerhäuschen abgesetzt hat und weggefahren ist, scheinen der Pförtner und ich die einzigen Menschen weit und breit zu sein. Schon der Wind in den kahlen Pappeln wirkt wie Gesellschaft. Ich müsse nur an der richtigen Stelle rechts abbiegen, eigentlich sei alles ganz einfach, sagt der Pförtner. Ich gehe die Straße zur Anlage hinauf. Ein paar verlassene Kleintransporter parken vor einer Art Lagerhalle. Ich sehe an den hohen Gebäuden empor. Für irgendetwas müssen sie ja da sein, jemand muss sie erdacht, geplant, finanziert, ausgeführt haben. So geht es mir im Ruhrgebiet im Angesicht der Eisen- und Stahlhütten, der Kokereien und stillgelegten Zechen permanent. Nur ist die Bottroper Kläranlage irgendwie abstrakter und heller, still und menschenleer. Es ist halt Freitag kurz vor dreizehn Uhr.

Ich wende mich nach rechts, eine lange Straße, die zwischen den hohen Gebäuden beginnt, aber ins Freie führt. Auf der rechten Seite erscheint ein Verwaltungsbau. Vor einer geöffneten Tür steht eine Frau und raucht. Als sie mich erblickt, winkt sie mir mit der Zigarettenhand zu.

Rebecca Womela, mit der ich bereits am Telefon gesprochen habe, begrüßt mich freundlich und auch ein wenig förmlich, als wäre ich der versprengte Teil einer Delegation. Der Raum, in den ich geführt werde, ist ein Schulungsraum, die Tische sind in U-Form aufgestellt. In Abständen, die an Coronazeiten erinnern, erwarten drei Teller mit Gebäck und jeweils einer Kaffeetasse die Besucher. Ich lasse mich vor so einem Teller nieder, ziehe mein neues Notizbuch heraus – das alte, in dem auch die Aufzeichnungen zu meinem Besuch bei den Wasserbetrieben standen, ist mir samt

Rucksack Mitte Februar auf der Rückfahrt von Amsterdam gestohlen worden – und komme mir, da ich die erste Seite aufschlage, wie ein Schüler vor, der dem Unterrichtsbeginn in einem neuen Fach entgegensieht. Mein »Lehrer« ist Manfred Rüter, der Betriebsingenieur.

Die Emschergenossenschaft, die in der Gegenwart sowohl für die Renaturierung des Flusses als auch für das gigantische Abwasser- und Kläranlagensystem verantwortlich zeichnet, wurde 1899 gegründet und schloss sich 1926 mit dem Lippeverband zusammen. Die Wasserscheide zwischen der Lippe im Norden und der Emscher im Süden bildet die Grenzlinie der verschiedenen Verbände.

Durch das Bevölkerungswachstum wurde es dringend notwendig, dass die Kommunen gemeinsam agierten, um für die Entsorgung der industriellen wie privaten Abwässer eine Lösung zu finden. Die schlechten hygienischen Bedingungen ließen Krankheiten und sogar Epidemien häufiger ausbrechen. Trotzdem ist es erstaunlich, dass die Emscher als Kloakenfluss bis in die neunziger Jahre hinein hingenommen wurde.

Die Emschergenossenschaft hat ein vergleichsweise kleines Einzugsgebiet von 865 Quadratkilometern, allerdings mit einer Bevölkerung von 2,2 Millionen Menschen, was 2546 Einwohnern pro Quadratkilometer entspricht (beim nördlicher gelegenen Lippeverband erstreckt sich das Einzugsgebiet auf 3280 Quadratkilometer bei einer Bevölkerung von 1,4 Millionen, was 427 Einwohner pro Quadratkilometer bedeutet). Die drei neu gebauten Kläranlagen und die drei Pumpwerke liegen zwischen Gelsenkirchen und Oberhausen. Die Bottroper Anlage entstand zwischen 1991 und 1996 für umgerechnet 230 Millionen Euro, wurde aber in den letzten zehn Jahren wesentlich verbessert.

Als Laie habe ich keine Vorstellung, was es bedeutet, wenn 110 Millionen Kubikmeter Abwasser jährlich entsorgt werden. Pro Sekunde könnte die Kläranlage einen Zufluss von maximal 8,5 Kubikmetern, also von 8500 Litern bewältigen. Auch das ist schwer vorstellbar. Meist liegt der Wert deutlich darunter. Bemerkenswerterweise arbeitet die Anlage energieautark, das heißt, den Strom, den sie für ihren Betrieb benötigt, erzeugt die Kläranlage selbst: durch Faulgase, die in Blockheizkraftwerken genutzt werden, durch Verbrennung von getrocknetem Klärschlamm (die Verbrennungsgase werden zur Erzeugung von Wasserdampf für die Dampfturbine verwendet), durch Solar- und Windenergie.

Als sich Eberhard Holtmeier, der Betriebsmanager, zu uns gesellt und übereck Platz nimmt, kommen nun zwei Lehrer auf einen Schüler. Mein Keksteller weist im Vergleich zu den beiden anderen, die unberührt bleiben, bereits deutliche Kahlstellen auf, mir fehlt das Mittagessen.

Nach einer halben Stunde und einigen Rückfragen habe ich für einen Moment das Gefühl, die Wirkungsweise der Kläranlage vereinfacht schildern zu können, auch wenn die einzelnen Schritte jeweils ein technologisches Universum eröffnen, dem ich nicht gewachsen bin. Der erste Schritt jedoch, in dem das Abwasser durch die »Rechenanlage« fließt, in der der Müll aus dem Wasser gefischt wird, lässt sich gut nachvollziehen. »Rückhalt von Grobstoffen« nennt sich das auf der dazugehörigen Grafik, die die Funktionsweise der Rechen und den Abtransport des »Rechenguts«, immerhin tausend Tonnen pro Jahr, schematisiert darstellt.

Für das Folgende gilt, was ich bereits über die technischen Details der Wasseraufbereitung sagte: Man kann das überblättern. Als Journalist hätte ich noch wesentlich mehr zusammengefasst, als Schriftsteller wäre ich wohl auf ein oder zwei Details eingegangen. Hier will ich, wie bei den Wasserwerken, die Gelegenheit nutzen und das scheinbar Selbstverständliche wenigstens in Grundzügen nachvollziehen.

Auf die »Rechenanlage« folgt der Sandfang mit integriertem Fettfang, in dem das Wasser von Sand, Straßenabrieb und Fetten gereinigt wird.

Daran schließt sich die mechanische Vorklärung an. In der mechanischen Behandlung setzen sich Fäkalien, Speisereste und Ähnliches als Schlamm ab (Primärschlamm). Dieser Schlamm wird zusammengeschoben, abgesaugt, in einem großen Behälter eingedickt und zu den Faulbehältern (den »Rieseneiern«) gepumpt.

Die sich anschließende biologische Behandlung findet in den sogenannten Belebungsbecken statt. In diesen Becken wird mit Hilfe von Mikroorganismen ein Großteil der gelösten Verunreinigungen (u.a. Stickstoff und Phosphat) aus dem Abwasser entfernt. Der Bakterienschlamm aus den Belebungsbecken fließt anschließend in die Nachklärbecken, wo sich die Bakterien am Boden absetzen. Der Schlamm in den Nachklärbecken wird abgesaugt und als Rücklaufschlamm zurück in die Belebungsbecken gepumpt, da die Bakterien dort wieder zur Reinigung gebraucht werden. Durch die gute Nährstoffversorgung der Bakterien vermehren sich diese sehr stark.

Damit sich die Bakterienmasse im biologischen Schlamm des Belebungsbeckens auf gleichem Niveau hält, muss ein Teil des Schlamms, der sogenannte Überschussschlamm, dem System entzogen werden. Dieser wird abgesaugt und gelangt in die Flotation, ein Prozess, der mir dreimal erklärt werden muss und der im Endeffekt dazu führt, dass der

Schlamm durch Zugabe von Ablaufwasser mit eingepresster Luft (»wie der Sprudel in einer Wasserflasche«) durch kleine, am Schlamm angelagerte Luftperlen leichter wird und an die Oberfläche wabert. Der dicke, von der Oberfläche abgeschobene Schlamm gelangt über Pumpen in die Rohschlammspeicher und wird von dort in die Faulbehälter befördert, also in jene vier weithin sichtbaren Rieseneier. An deren Spitzen, auf vierzig Meter Höhe, befindet sich ein Aufsatz, der die Behälter miteinander verbindet. Ich muss oft lächeln, weil mir das so erklärt wird, als könnte es gar nicht anders sein, und man mir zutraut, die Zusammenhänge auf Anhieb zu verstehen. Dabei ist jeder Schritt für mich eine Blackbox mit staunenswerten Ergebnissen. Ich finde es faszinierend, wie dieser Schlamm über mehrere Stufen in die Türme gelangt, wo er zwanzig bis dreißig Tage lagert. Die dabei entstehenden Faulgase, die einen Anteil von sechzig Prozent Methan enthalten, werden genutzt (»ausgefault«), um das Blockheizkraftwerk anzutreiben und auf diese Weise Strom zu erzeugen. Die gewonnene Wärme beheizt die Gebäude der Anlage und sorgt dafür, dass sich die Temperatur in den Faulbehältern bei 38 °C hält. Für einen Moment gebe ich mich der Versuchung hin, das Ganze für ein Perpetuum mobile zu halten, denn es braucht »nur« den Schlamm. Dass die Bottroper Rieseneier auch noch zu den größten ihrer Art gehören sollen, nehme ich als Zugabe, aber auch ohne diesen Superlativ bleiben sie spektakulär genug.

Nach Bottrop wird zudem der Schlamm aus dem Klärwerk Emschermündung über 18 Kilometer, vom Klärwerk Duisburg Alte Emscher sogar über 29 Kilometer gepumpt, sodass insgesamt der Klärschlamm, der von ca. 2,5 Millionen Einwohnern verursacht wird, entsorgt werden kann, eine schwer vorstellbare Menge von 1,5 Millionen Kubikmeter pro Jahr.

Die Verarbeitung dieses Klärschlamms erweist sich, wie sollte es anders sein, als eine eigene Wissenschaft. Wenn er aus den Faulbehältern kommt, besteht er zu etwa 2,5 Prozent aus Feststoffen, der Rest ist Wasser. Damit er verbrannt werden kann, muss ihm das Wasser in mehreren Schritten entzogen werden, zunächst durch Membrankammerfilterpressen. Danach besitzt er einen Feststoffanteil von 25 bis 28 Prozent (»feuchter Mutterboden«). Verfolgt man den Weg des Schlamms weiter, so führt dieser über Förderbänder zur weltweit größten Anlage (43.000 Quadratmeter) von solarthermischer Klärschlammtrocknung mit zweiunddreißig Trocknungshallen. Zehn sogenannte Abluftwäscher mit anschließendem Biofilter »entlüften« diese Hallen. Besonders sinnfällig ist der Einsatz »elektrischer Schweine«. Das sind kleine Roboterfahrzeuge, die den Schlamm tatsächlich durchwühlen, die ihn wenden und durchmischen.

Ideal für die Verbrennung wäre ein Verhältnis von fünfzig Prozent Wasser und fünfzig Prozent Feststoffen im Schlamm. Allerdings wird bei diesem Verhältnis der Klärschlamm schmierig und klebrig und erweist sich als ungeeignet, um in die Verbrennungsanlage befördert zu werden. Deshalb gibt es bei der Trocknung zwei Verfahren und somit auch zwei Produkte: Ein Teil weist am Ende 25–28 Prozent Festkörper auf, ein anderer Teil 68–70 Prozent. Unmittelbar vor dem Verbrennen werden beide »Produkte« passend gemischt. Besonders wichtig daran ist, dass es bei dieser seit 2021 angewendeten Methode keinen Zusatz von Kohle braucht. Denn bisher war es immer notwendig, ein Gemisch aus Steinkohle und Braunkohle zuzugeben, was zuvor auch deshalb problematisch war, weil die Steinkohle über den Atlantik herangeholt werden musste, denn 2015 hatte der lokale Lieferant, die in der Nachbarschaft gelegene Zeche Auguste-Viktoria, die Förderung eingestellt. Danach wurde die Steinkohle in Kolumbien gekauft, in Lüttich wurde sie auf eine Größe von weniger als zwei Millimetern gemahlen und nach Bottrop geliefert. Vor Ort fand dann die Vermischung von einem Drittel Braunkohle mit zwei Dritteln Steinkohle statt. Das ist nun Geschichte und damit vielleicht eines der positiven Beispiele, in denen technologischer Fortschritt sowohl vor Ort als auch global gesehen segensreich wirkt.

Nach der Verbrennung fallen jährlich ca. 30.000 Tonnen Asche an, die entsorgt werden müssen, aktuell wird die Asche unter anderem als Bergbauversatz oder als Zuschlagstoff in der Zementindustrie verwendet.

Bis vor einigen Jahren wurde unbelasteter Klärschlamm vom Lippeverband noch als Dünger eingesetzt. Klärschlamm ist eine sogenannte Schadstoffsenke bei der Abwasserreinigung. Gerade der Emscherschlamm ist durch industrielle Einleiter im Einzugsgebiet derart belastet, dass eine Nutzung des getrockneten Schlamms als Düngemittel ausgeschlossen ist.

Interessant ist die behördliche Vorgabe, den im Klärschlamm enthaltenen Phosphor zu nutzen. Dies geschieht über unterschiedliche Verfahren. Da in Bottrop der Schlamm verbrannt wird, kann der Phosphor nur über die Asche zurückgewonnen werden. Hierzu gibt es eine Kooperation mehrerer Wasserverbände, darunter auch der Emschergenossenschaft. Aktuell wird eine Pilotanlage gebaut, die im nächsten Jahr in Betrieb genommen werden soll. Nach Abschluss der Versuche kann dann eine Entscheidung über das am besten geeignete Verfahren erfolgen.

Zurück zum Weg des Wassers. Auf die mechanische und die sich anschließende biologische Reinigung in den Belebungsbecken folgt ein ähnlich großer Bereich, der aus (weniger tiefen) Nachklärbecken besteht, in denen Bakterienschlamm und gereinigtes Abwasser getrennt werden. An diese schließt sich endlich die Abflussrinne an, durch die das gereinigte Wasser in die Emscher fließt und von da in den Rhein, der bekanntlich bei Rotterdam in die Nordsee mündet. Von da ist's nicht mehr weit in den Atlantik …

Allerdings, mahnt Manfred Rüter, besteht die Emscher heute immer noch aus achtzig Prozent gereinigtem Abwasser. Das ist keineswegs Trinkwasser und auch kein Freizeitgewässer. Zum Baden ist es noch immer ungeeignet, weiterhin gibt es Viren und Krankheitserreger darin. Der Ablauf der Kläranlage Bottrop ist »gewässerprägend« (ein Wort, das ich mir merken will), deshalb wurde mit der Planung einer vierten Reinigungsstufe begonnen, um der Vorgabe nachzukommen, gezielt gefährliche Stoffe, beispielsweise Medikamentenrückstände, zu reduzieren.

Und es gibt noch einen weiteren Einwand, der Manfred Rüter nicht unbekannt ist. Mich schockte vor fünfzehn Jahren ein Abwasserwissenschaftler der TU Hamburg-Harburg mit dem Satz, dass unser WC ein zivilisatorischer Irrweg sei. Ich machte große Augen, hielt ich doch das WC für einen Gipfel unserer Zivilisation. Sein Argument war verständlich: Wir können es uns nicht leisten, unsere Nährstoffe zu verbrennen. Phosphat ist ein sehr endlicher Rohstoff, auch wenn in Norwegen wieder große Mengen entdeckt wurden. Brauchen wir womöglich einen ganz anderen Ansatz, um die organischen Abfallprodukte zu bewahren? Ist jene Pilotanlage, die das Phosphat aus der

Asche des verbrannten Klärschlamms wiedergewinnt, eine Alternative?

Obwohl meine Gastgeber keinerlei Ungeduld erkennen lassen, wachsen in mir allmählich die Skrupel, ihnen durch immer neue Fragen den Feierabend zu rauben.

Eine weitere Erkenntnis meines Besuches entsteht eher beiläufig und aus Nebenbemerkungen von Manfred Rüter und Eberhard Holtmeier: Die Deiche an der Emscher sind teilweise höher als die an der Nordsee. Das Wasser der Nebenflüsse müsse in die Emscher hinaufgepumpt werden. Wie das? Das gesamte Ruhrgebiet senkt sich ab. Die Landschaft sei zwischen zehn und zwanzig Metern abgesackt, 840 Quadratkilometer müssen entwässert werden, ein Drittel des Ruhrgebiets sei sogenanntes Poldergebiet. Plötzlich glaube ich zu begreifen, was für ein hochkompliziertes menschengemachtes Gebilde die Landschaft des Ruhrgebiets darstellt: die Kohle- und Erzgruben, die Wassergewinnung, Speicherung und Regulierung der Ruhr, die Halden, das gigantische Abwassersystem samt seinen Kläranlagen an und unter der Emscher, diesem Flüsschen, dessen wiedergewonnenes klares Wasser mir kostbarer als Gold erscheint und dessen Mündung in den Rhein nun abermals verschoben worden ist. Alles ist hier, wo 2546 Einwohner pro Quadratkilometer leben, in Bewegung. Über 150 Jahre hat sich das Ruhrgebiet verausgabt, hat produziert und geliefert: Schienen, Schiffsschrauben, Kanonen, Steinkohle und und und … Zurückgeblieben ist die wohl künstlichste Landschaft Deutschlands, wahrscheinlich Europas. Auch an Menschen wie den beiden, die sich mir zuliebe den Nachmittag um die Ohren schlagen, liegt es, dieses hochkomplexe Gebilde zu steuern und am Laufen zu halten, es lebenswert und lebenswerter zu machen. Wer früher das Pech hatte, dass sein

Zechenhaus nahe der Emscher stand, hat heute das Glück, an einer Fluss- oder Flüsschenlandschaft zu leben, in die Fauna und Flora zurückkehren. Im Gefieder der Vögel gelangen die Fischeier in die Emscher und ihre Nebenflüsse.

Nach gut zwei Stunden endet mein Crash-Kurs. Eberhard Holtmeier bietet mir an, mich im Auto nach Essen zu fahren. Es hat wieder zu regnen begonnen, trotzdem drehen wir im Wagen noch eine Runde über das weitläufige Areal der Kläranlage mit seinen vielen Klärbecken. Und nun werde ich auch noch mit einem Schlussbild beschenkt: Denn selbst aus dem Auto heraus ist zu sehen, ab welchem Becken das Wasser wieder seinen Namen verdient oder, anders gesagt, wo aus Abwasser wieder Wasser geworden ist. Auf den drei letzten Nachklärbecken schwimmen Möwen.

Wir fahren am Pförtner vorbei, der uns zuwinkt. Viel Abwechslung gibt es vor seinem Fenster nicht. Für einen Moment sehe ich die Kläranlage im Rückspiegel. Sie erscheint mir jetzt wie ein gigantischer selbständiger Organismus. Wenn später auch noch Manfred Rüter die Kläranlage verlassen haben wird, kann sie endlich vollkommen allein und ungestört vor sich hin arbeiten, das Abwasser der Menschen und ihrer Fabriken reinigen und überhaupt alles in ihrer Macht Stehende tun, um das fragile Gleichgewicht des Ruhrgebiets zu erhalten.

Eigentlich liegt es in der »Natur der Sache«, dass die Wiedergeburt eines Flusses (Flüsschens) auch Künstler und Dichter auf den Plan ruft. »42 Ansichten zu Warten auf den Fluss« heißt ein schmaler, sehr schön gestalteter Band von Barbara Köhler, der 2017 in der Edition Korrespondenzen in Wien erschienen ist. Geboren wurde Barbara Köhler am 11. April 1959 in Burgstädt (nördlich von Chemnitz), sie starb am 8. Januar 2021 in Mülheim an der Ruhr. Seit den neunziger Jahren hatte sie in Duisburg gelebt.

Die »42 Ansichten zu Warten auf den Fluss« entstanden im Sommer 2016 in Castrop-Rauxel. Den 44 Neunzeilern ist eine Vorbemerkung vorangestellt. »WARTEN AUF DEN FLUSS heißt die Skulptur der Rotterdamer Künstlergruppe OBSERVATORIUM. Sie entstand für die Emscherkunst-Triennale, die 2010 erstmals stattfand und seither die Umgestaltung der Emscher vom offenen Abwassergerinne des nördlichen Ruhrgebiets zu einem wieder einigermaßen ›naturnahen‹ Fluss begleiten und deuten soll. Die Skulptur besteht aus einer Art Brücke, die überwölbt wird von drei Pavillons, in denen man Zimmer mieten kann.«

Als Adam und Eva aus dem Paradies vertrieben worden waren und Adam im Schweiße seines Angesichts die Erde bestellte und Eva unter Qualen Kinder gebar, war es auch an ihnen, Fauna und Flora Namen zu geben. Und was wären die Dinge ohne Namen? Natürlich lässt sich die Renaturierung der Emscher in der Fachsprache der Technologen und Abwasserwirtschaftler beschreiben wie auch allgemeinverständlich in einem Dokumentarfilm. Die Literatur, die Dichtung, ganz gleich, welcher Sprache und welchen Stils sie sich bedient, stiftet etwas, das sich anders nicht ausdrücken lässt als eben in ihr. Die »42 Ansichten« können nicht referiert oder zusammengefasst werden, auch wenn Barbara Köhler über weite Strecken eine nüchterne, technische Details keineswegs aussparende Sprache verwendet. Literarische Texte zeichnen sich generell dadurch aus, dass sie die Sprache, mit der sie umgehen und die sie gebrauchen, regelrecht »umgraben«. So wie man ein Beet umgräbt, um die Bodenqualität zu verbessern, lässt sich auch Sprache behandeln, um brachliegende oder unentdeckte Bedeutungen aufzuspüren. Und vielleicht können diese Bedeutungen auch erst jetzt, in einer bestimmten historischen Situation und nur von einer bestimmten Schriftstellerin oder einem bestimmten Schriftsteller dank der jeweiligen persönlichen Erfahrungen artikuliert werden. Bei den »42 Ansichten« stellt sich bei mir nicht nur der Eindruck des »Umgrabens« der deutschen Sprache ein. Vielmehr glaube ich, beim Lesen Zeuge eines Zusammenfließens, eines Vermischens, einer Osmose der niederländischen, französischen und deutschen Sprache zu werden. Doch schon allein im Deutschen ist der Titel vieldeutig. Warten als Verb und Warten als Plural von »die Warte«. Es ist Ansichtssache, abhängig von der Beziehung und dem Kontext, welche Bedeutung das Wort annimmt.

Diese »42 Ansichten zu Warten auf den Fluss« benutzen die bereits geleistete künstlerische Arbeit von »Observatorium« und setzen sie auf eigene Weise fort. Das »Umgraben« der Sprache, um die Wörter von mehreren Seiten untersuchen und befragen zu können, wie auch der Gebrauch von Versatzstücken anderer Sprachen, hat seine Entsprechung in den Schächten und Halden, in der Verlegung von Flüssen und Kanälen.

Wie ungenügend, dachte ich, als ich das schmale Buch nochmals las, ist doch alles Nicht-Literarische. Vielleicht ist es wenig sinnvoll, ein einzelnes Gedicht herauszulösen, weil sie so unterschiedlich sind, weil eines auf das andere verweist, weshalb ich empfehle, das Buch von vorn nach hinten zu lesen, denn auf dieser Wegstrecke reichern sich die Wörter an und werden zu Worten. Nun also von Seite 47 den 22. Neunzeiler von 44:

An der Emscher hat man gelebt mit dem, was man machte – mit dem
Dreck, dem Gestank, vom Steinkohlenabbau, mit lauter Abwörtern:
mit Abraum, Abwasser, Abgasen, Abfällen der Produktion, von der
anderswo nur die Produkte ankamen, hat gelebt mit der Wahrheit,
dem Unverborgenen, an den Abseiten des Aufschwungs. Und man war
stolz deswegen und darauf, man machte sich die Hände schmutzig,
wo das Gold schwarz war und greifbar. Nicht zu begreifen jedoch
war, als das nicht mehr gelten und nur Arbeitsplatzabbau übrig-
bleiben sollte, Abwickeln, Abfindungen und der stinkende Fluss.

Wenige Zeilen beschreiben die gängige Ökonomie, eine »Produktion, von der/anderswo nur die Produkte ankamen, hat gelebt mit der Wahrheit,/dem Unverborgenen«.

Der »stinkende Fluss«, der zurückblieb, ist nun wieder ein helles Flüsschen – eine Herkulestat des Gemeinwesens, ein Segen, ein Glück.

Dass die heimische Steinkohlenförderung Ende 2018 endgültig beendet wurde, bedeutet nicht, dass wir keine Steinkohle mehr brauchen. Etwa die Hälfte der importierten Steinkohle lieferte Russland. 2023 kommen die Importe vor allem aus den USA, dahinter folgen fast gleichauf Australien und Kolumbien, aus Russland werden nur noch geringe Mengen importiert. Während eine

Tonne Steinkohle aus Australien knapp 294 Euro kostet und die aus den USA knapp 250, gibt es die Steinkohle aus Kolumbien für 163 Euro pro Tonne, was auch am geringeren Heizwert liegt, vor allem aber an den niedrigen Löhnen, den schlechten Arbeitsbedingungen und den offensichtlich mangelhaften Umweltauflagen. Etwa drei Millionen Tonnen wird Deutschland 2023 aus Kolumbien importieren. Daran beteiligt sind Energieunternehmen wie EnBW, Uniper, RWE und Steag. Auch deutsche Banken und Versicherungen sind mit Anleihen, Aktien, Krediten und Garantien für den Bergbaukonzern Glencore an dem lukrativen Kohlegeschäft beteiligt (Quelle: Deutsche Welle, 27.11.2023). In der Mitgliederzeitung »public« der Gewerkschaft verdi, Ausgabe 03/2023, befasst sich ein Artikel vom 4. Mai 2023 unter der Überschrift »Blutige Kohle für Deutschland« mit dem Steinkohlenabbau in El Cerrejón, der größten Mine Lateinamerikas. »Hatte der Kohleabbau in El Cerrejón vor dem Ukrainekrieg stetig abgenommen, hat die Mine ihre Fördermenge 2022 im Vergleich zum Vorjahr fast verdoppelt. Verantwortlich dafür ist auch die gestiegene Nachfrage aus Europa«, heißt es in dem Artikel von Sebastian Sele. Der Monatslohn für die Arbeiter liegt bei hundert Dollar. Die Länder, die Kohle aus El Cerrejón importieren, nennt ein Gewerkschafter »Heuchler«. »Der Krieg in der Ukraine habe Europa vergessen lassen, wie die Unternehmen hier ihre Kohle herstellen.« Während die Mine zwischen zehn und dreißig Millionen Liter Wasser pro Tag verbraucht, haben 96 Prozent, also fast alle Angehörigen der indigenen Wayuu nur ungenügenden Zugang zu sauberem Trinkwasser.

Die Bäche und Flüsse haben für die Wayuu nicht allein eine nützliche Seite, sie glauben, »dass das Wasser der

Bäche ihres Territoriums beseelt ist, dass es ihnen Kraft gibt und sie beschützt«. Solche Vorstellungen waren auch unseren Vorfahren nicht fremd. Doch bedarf es keineswegs metaphysischer Überzeugungen für die Imagination, dass irgendwann alle Bäche und Flüsse einander in dem einen oder anderen Ozean begegnen werden, um sich miteinander zu vermischen. Insofern erinnert die Emscher auch daran, wie viele andere Flüsse und Flüsschen auf dieser Welt darauf warten, gewartet und wiedergeboren zu werden.

Jugenderinnerungen eines älteren Stadtschreibers

Wilhelm von Kügelgen in Kettwig an der Ruhr

Im Nachhinein könnte ich behaupten, eine Ahnung gehabt zu haben, auch wenn ich mir meine Vorfreude auf den Abend in Kettwig nicht recht erklären konnte. Wahrscheinlich war das schlechte Wetter daran schuld. Die Sonnenstunden im neuen Jahr konnte ich an zwei Händen abzählen. Ich dachte wohl, ich würde nicht nur einen anderen Ort besuchen, sondern entkäme auch in eine andere Jahreszeit. Denn Kettwig war mir als Idyll beschrieben worden, Fachwerkhäuser zwischen Weinbergen (und wenn es keine Weinberge geben sollte, dann eben grüne Hänge, schöne Laubbäume überall), Ausflugsgesellschaften in Pferdekutschen, die vor Biergärten am Ufer der Ruhr hielten, immer war da blühendes Frühjahr oder Hochsommer. Oder sollte ein Mix von Musik und einer Lesung aus Wilhelm von Kügelgens »Jugenderinnerungen eines alten Mannes«, organisiert von Liebhabern, wirklich diese Vorfreude geweckt haben (»Kügelgen als ›hermeneutischer Anker‹ zum Verständnis der Goethezeit«, hieß es auf dem Flyer)?

Wilhelm von Kügelgen (1802–1867) war wie sein berühmter Vater Gerhard von Kügelgen (1772–1820) Maler, vor allem Porträtmaler. Seine eigentliche Bedeutung aber erlangte er durch seine Jugenderinnerungen, die erst nach seinem Tod erschienen und zu einer der meistgelesenen Autobiografien der zweiten Jahrhunderthälfte avancierten.

Peter Marx, den Spiritus Rector der »Kettwiger Literaturcouch«, hatte ich Mitte Januar bei meiner Lesung in der »Insel der Bücher« in Essen-Frohnhausen kennengelernt, zu der er mit dem Autor Jörg Potthaus gekommen war. Neben einer Werbeagentur leitet Peter Marx den von ihm gegründeten »Hummelshain Verlag«.

Es geschah naheliegenderweise dann tatsächlich auch das, was auf dem Flyer angekündigt worden war. Die Veranstaltung war so unterhaltsam wie lehrreich und witzig. Für mich aber hielt dieser Abend noch ganz andere »Jugenderinnerungen« parat.

Nach einem frühen Abendessen kamen wir (Thekla, Baumis Frau, chauffierte netterweise die »trinkenden« Männer) im Dunkeln in Kettwig an, immer noch war es kalt und regnete, von Fachwerkhäusern keine Spur. Als wir eine Parklücke gefunden hatten, lauerte eine riesige Pfütze vor der Tür des Beifahrersitzes. Rund um den »Alten Bahnhof« war das Gedränge groß. Zum Glück lief ich am Nebeneingang Peter Marx in die Arme, der uns drei nicht nur hineinbugsierte, sondern sogar noch die letzten drei Plätze für uns im Angebot hatte. Der Raum war karg, es sei denn, man schaute hinauf in den offenen Dachstuhl, zwischen dessen Balken ornamentale Schnitzereien die Konstruktion verzierten und von den Raumteilern ablenkten, vor denen die kleine Bühne aufgebaut war.

Als dann aber Peter Marx im schwarzen Anzug, mit weißem Hemd und schwarzer Fliege die kleine Bühne betrat, glaubte ich ihn schon steppen zu sehen, so überzeugend verkörperte er den Entertainer. Seine Begrüßung evozierte eher Las Vegas als Kettwig. Und dann wurde Schuberts »Lindenbaum« aus der »Winterreise« zu Gehör gebracht, darauf folgte ein Exkurs über Wilhelm von Kügelgen und Friedrich Adolf Krummacher. Letzterer war Kügelgens Schwiegervater, Pfarrer in Kettwig von 1807 bis 1812 und mit seinen »Parabeln«, wie ich nun erstaunt lernte, zu seiner Zeit ein deutschlandweit bekannter Schriftsteller. Eines von Krummachers Gedichten, »Die Nacht«, hat sogar Schubert vertont (das hörten wir etwas später), zudem fanden etliche Choräle nach Krummachers Texten Eingang ins evangelische Gesangbuch.

Wir bekamen Schemata (»Die Kügelgen-Blume«) projiziert und es wurde uns erklärt, auf welch vielfältige Art und Weise mit Kügelgens »Jugenderinnerungen« die Goethezeit gewissermaßen aus der Sicht eines Kindes, eines Jugendlichen oder einer Familie besichtigt, ja erlebt werden kann. Der Großteil der projizierten Gemälde stammte von Wilhelms Vater Gerhard von Kügelgen, der nicht nur Goethe, Schiller, Hermann Fürst Pückler oder die Familie von Zar Paul I. porträtiert hatte, sondern auch immer wieder die eigene Familie.

So sehr Peter Marx das bescheidene Rampenlicht genoss, so sehr ironisierte er zugleich sich selbst in demselben, lächelte, grinste, lachte und erschuf wie nebenbei kommentierend und rezitierend einen Raum, aus dem jener Wilhelm von Kügelgen hervortrat. Mit eben diesen »Jugenderinnerungen eines alten Mannes« hat uns Kügelgen etwas vermacht, das uns nicht nur in die Zeit vor zweihundert Jahren blicken lässt, sondern auch heute noch unmittelbar zu uns spricht. Das wurde mir schon nach der ersten Lesung klar. Dabei beschränkt sich Kügelgen, wie im Titel avisiert, auf die Zeit von seiner Geburt 1802 bis zur Ermordung seines Vaters 1820 in Dresden, als dieser von seinem Weinberg in Loschwitz zurück in die Neustadt aufbrach und von einem Soldaten, der hoffte, dank der Habseligkeiten des Unglücklichen seine Spielschulden begleichen zu können, erschlagen wurde.

Auf jene knapp zwanzig Jahre zu Beginn des 19. Jahrhunderts erheben überraschend viele und unterschiedliche Epochennamen Anspruch. Sie können als Romantik wie auch als Goethezeit bezeichnet werden, sie gehören zum Napoleonischen Zeitalter und zur Zeit der Restauration und des beginnenden Biedermeier; es ist die Zeit von E.T.A. Hoffmann, Heinrich von Kleist, Beethoven, Schubert und Caspar David Friedrich, Letzterer ein Freund von Vater Kügelgen, wie es auch Goethe gewesen ist, dessen Besuch bei den Kügelgens und dessen Verfolgung durch eine Dame, der offenbar nur ein einziges Wort zu Gebote stand, nämlich »Goethe!«, Peter Marx im Repertoire hatte.

Schon nach den ersten Minuten kam ich mir vor wie ein vermögender Privatier, der einen Professor samt einem Kammerensemble engagiert hat, um etwas von dem versäumten Literatur- und Kunststudium nachzuholen, bevor man eine Reise nach Dresden oder wohin auch immer antritt. Am liebsten hätte ich mitgeschrieben.

Ich genoss es, wie sich die Ansichten einer Zeit verlebendigten und aus über zweihundert Jahren etwas durchzudringen schien, das uns heute noch angeht. Bei einem Schubert braucht das keine Begründung. Was mich aber überraschte, war der literarische Stil Kügelgens, die Genauigkeit und Bildhaftigkeit, diese warmherzige Uneitelkeit, mit der er schreibt und Szene an Szene reiht und die es, wie ich bald darauf selbst herausfinden sollte, einem schwer machen, das Buch wieder aus der Hand zu legen. Zudem muss ich bekennen, dass es als Dresdner eigentlich kaum möglich gewesen ist, Kügelgen nicht zu lesen, so wie man Erich Kästners »Als ich ein kleiner Junge war« nicht nicht lesen konnte. In Kettwig sitzend und dem Wechsel von Gesang, Klaviertrio, Rezitation, Kommentaren und Bildern folgend, schien ich selbst wieder zu jenem Jugendlichen zu werden, der, angeregt von vielen anderen, begonnen hatte, »sein« Dresden zu entdecken. Dieses Interesse am sächsischen Dresden suchte nach anderen Anknüpfungspunkten, als sie damals gemeinhin geboten wurden, und erprobte sich in einer Geselligkeit jenseits des Offiziellen. Sollte ich, da es schon niemand mehr von mir erwartete, dank Kügelgen mit jahrzehntelanger Verspätung doch noch ein richtiger Dresdner werden?

Als ich das Kügelgen-Haus projiziert vor mir sah und Peter Marx die Schrift unter dem Dachfirst »AN GOTTES SEGEN IST ALLES GELEGEN« zitierte, kam mir wieder ein Treffen in den Sinn, das offenbar schon jahrelang von meinem Gedächtnis nicht mehr aktiviert worden war. Eigentlich waren es sogar zwei Begegnungen: Ende 1979 oder Anfang 1980 suchte ich, die Durchschläge meiner ersten »Gedichte« in einer Mappe, das Kügelgen-Haus auf, das neben drei anderen alten Gebäuden saniert worden war (was für Dresden eine Sensation bedeutete!) und das in der erst im September 1979 neu eröffneten »Straße der Befreiung« lag, einer breiten Fußgängerzone, die von damals neuartigen Plattenbauten (fünf Stockwerke über den Geschäften oder Restaurants im Erdgeschoss) gerahmt wurde und vom »Platz der Einheit« (gemeint war die Arbeitereinheit, heute wieder Albertplatz) auf den »Goldenen Reiter« zuführte und den Blick weiter über die Augustusbrücke (damals Dimitroff-Brücke) auf das andere Ufer zum Georgentor und der Hofkirche lenkte. Selbst ich, der Siebzehnjährige, konnte mich noch daran erinnern, wie ich hier in Begleitung der Großmutter mit der Straßenbahn entlanggezuckelt war.

An einem Nachmittag hielt im Kügelgen-Haus ein Spezialist für jugendliche Lyrik, Hannes Würtz, eine mobile »Poetensprechstunde« ab. Der Name verdankte sich seiner Rubrik in der Tageszeitung »Junge Welt«, in der Würtz damals alle zwei Wochen das Gedicht eines jungen Poeten oder einer jungen Poetin veröffentlichte und kommentierte. Wie ich davon erfahren hatte, weiß ich nicht mehr. Ich betrat den kleinen Saal in der ersten Etage, wo bereits ein von mir bewunderter älterer »Kollege« saß, Tobias Wellemeyer, der später mit dem Schreiben aufhören und sich dem Theater zuwenden sollte. Ich kannte ihn und seine Gedichte von einem literarischen Wettbewerb und hielt sie für genial. »Hast du Arbeiten dabei?«, fragte er, nachdem ich zu erkennen gegeben hatte, aus demselben Grund wie er hier zu sein. Ich reichte ihm meine Mappe, in der ein paar meiner »Gedichte« auf Durchschlagpapier lagen – auf der Schreibmaschine spannte ich immer drei oder vier dieser dünnen, fast transparenten Bögen ein, dazwischen jeweils ein Blaupapier, und hämmerte mit ganzer Kraft auf die Tasten. Das letzte Exemplar war für Fremde kaum noch zu entziffern, so diffus blühten da die Buchstaben, wie Tinte auf nassem Papier. Ich fand die Schreibmaschinenschrift auf dem Durchschlagpapier immer sehr viel eindrucksvoller als das »Original«, diese Blätter hatten am ehesten die Anmutung von dem, was Wellemeyer gerade »Arbeiten« genannt hatte. Für mich war es ein unbekanntes, beinah erhebendes Gefühl, als jemand angesprochen zu werden, dem mit einer gewissen Selbstverständlichkeit »Arbeiten« abverlangt wurden. Offenbar hielt der bewunderte Kollege meine »Arbeiten« eines langsamen Nickens für würdig. Er sprach wohlwollend und zugleich mahnte er genaue Beobachtung und klare Beschreibungen an. An die Audienz bei Hannes

Würtz in einem Zimmer hinter der Bühne erinnere ich mich kaum noch, nur dass er mich anfangs mit einem meiner jungen Kollegen verwechselte und deshalb mit den Worten begrüßte: »Ach, Sie sind der berühmte …«. Hannes Würtz trug eine Brille mit starken Gläsern. Lächelte er, schien er zu blinzeln. Er nahm mir meine »Gedichte« ab, und ich schrieb ihm meinen Namen und die Adresse auf.

Wie es danach weiterging, weiß ich nicht mehr. Hannes Würtz hatte uns ein paar Empfehlungen gegeben. In der Prosa war er ein Bewunderer von Erwin Strittmatter, in der Lyrik hielt er Erich Arendt für die bedeutendste Stimme im Land, er empfahl uns Arendt nachdrücklich. Beide lebten damals noch. Ich bejahte die Frage, Arendt zu kennen, mit gutem Gewissen, verwechselte ihn allerdings mit Erwin Arndt, dem Verfasser einer Verslehre, durch die ich mich gerade kämpfte. Überraschenderweise fand ich in den folgenden Tagen zwei Bände der Insel-Bücherei Leipzig von Erich Arendt und entdeckte später antiquarisch Arendts Band »Säule, Kubus, Gesicht. Bauen und Gestalten auf Mittelmeerinseln«, der im Verlag der Kunst Dresden mit schönen Schwarz-Weiß-Fotografien erschienen war.

Ich begeisterte mich gerade für Georg Heym und Georg Trakl und die frühen Celan-Gedichte, Arendts lange Gedichte, die die Verszeile oft schon nach zwei oder drei Worten brechen, faszinierten mich und machten mich ratlos. Ich hoffte, sie eines Tages verstehen zu können, wenn ich endlich das Geheimnis der Dichtung entschlüsselt haben würde.

Ein oder zwei Wochen nach meinem Besuch im Kügelgen-Haus erhielt ich einen mit der Schreibmaschine getippten Brief von Hannes Würtz: Ich hätte in letzter Sekunde noch den Zug erreicht und vier meiner Gedichte würden in der Anthologie »Offene Fenster 7 – Gedichte junger Leute« veröffentlicht werden. Es fällt mir schwer, die Wirkung des Wortes »veröffentlicht« auf den Schüler der elften Klasse der EOS Kreuzschule zu beschreiben. Mir erschien das wie der Beginn eines neuen Lebens. Und ich empfand diese Zusage offenbar auch als Schutz. Oder war mir das einfach nur zu Kopfe gestiegen? Als ich wenig später eines meiner »Gedichte« im Klassenzimmer an die »Wandzeitung« zwackte (jede Klasse hatte eine Wandzeitung, an der wechselnde Themen gestaltet wurden) und erwartungsgemäß dafür zur Rede gestellt wurde, bemerkte ich nach einigem Hin und Her beiläufig: »Aber das wird doch veröffentlicht.«

Der junge Poet fühlte sich durchaus heldenhaft.

Am Ende waren es dann nur zwei meiner »Arbeiten«, die nach langer Wartezeit 1981 im Verlag Neues Leben erschienen. Nicht dass ich mich nach anderthalb Jahren meiner lyrischen Werke geschämt hätte, aber ich versuchte, anderes und anders zu schreiben. Doch so sehr ich mich mühte, es wollte mir nicht gelingen.

Schreibe ich gerade Jugenderinnerungen eines alten Mannes? Kügelgen hätte mich mit meinen sechzig Jahren fraglos zu den Alten gezählt.

Als wäre mir meine Erinnerungsstimmung auf die Stirn geschrieben, schenkte mir während der Pause Jörg Potthaus eine CD von Mikis Theodorakis. Als Student hatte er auf eine Zeitungsannonce »Hilfskräfte gesucht« geantwortet und war so zu einem Job als Roadie für eine Sechs-Städte-Westeuropa-Tournee von Mikis Theodorakis gekommen. »Ich musste Kabel und Mikrofone schleppen. Seit dieser Zeit – darf ich das so pathetisch ausdrücken? – liebe ich diesen Mann und seine Musik und tue das über seinen Tod hinaus.«

Auf der Rückseite der CD in meinen Händen las ich: Mikis Theodorakis, Axion esti, Lobgepriesen sei, Oratorium nach Worten von Odysseas Elytis, Deutsche Nachdichtung Dirk Mandel, dann folgten die Solisten und schließlich: Beethoven-Chor des VEB Elektromaschinenbau Sachsenwerk Dresden, FDJ-Chor der EOS Kreuzschule, Kinderkammerchor der Dresdner Philharmonie. Das Orchester war das der Hochschule für Musik Carl Maria von Weber.

Ich besaß das Oratorium als Doppel-LP von Amiga, die Musik und der Text waren mir vertrauter gewesen als Beethovens Neunte, nur hatte ich es vor über dreißig Jahren zum letzten Mal gehört.

Mein Weg zu Theodorakis begann 1980. In »Neue Leben« habe ich versucht, das Wunder mit dem Schulchor zu beschreiben: Ich, die Vorsing-Lachnummer der Klasse, wurde von unserem Musiklehrer Christian Hauschild, der mich am Flügel so falsch begleitete, wie ich falsch sang, in den Schulchor kooptiert, was ich, wie alle anderen, zuerst für einen Witz hielt. Für mich war das so, als hätte jemand gesagt: Ab morgen bist du der Ersatztorwart von Dynamo Dresden. Sechs Wochen später sang der Beethovenchor gemeinsam mit unserem Schulchor »Ein Deutsches Requiem« von Johannes Brahms, begleitet von der Dresdner Philharmonie. Mit dem Chor ging mir eine Welt auf. Wir sangen mehrmals das Bach'sche Weihnachtsoratorium, das Mozart- und das Verdi-Requiem, Opernchöre – und jeweils zur Eröffnung des neuen Schuljahres ein Lied aus der Frühphase der DDR, immer wieder und penetrant dasselbe: »Breitet leuchtend euch im Blauen, Farben unsrer Republik«. Im Herbst 1980 wurde uns zu Beginn einer Chorprobe ein Mann vorgestellt, der Musikwissenschaftler Peter Zacher, der uns etwas über Mikis Theodorakis erzählen sollte. Ich kann mich nicht mehr erinnern, was er sagte, aber die Art und Weise, wie er sich an uns wandte, war familiär und zugleich sehr bestimmt, fast streng. Wahrscheinlich sprach er von der Aufführung des »Canto General« im Februar desselben Jahres in Berlin. Dass diese ohne ihn, ohne sein Argumentieren und seinen langen Atem nicht stattgefunden hätte, sagte er nicht und auch nicht, dass mit dieser Aufführung das Verbot von Theodorakis-Musik in der DDR beendet worden war, das seit 1970 bestanden hatte.

Mikis Theodorakis, 1925 geboren, hatte sich früh dem Kampf gegen die italienische, dann gegen die deutsche Okkupation angeschlossen, war inhaftiert worden, hatte im griechischen Bürgerkrieg auf der Seite der Linken gekämpft, war abermals inhaftiert und gefoltert worden.

Nicht nur die Filmmusik zu Alexis Sorbas, auch Werke wie »Die Ballade von Mauthausen«, gesungen von Maria Farantouri, machten ihn in den sechziger Jahren international bekannt.

Mit Beginn der Militärdiktatur in Griechenland 1967 wurde er verhaftet und erneut gefoltert. Er hat darüber gesprochen, er kannte den Namen des Folterspezialisten, den man für ihn engagiert hatte. Seine Musik wurde in Griechenland verboten. Damals hatten sich Musiker aus aller Welt, von Harry Belafonte bis Dmitri Schostakowitsch, für ihn eingesetzt, in der DDR hatten Schülerinnen und Schüler, Angela Merkel berichtet davon, Blumen für ihn gemalt und ins Gefängnis geschickt, er war freigekommen und nach Paris ausgereist. In der DDR war eine Platte von ihm erschienen. Der Ostblock hofierte ihn nur kurz. Theodorakis verurteilte den Einmarsch der Warschauer-Vertrags-Staaten in die Tschechoslowakei und trat aus der KP Griechenlands aus.

Breschnew soll ihn 1972 nach Jalta eingeladen und ihm den Posten des Generalsekretärs der griechischen KP angeboten haben; er lehnte ab, was ihn noch am selben Tag sein Hotelzimmer kostete. Selbst seine Rückkehr 1974 nach Athen wurde in der DDR mit Schweigen übergangen.

Jörg Potthaus hat in einem Artikel das Konzert beschrieben, im Netz gibt es einige Aufnahmen davon, in denen Theodorakis selbst singt, obwohl seine Stimme eher wie eine Jedermanns-Stimme klingt. Sieht man ihm zu, weiß man nicht, ob er dabei das Orchester dirigiert oder die Menge im Stadion oder ob es einfach seine Gestik ist, wenn die Musik in ihn fährt. Gibt es einen Künstler, der gleich ihm Musik, Poesie und Widerstand gegen diktatorische Regimes so wirksam zu verbinden und auf die Straße zu tragen vermochte?

In den folgenden Monaten übten wir mit demselben Ernst und mit derselben Präzision wie die Oratorien auch »Die ganze Erde uns«, Lieder nach Texten von Jannis Ritsos. Im Februar 1981, ein Jahr nach der Aufführung des »Canto General« beim 10. Festival des politischen Liedes, kam es beim 11. Festival mit der Solistin Maria Dimitriadi zu einer Aufführung in der Kongresshalle in Berlin. Auf YouTube findet man daraus einen kleinen Audio-Mitschnitt.

Die Musik von Theodorakis führte mich von Jannis Ritsos zu Odysseas Elytis und zu Giorgos Seferis, an deren Popularität und deren Nobelpreisen Theodorakis sicher Anteil hatte, und zu Pablo Neruda, der von Erich Arendt ins Deutsche übertragen worden war. So verschieden diese Dichtungen sind – mit dem, was ich aus Deutschland kannte, hatten sie wenig zu tun. In allen war eine Welt in Bewegung und mit ihr die gesamte Schöpfung.

Durch Peter Zacher, mit dem ich mich angefreundet hatte, wusste ich von den nächsten Plänen: Unser Chor und der

Beethovenchor sollten bei der Uraufführung des Volksoratoriums »Axion esti« (Lobgepriesen sei) von Theodorakis nach Texten von Elytis im Mai 1982 bei den Dresdner Musikfestspielen auftreten. Neben Peter Zacher, der sein Geld damals noch als Übersetzer aus dem Englischen verdiente, war es das Multitalent Asteris Kutulas, der sich für Theodorakis einsetzte. Das Kind griechischer Emigranten war eine oder zwei Klassen über mir an der Kreuzschule gewesen. Er hatte bei der Aufführung des »Canto General« erst als Dolmetscher für Maria Farantouri gearbeitet, dann für Theodorakis, und wurde später zum Herausgeber von dessen Werkverzeichnis wie zu seinem wichtigsten Produzenten.

Die Proben für das Oratorium erlebte ich nicht mehr mit, Anfang November 1981 war ich für achtzehn Monate zum Grundwehrdienst eingerückt. Statt mitzusingen, las ich, was ich an griechischer Lyrik bekommen konnte, vor allem aber die Gedichte und Erinnerungen von Pablo Neruda. Seine Werke standen in der Regimentsbibliothek. Und wundersamerweise gab es dort auch die Amiga-Platte des »Canto General«, die ich mir dank eines desillusionierten Politoffiziers auf dessen Plattenspieler anhören konnte.

Je mehr ich las und hörte, desto unzufriedener und niedergeschlagener wurde ich mit dem, was ich selbst zu schreiben versuchte. »Es war die Dämmerung des Leguans. / Aus regenbogenbunten Zacken / grub sich seine Zunge wie ein Speer ins Laubwerk, / der mönchsgleiche Ameisenbär betrat / den Urwald tänzelnden Fußes …« Ich las von den Anden, den Conquistadoren, von Zapata, und aus dem Hintergrund sang Maria Farantouri. Und ich las Elytis:

»Im ANFANG das Licht / Und die erste Stunde / in der noch die Lippen im Urschlamm / schmecken die Dinge der

Welt / Grünes Blut und golden die Knollen im Erdreich / Wunderbar in seinem Schlaf breitete auch das / Meer / den frischen ätherischen Flor aus / unter Johannisbrot und den hohen Dattelpalmen / Dort lag ich allein / der Welt gegenüber / und weinte.«

Ich kam mir selbst so mickrig vor, nicht nur wegen der grauen Uniform, in der ich steckte. Wir alle waren mickrig, so schien es mir, das ganze Land war mickrig, alles, was ich kannte, war mickrig. Niemals würde sich dieses Land in einem »Canto General«, in solch einem Oratorium besingen und erheben lassen. Und mitten hinein in das Bewusstsein des Neunzehnjährigen von seiner unabänderlichen Verlorenheit kam ein Telegramm, das mir der Politoffizier vorlas: »Mikis Theodorakis wünscht Sie zu sehen. Mit sozialistischem Gruß, Prof. Udo Zimmermann, Nationalpreisträger.« Ich musste wahrscheinlich erklären, was das zu bedeuten hatte. Dass Peter Zacher dahintersteckte, war mir klar. Ich erhielt Sonderurlaub und fuhr im Mai 1982 von Oranienburg nach Dresden, saß im Kulturpalast und hörte das, was ich nicht mitsingen durfte, und erlebte Theodorakis am Pult.

Mit diesen Texten und dieser Musik erstand für mich eine Wirklichkeit, die die Menschen in ihrer Universalität und in ihrer Einzigartigkeit beschwor, als Teil der Natur und als Teil der Gesellschaft, als sterblich und als *zoon politicon*, als Liebende und Mordende. Die Grenzen der jeweils herrschenden politischen und ökonomischen Systeme in Ost wie West ließ sie hinter sich. Dieser Ansatz wirkte damals auf mich utopisch, aber nicht unrealistisch. Was jedoch in unseren Gefilden schnell Gefahr läuft, zu Revolutionsfolklore zu werden (beinah gleichgültig, ob vor oder nach 1989), war bei Theodorakis stets durch sein Leben beglaubigt.

Am Tag darauf gab es im Dresdner Kupferstich-Kabinett eine Aufführung des Mauthausen-Zyklus von Mikis Theodorakis »in Anwesenheit des Komponisten«; Jalda Rebling, die Tochter von Lin Jaldati, sang, begleitet von zwei Gitarristen. Peter Zacher stellte mich dem freundlichen, unprätentiösen Riesen Theodorakis vor und schilderte ihm meine »Befreiung« von der Armee. Ich war, wie immer in den kurzen Urlauben, völlig überdreht, weil ich kaum schlief. Mir kam es damals so vor, als würde sich etwas von der Welt, die Theodorakis verkörperte, in der so viel an Geschichte, an Musik, an Dichtung und an Begegnungen gegenwärtig war, als würde sich etwas davon wie von seiner Offenheit und Freiheit auf uns alle übertragen.

Der Zufall wollte, dass Theodorakis anschließend schnell irgendwohin musste. Und ein Taxi zu bekommen war keine leichte Sache. So schien es naheliegend, dass ich Theodorakis mit dem Wartburg meiner Mutter, auf der Rückbank Peter Zacher und, wenn ich mich nicht täusche, Asteris Kutulas, durch Dresden chauffierte. Danach musste ich schleunigst nach Hause, wo mich meine Mutter kopfschüttelnd empfing, ich wieder die Uniform anzog und sie mich schneller, als ihr lieb war, zum Neustädter Bahnhof fuhr, damit ich noch vor vierundzwanzig Uhr das Kasernentor in Oranienburg erreichte.

Während ich »Im Abendrot« von Franz Schubert lauschte, fand ich es seltsam, so lange nicht mehr an diese Episode gedacht zu haben. Vor allem aber fragte ich mich, warum mir Theodorakis so gründlich abhandengekommen war.

Das Oratorium »Axion esti« endet mit den Zeilen »aber EWIG ist die kleine Welt, die große, die große«.

Dieser Vers ist der einzige des Oratoriums, den ich seither nicht vergessen habe. Die Vorstellung, dass kleine und große Welt zusammengehören, dass es keine Trennung gab und geben kann, hat seither mein Weltbild mitbestimmt. Und wenn das stimmte, dann stimmte es auch in Kettwig.

Auf der Rückfahrt, die Manesse-Ausgabe der Jugenderinnerungen von Kügelgen und die »Axion esti«-CD in Händen, begriff ich allmählich, dass mir in Kettwig an der Ruhr soeben etwas beinah im Wortsinn nachgetragen worden war, das ich vor Jahrzehnten vergessen oder verloren oder einfach nur verlegt hatte. Und dabei hatte niemand im »Alten Bahnhof« von Kettwig wissen können, dass es mir und wie sehr es mir gefehlt hat – nicht einmal ich.

Persönlichkeitsspaltung in Erwartung einer Radiosendung

Studio 9 ab 12.05 Uhr am Schreibtisch

Als ich morgens um fünf aufwache, springt die Aufregung in mir los wie ein Hund, der schon die ganze Zeit darauf gewartet hat, dass ich die Augen öffne. Ich bin auf eine Art und Weise wach, von der ich weiß, dass ich nicht mehr einschlafen werde. Ich zähle die Stunden bis zum Radio-Anruf, die Mittagssendung, die um 12.05 Uhr beginnt und bis dreizehn Uhr geht. Ich verstehe meine Aufregung nicht! Ich bin von mir selbst nicht nur überrascht, sondern befremdet.

Als ich vor einigen Wochen mit dem Redakteur von DLF-Kultur den 6. Februar für die Mittagssendung vereinbarte, hatte ich mich über die Einladung gefreut. Bereits zwei Mal war ich letztes Jahr diese eine Stunde als Gast in der Sendung gewesen, in der man mit den politischen Themen des Tages konfrontiert wird. Natürlich ist es größenwahnsinnig, sich über Tagesaktuelles und noch dazu live äußern zu wollen. Doch in dieser laienhaften Omnipotenz liegt offenbar auch ein spielerischer Reiz. Es ist völlig klar, dass es eine Überforderung ist, deshalb war ich immer gelassen geblieben. Und jetzt? Ich kann mir förmlich dabei zusehen, wie ich in meinem Mülheimer Schreiberdomizil auf der Bettkante sitze, mir übers Haar streiche, eine Geste, die ich noch nie an mir bemerkt habe, und den Aufgeregten gebe. Warum habe ich zugesagt? Und warum habe ich zugesagt, das Interview von meinem Schreibtisch aus zu führen, noch dazu mit dem Handy?

In Berlin wäre ich um zwanzig nach elf zu Hause aufgebrochen, durch den Volkspark zum Gebäude des alten RIAS spaziert, wäre am Eingang abgeholt worden und hätte auf den Fluren womöglich Bekannte getroffen, hätte gefragt, wie es denn so gehe und woran sie oder er gerade arbeite, und wäre das selbst gefragt worden. Im Studio hätte ich schließlich dem Moderator gegenübergestanden, umgeben von einem Senderuniversum und beruhigt von der Nonchalance, mit der hier Livesendungen als das Alleralltäglichste von der Welt angesehen werden. Heute aber bin ich in Mülheim-Broich, in der Hermann-Lickfeld-Straße, und soll über eine App namens Comrex in mein Handy sprechen, das heißt, ich werde gegen zwölf Uhr den Link einer E-Mail öffnen und vier Mal auf das jeweils richtige Feld tippen, um im Studio zu landen und ab 12.05 Uhr dann im »Äther«. In Zeiten von Corona ist das ganz normal gewesen. Was passiert aber, wenn mich ausgerechnet um 12.05 Uhr jemand anruft? Oder der Postbote eine Unterschrift braucht? Oder die Apfel-Kooperative gerade wieder anrückt und unter Sturmklingeln ihre Paradiesfrüchte feilbietet? Ist es das, was mich nervös macht? Während ich noch darüber grüble und dabei bin, mich wieder hinzulegen, sehe ich mich in einer langen Schlafanzughose am Stadtschreiber-Schreibtisch sitzen, mein Gesicht vom Bildschirm erhellt und gebleicht, ein paar Fältchen verraten die Anspannung.

»Was liest du denn?«, frage ich. »Über die Ukraine?«

Er antwortet nicht, nickt dann aber immer deutlicher. »Ukraine«, sagt er schließlich. Er habe zur Vorbereitung in den letzten Tagen schon so viel gelesen und gehört, sage ich, nun sei es wirklich mal genug, er könne sowieso nicht alles loswerden, was er sagen wolle. Und jenes »alles loswerden« sei auch keine gute Haltung. Diesmal reagiert er weder gleich noch später.

»Tapp nicht wieder in die eigene Falle«, mahne ich ihn. Er weiß, was ich meine. Mehr muss ich gar nicht sagen. Die ganze Zeit hört er Radio, Tag für Tag, ach, Stunde um Stunde, und auch zum Frühstück, Mittag, Abendbrot hört er dem Radio zu, lässt alles in sich ein, schüttelt den Kopf, ruft Schimpfworte, flucht, lacht höhnisch, wechselt den Sender, stellt das Radio aus, stellt es wieder an. Und plötzlich soll er selbst die Radiostimme sein, sich aus demselben Radio hören, das die ganze Zeit auf ihn eingeredet hat. Und nun glaubt er – und das meine ich mit Falle –, endlich seinen ganzen Widerspruch, sein vermeintlich ganz anderes und aus verschiedensten Quellen zusammengetragenes Wissen, seine ganz andere Meinung dem Radio ins Gesicht schleudern zu können, nein, aus dem Radio heraus. Das kann nicht gut gehen. Unter keinen Umständen geht das gut.

»Mach dich nicht verrückt«, rufe ich noch einmal, strecke mich aus und wende ihm den Rücken zu. Aber der Schein des Computers fällt auch auf die Wand, auf die ich jetzt schaue. »Statt weiterzulesen, solltest du lieber etwas von dem vergessen, was du gelesen hast!«, sage ich in Richtung Wand.

Er antwortet nicht. Draußen ist das Auto des Nachbarn zu hören, wahrscheinlich der dunkelblaue Opel, alt und groß, aus dem ständig Kindersitze herausgenommen oder wieder hineingepackt werden. Er hat offenbar einen langen Arbeitsweg. Ich stehe auf und gehe im Dunkeln auf die Toilette, als müsste ich die Zeit ausnutzen, in der der Motor läuft und ich auf der Lauer liege, dass das Garagentor zukracht.

»Stör ich dich?«, fragt er vom Schreibtisch aus, als ich mich wieder hingelegt habe. »Ich hab's ganz leise gestellt«, fügt er hinzu. Offenbar hört er wieder die Sendung »kontrovers« vom 30. Januar und tippt Zahlen in den Computer, das hatte er sich jedenfalls für heute früh vorgenommen. In »kontrovers« war es um die Ukraine gegangen, und das einzige Thema, von dem er mit Sicherheit wusste, dass es in der Sendung um 12.05 Uhr besprochen werden würde, war der Ukrainekrieg, wobei die Formulierung »Ukrainekrieg« schon eine Interpretation ist oder zumindest als solche ausgelegt werden kann, denn meistens ist vom »russischen Angriffskrieg gegen die Ukraine« die Rede, was ja stimmt. Warum wird bei den anderen Kriegen nie von Angriffskriegen gesprochen, stattdessen vom Vietnamkrieg, vom Kosovokrieg, vom Krieg in Afghanistan oder in Syrien, vom Irakkrieg? Um neun Uhr wird die Redakteurin anrufen und die anderen Themen durchgeben.

»Pradetto«, ruft er. »August Pradetto. Kennst du den? Emeritierter Professor an der Universität der Bundeswehr.«

»Ich hab das doch alles schon gehört«, antworte ich wieder in Richtung Wand und schlage ein Buch auf. Lesen ist die beste Therapie, um müde zu werden.

Doch er, der eben noch fürchtete, mich zu stören, belehrt mich vom Schreibtisch aus darüber, dass diejenigen, die das Kräfteverhältnis analysieren und die Folgen eines weitergehenden Krieges abzuschätzen versuchen, einen schnellstmöglichen Waffenstillstand anmahnen. Was die Leopard-2-Panzer bewirken, sage Pradetto, ruft er, hänge von der Strategie ab, in die sie eingebunden werden. Wenn sie die Verteidigungsfähigkeit der Ukraine stärken, wenn sie dazu dienen, den Krieg zu einem Patt zu bringen, dann erfüllen diese Panzer ihre Funktion. Die Ukraine besaß ursprünglich mehr als tausend Panzer, der Westen hat mehr als dreitausend gepanzerte Fahrzeuge geschickt, achthundert

Artilleriesysteme, so Pradetto, was aber nicht verhindert hat, dass sich die russischen Streitkräfte festsetzen und punktuell in die Offensive kommen konnten. Wir sollten die hundert oder hundertzwanzig versprochenen Panzer nicht überschätzen. Denn je moderner sie sind, desto anfälliger sind sie auch. Wenn aber die Panzer im Verbund mit Kampfjets, Raketen etc. eingebunden werden – Pradetto drängt darauf, das noch sagen zu dürfen –, also Teil von Offensivaktionen werden, dann komme es zu einer Eskalation, die wir nicht wollen. Pradetto findet die Kampfjet-Diskussion völlig absurd, weil die F16 in fünf Minuten über die besetzten Gebiete hinwegfliegen. Russland habe siebenhundertsiebzig ähnliche Jagdflugzeuge, siebenhundertvierzig Jets für Bodenangriffe, mehr als tausendfünfhundert Hubschrauber und fünfhundert Kampfhubschrauber. Man müsste erklären, was diese Jets anderes bewirken können als eine Eskalation. Die Flugabwehrsysteme befänden sich auf russischem Territorium, das würde bedeuten, dieses zu bombardieren.

Ich sage ihm, dass ich das selbst gehört habe und jetzt nicht weiter damit behelligt werden möchte.

»Der Hauptleidtragende dieses Abnutzungskrieges ist die Ukraine«, fährt er ungerührt fort, als wüsste das nicht jeder. »Millionen sind in den Westen geflohen, aber auch nach Russland und nach Belarus. Die Ukraine, sagt Pradetto, laufe in eine ökonomische, infrastrukturelle und demografische Katastrophe. Jeder neue Tag Krieg ist für dieses Land eine Katastrophe. Wir müssen den Einsatz der westlichen Mittel zu Ende denken. Die Rückgewinnung der Ukraine geht nur, wenn die NATO auf den Plan tritt.« Aber das kommentiere Pradetto gar nicht weiter. Das wäre dann der Weltkrieg.

»Schreibst du mit?«, frage ich und drehe mich um, sodass ich wieder sein gespenstisch bleiches Gesicht sehe. »Willst du wiederholen, was jemand vor einer Woche gesagt hat? Das kannst du selbst gar nicht beurteilen, dafür bist du auch nicht eingeladen, das ist Quatsch, vergiss es. Und wenn dir die Argumente von Claudia Major gar nicht wie Argumente vorkommen, weil sie immer nur wiederholt, die Ukraine müsse gewinnen, ohne zu sagen, was das heißt und wie das passieren soll, ganz zu schweigen von der Frage, wie viele Opfer das kosten würde, dann ist das auch nicht dein Bier. Lass das!«, rufe ich und klappe das Buch, in dem ich keine Zeile gelesen habe, hörbar zu. »Sprich davon, was dich angeht.«

Eine Weile ist es still, bis er sagt: »Zum Krieg gehört immer, dass die Opfer an Soldaten der jeweils eigenen Seite ausgeblendet werden. Bei den Zivilisten ist es umgekehrt, da werden nur die Opferzahlen der eigenen genannt, nicht die der anderen.«

»Das kannst du sagen, ist aber eine Binsenweisheit«, erwidere ich.

»Das ist keine Binsenweisheit«, sagt er und spricht von dem Anrufer, der in der Radiosendung forderte, man solle in Sachen Ukraine dieselbe Logik walten lassen wie bei der Finanzkrise oder bei Corona, und der dann tatsächlich den ehemaligen Chef der Europäischen Zentralbank Draghi zitierte: »Whatever it takes«, als ginge es um Euro und nicht um Menschen.

Es wäre immer noch kein angemessener Ausdruck des Kriegs, sagt er, ohne sich vom Computer abzuwenden, wenn in der Öffentlichkeit täglich die Namen der Getöteten erschienen mit Geburtsdatum und Sterbedatum und einem Foto. Und vielleicht noch mit zwei Sätzen ihrer Eltern oder Frauen bzw. Männer oder Geschwister oder Kinder. Dass in diesem Krieg die meisten Soldaten von Artillerie- oder

Panzergranaten zerfetzt oder versehrt werden, macht sie tatsächlich zu Kanonenfutter.

»Sag doch, was du vermisst«, unterbreche ich ihn vom Bett aus, nämlich die westeuropäische und US-amerikanische Suche nach Vermittlern. Wer über den Krieg spricht, sollte auch eine Idee haben, wie er beendet werden kann. Wer sich dabei für eine Entscheidung auf dem Schlachtfeld ausspricht, sollte bereit sein, sich selbst oder die eigenen Kinder, Geschwister, Enkel, Eltern, Freunde … in den Krieg zu schicken. Und sie oder er sollte sagen, mit wie vielen weiteren Opfern zu rechnen sein wird.

»Das hab ich doch alles schon mal gesagt.«

»Dann mach dir eine Rangliste, was du sagen willst.«

»Ich hab mir ein Zitat bereitgelegt aus SPIEGEL Online vom 24. Januar 2023, aus dem Interview mit Senator Lindsey Graham, 67, der laut SPIEGEL ›einer der einflussreichsten Politiker im US-Kongress‹ ist. ›Der Republikaner aus South Carolina sitzt seit 20 Jahren im Senat und war zuletzt einer der engsten Verbündeten von Donald Trump. Im Gegensatz zu dem ehemaligen Präsidenten hat sich Graham allerdings immer zur NATO bekannt und die Hilfen der US-Regierung für die Ukraine unterstützt. In der vergangenen Woche hat Graham zusammen mit zwei Senatoren der Demokratischen Partei Kiew besucht und dort mit Präsident Wolodymyr Selenskyj gesprochen.‹ Graham: ›[…] Ich glaube, wir haben eine Gelegenheit, wie es sie nur einmal in einer Generation gibt: dem russischen Militär den Rücken zu brechen, ohne amerikanische oder deutsche Soldaten auf das Schlachtfeld zu schicken. Die Ukrainer können die Russen schlagen, wenn wir ihnen Waffen und Geheimdienstinformationen zur Verfügung stellen.‹ Ich werde dieses Zitat auf Platz eins meiner Liste setzen«, sagt er.

Der Zynismus darin war offenbar von dem SPIEGEL-Redakteur René Pfister nicht bemerkt worden, jedenfalls gibt es keine Rückfrage. Die Überschrift des Interviews lautet: »Wir haben die Chance, dem russischen Militär den Rücken zu brechen«.

»Aber es wird am Format der Sendung scheitern, daraus zu zitieren«, sagt er, bevor ich ihm antworten kann. Er klingt plötzlich erschöpft, ja niedergeschlagen. Seine Knie knacken, als er aufsteht.

»Ist dir kalt oder hast du Angst?«, frage ich. Er zuckt mit den Schultern.

»Ich glaube, ich bin zu brav, zu sehr bereit, mich auf den Kontext einzulassen«, sagt er dann.

»Na und? Auch im Kontext findest du Anhaltspunkte.«

Er schüttelt den Kopf. »Ich weiß nicht mal mehr, warum ich das mache.« Und nach einer kurzen Pause fügt er hinzu: »Es erscheint mir so sinnlos. Ich habe nichts zu sagen.«

»World Peace Is None Of Your Business«, erwidere ich, den Song von Morrissey zitierend. »Sprich darüber, wovon du etwas verstehst.«

»Und das wäre?«

»Über unsere Sehnsucht nach Eindeutigkeit. Das kennt doch jeder, auch ich möchte es gern eindeutig haben. Das erleichtert einem alles, es ist nicht so anstrengend. Im Märchen ertragen wir jede Grausamkeit, weil das Gute und das Böse so eindeutig voneinander getrennt sind. Da löst es sogar Jubel aus, wenn mal eine Hexe in den Ofen geschoben wird.«

»Der Angriff Russlands auf die Ukraine besitzt aber diese Eindeutigkeit«, sagt er. »Denn ganz gleich, wie man die Vorgeschichte des Krieges beurteilt, der Angriff ist die Übertretung einer Linie, eine Überschreitung, die nicht hätte passieren dürfen, die nie hätte passieren dürfen! Das ist die Schuld der russischen Regierung, es ist ein Verbrechen, wie jeder Krieg, der begonnen wird.«

»Die Verführung ist jedoch sehr groß«, sage ich, »aus dieser Eindeutigkeit alle anderen Fragen und Konstellationen als ebenso eindeutig abzuleiten. Dann gewinnt alles, was vorher war, auch diese Eindeutigkeit. Alles wird nun zum Telos der Unheilsgeschichte, alles lässt sich in die Unheilsgeschichte so gut einordnen wie in eine Heilsgeschichte, die von der anderen Seite erzählt wird. Und wenn der Fall eintritt, dass es nicht hineinpasst, also etwas dem bösen Telos Entgegenstehendes passiert, dann wird dies als Verstellung und Hinterhältigkeit gesehen und als besonders gefährlich eingestuft, als Propaganda, und passt doppelt gut. Es ist, als würde man die Biografie eines Mörders schreiben, in der alles, was er je gemacht hat, zu dieser Tat hinführt, im Sinne von ›Ich hatte schon immer so ein merkwürdiges Gefühl in seiner Nähe!‹«

Er zuckt mit den Schultern.

»Die Eindeutigkeit«, fahre ich fort, »entbindet uns von der Selbstkritik. Wenn ich versuche, mich mit den Augen des anderen zu betrachten, tue ich das ja vor allem, um herauszufinden, auf welche Reaktionen ich gefasst sein muss, wenn ich dieses oder jenes tue. Ganz gleich, ob ich Verständnis für den anderen habe oder nicht oder dessen Argumente für berechtigt halte oder nicht: Ich muss nach Möglichkeit wissen, auf welche Art und Weise er oder sie aller Wahrscheinlichkeit nach reagiert.«

»Ich weiß, ich weiß«, unterbricht er mich und hebt die Hand, als hätte er genug gehört. »Allein, den anderen zu analysieren nützt nichts, ohne das eigene Verhalten in die Analyse mit einzubeziehen. Das wolltest du doch sicher ergänzen. Oder wolltest du noch sagen, dass selbst bei einem physikalischen Experiment der Beobachter als Teil des Experiments gesehen wird?«

»Ich will dir nur helfen«, sage ich.

Er seufzt abermals und fährt sich durchs Haar, als müsste er Strähnen zurückstreichen, die er gar nicht hat. »Ich mach jetzt Kaffee«, sagt er und geht in die Küche.

Ich erwache dann vom Klingeln seines Handys. Es ist neun, schon kurz danach!

»Wieso nicht über die Ukraine?«, ruft er, sein Handy am Ohr. »Ich möchte aber über die Ukraine sprechen!«

Nachdem er aufgelegt hat, sitzen wir einander am Küchentisch gegenüber. Ihn fröstelt es, obwohl er einen Pullover über sein Hemd gezogen hat. Er sitzt vorgebeugt, die Arme angelegt, die Hände in den Hosentaschen, die Brust an der Tischkante, als hätte man ihn in eine Zwangsjacke gesteckt. »Ich wollte nicht umsonst nervös gewesen sein«, sagt er.

»Und worum geht's?«

»Um den chinesischen Ballon über den USA, um das zehnjährige Jubiläum der AfD, eine Studie über Väter – und außerdem soll ich noch was zur Zahl der Immigranten sagen, am besten am Beispiel des Ruhrgebiets. Und warum die Stimmung in Ostdeutschland auch zum Krieg anders ist.«

»Na prima, gratuliere!«, sage ich. »Da hast du's wieder geschafft. Sitzt tief im Westen und erklärst den Osten, gratuliere!«

»Jetzt mach mich nicht völlig verrückt. Darüber kann man ja reden.«

»Mach einen Ausflug, heute regnet es nicht, geh spazieren, an der Ruhr entlang!«

»Wenn du wüsstest, wie gern ich jetzt einfach verschwinden würde!«

»Tu's doch!«
»Und das Interview?«
»Überlass es mir.«
»Und mein Honorar?«
»Das teilen wir dann.«

Unter dem Staub die Literatur und der Protest

Die Buchhandlung »Weltbühne« in Duisburg-Neudorf

Diesmal habe ich mich als »Stadtschreiber« in der Buchhandlung »Weltbühne« angekündigt und bin von Mülheim-Broich nach Duisburg-Neudorf durch den Wald gegangen, an Eisenbahnschienen entlang und über sie hinweg, an einem Gatter für Wildschweine vorüber, das Handy mit Google Maps in der Hand, denn oft sind es kaum zweihundert oder dreihundert Meter bis zur nächsten Wegkreuzung, an der ich entscheiden muss, in welche Richtung es weitergeht. Nur zum Schluss erstreckt sich der Weg kerzengerade bis hinab zur Fußgängerbrücke über die Autobahn und die ICE-Strecke, dann an schönen zweigeschossigen Häusern oder Villen vorbei, viele Klinkerbauten darunter, deren Bewohner vom unaufhörlichen Rauschen der Autobahn eingehüllt werden und wie in ihre Häuser verbannt scheinen, denn zu sehen ist weit und breit niemand. Ein Trampolin, in dem sich Kinderspielzeug, das Laub vom Vorjahr wie auch eine kleine Rutsche mischen, deuten auf Leben vor dem großen Winterschlaf hin.

Selbst für meinen Kollegenfreund Georg, den Büchernarren, der mir schon Anfang Dezember Duisburg-Neudorf und vor allem die hinter den Villen folgenden Genossenschaftsbauten gezeigt hatte – »Was Besseres, als zu bauen, konnte man in der Inflationszeit gar nicht machen!« –, war die Buchhandlung jenseits der Oststraße offenbar im toten Winkel geblieben, jene eine Querstraße zu weit weg.

Sonst finden sich in der Gneisenaustraße nur vereinzelt Geschäfte, zum Beispiel »Bachschmidt Cigarren Depots«, die Metzgerei Becker »seit über 100 Jahren«, jetzt auch mit Partyservice. Einen »Kreta-Laden« gibt es und ein Plakat mit dem Foto der Schauspielerin Nina Petri, mit der eine Lesung unter dem Titel »Was ist Glück« in der Pfarrei St. Judas Thaddäus angekündigt wird, Eintritt 21 Euro – die Höhe des Eintritts brauche ich nicht weiter zu kommentieren; natürlich kann er gar nicht hoch genug sein, wenn eine Kirchgemeinde sich sagen lassen muss, was Glück bedeutet.

Und dann gibt's eben noch die »Buchhandlung Weltbühne«. »Da ist es schön, da geh'n wir hin«, steht unter dem Titel des hauseigenen Faltblatts. Bevor man die drei Stufen zur Eingangstür hinaufsteigt, steht unübersehbar der Hinweis: »Bitte keine Bücher vor der Tür ablegen!!!« und klein darunter, ich muss einen Fuß auf die erste Stufe setzen und mich vorlehnen: »Bitte behindern Sie nicht unsere Arbeit.« Die beiden horizontalen Metallstreben unter der Klinke, die die große Scheibe der Eingangstür schützen, sind mit Stoffbändern von zehn bis zwanzig Zentimetern Breite umwickelt. Auf manche sind Wörter untereinander gestickt, es sieht ungelenk aus, könnte aber auch Absicht sein. Zwei davon kann ich entziffern: WELTBÜHNE und AUF DASS AUS UTOPIE ALLTAG WERDE.

Weil ich im Laden kein Licht sehe, fürchte ich bereits, dass Helmut Loeven unsere Verabredung vergessen hat.

Es ist alles wie bei meinem ersten Besuch, und doch staune ich diesmal nicht weniger. Die Stapel von Büchern und Zeitschriften wachsen gerade so weit entfernt empor, dass sich die Tür öffnen lässt. Zwei Besucher müssen sich schon abstimmen. Der eine könnte ein paar Schritte nach links gehen, der andere ein paar Schritte nach rechts – oder auf Höhe der Tür vor einem unbegehbaren Buch-Zeitschriften-Mittelgebirge stehen bleiben. Man betrachtet es wohl lieber wie die Landschaft einer Modelleisenbahn, ohne zu wissen, ob der Staub die Elektrik konserviert oder lahmgelegt hat. Links davon drehbare Bücherregale. Die Bücher darin wirken verloren. In den Fächern allerdings, die nur halb gefüllt sind, haben sie sich durch wochen-, monate- oder gar jahrelange Schräglagen verdreht. Vor dem Lesen müssten sie erst einmal wieder gepresst werden. Wer sich entscheidet, nach links zu gehen, zwängt sich zwischen diesen Büchertürmen hindurch zu einem Regal, das die ganze Wand bedeckt und bis unter die Decke mit Büchern gefüllt ist. Allerdings steckt man dort in einer Sackgasse fest, man kann nur den Blick schweifen lassen über die gelben Bände des MÄRZ-Verlags – zusätzlich werden noch zwei eingeschweißte Kassetten mit MÄRZ-Büchern angeboten –, ein Regalbrett ist Rotbuch gewidmet, eines Wagenbachs schwarzen Quartheften, ein Regalbrett Kursbuch, dazwischen verstecken sich einzelne Bände der Inselbücherei, zwei Fächer gehören DVDs, viel Buñuel und Costa Gavras, daneben eine ganze Reihe kubanischer und anderer lateinamerikanischer Filme aus den sechziger und siebziger Jahren, historische Bücher zur BRD, Bücher der Situationspresse und von TRIKONTDUISBURG/DIALOG-EDITION. Vieles, was mich interessieren würde, vieles, was ich gern wüsste, vieles, was ich gern schon gelesen hätte.

Gegenüber der Tür liegen verschiedene Zeitungsstapel, die UZ (Unsere Zeit), die Junge Welt, graswurzelrevolution, ak, konkret, jungle world, express. Es ist schwer zu sagen, ob die Stapel vom Fußboden emporwachsen oder auf Kisten oder anderen Unterbauten lagern. Ich nehme eine Zeitung nach der anderen zur Hand und blättere darin. »Früher wurden die viel gelesen«, sagt eine Stimme vom Schreibtisch aus. »Jetzt schaue ich ab und zu noch mal rein.« Der »Spartakist« in Schwarz-Weiß und A4-Format, das Foto auf der Titelseite zeigt eine Gruppe von Demonstranten mit einem großen Plakat: »Russische und Ukrainische Arbeiter – kehrt die Gewehre um«.

»Die lesen das wahrscheinlich nicht mal selbst«, sagt die Stimme. Zwei oder drei Meter rechts vom Eingang sehe ich über Bücherstapel hinweg zu einem Schreibtisch, an dem ein Mann sitzt, dessen Gesicht sich hinter einem grauen Rauschebart versteckt, eingerahmt von sehr langen grauweißen Haaren. Ich weiß aus dem Faltblatt und dem Netz, dass er Helmut Loeven heißt, Jahrgang 1949.

Während ich mich als derjenige vorstelle, der bei ihm angerufen hat, mustert er mich. Ich habe ihm meinen Roman »Peter Holtz« mitgebracht, ich hatte nur noch den vorrätig, vielleicht passt es sogar besser als »Die rechtschaffenen Mörder«, obwohl in Letzterem ein Antiquar und ein Schriftsteller die Protagonisten sind. Ich rede über »Peter Holtz«, weil mir die Fragen, die ich an mein Gegenüber Helmut Loeven habe, in seiner Gegenwart unpassend vorkommen. Er ist aufgestanden, und als er sagt, dass es interessant klinge, was ich da erzähle, und dass er das Buch lesen werde, und ich mir im selben Moment dämlich vorkomme, ihn in eine Situation gebracht zu haben, in der er glaubt, das sagen zu müssen, wirkt sein Gesicht zwischen Bart und Haupthaar viel jünger.

Soll ich ihn etwa fragen, wie es ist, wenn man »der Letzte seiner Art« ist, wenn man die letzte linke Buchhandlung weit und breit führt? Oder ob er mit diesen Büchern überhaupt überleben kann? Warum er sich noch das Ladenlokal leistet, statt all das im Internet anzubieten, wo es sichtbarer wäre als hier? Muss er das noch machen, weil seine Rente so klein ist? Jetzt, da ich das aufschreibe, bin ich mir unsicher, ob das wirklich meine Fragen sind. Gibt es nichts Wichtigeres, wonach zu erkundigen sich lohnen würde?

Loevens Gastlichkeit besteht darin, sich erhoben zu haben. Und so stehen wir einander vielleicht zwanzig Minuten gegenüber. Später entdecke ich dann noch zwei Klappstühle. Loeven ist ebenfalls bemüht, unser Gespräch in Gang zu halten. Ich schaue auf Bücher von Nautilus, es geht um Sex und Sexarbeiter, davon gibt es eine ganze Reihe. Hinter ihm im Regal findet sich der ganze Brecht. »Das ist mein Lieblingsregal«, sagt er und fährt über die Rücken der kritischen Werkausgabe wie über eine Klaviatur. Darüber dann die Gesamtausgabe von Tucholsky und ein paar Bände über Brecht, vor allem über Brechts Frauen, von Sabine Kebir, auch eine Kennerin der arabischen Welt. Loeven zieht ein Buch heraus, Brechts Lai-tu, Erinnerungen und Notate von Ruth Berlau, herausgegeben von Hans Bunge, der die großen Interviews mit Hanns Eisler geführt hat. Das Buch ist gegen Ende der DDR erschienen. Ganz oben stehen »die Russen«. Auf einem Stapel neben dem kleinen Arbeitstisch fällt mir ein Schuber auf, dessen Bände zusammen ein Palmenblatt ergeben – die Josephus-Tetralogie.

Vor mir liegt »Der Metzger«, Ausgabe 147, sie kostet vier Euro. Als Motto steht rechts über dem Titel: »geschichtsbewußt, zivil, hedonistisch, interfraktionell, sex-positiv«. Unter diesen Stichworten ließen sich auch die vorhandenen Bücher rubrizieren. Das satirische Magazin »Der Metzger« gibt Helmut Loeven seit 1968 heraus, mittlerweile im Kopierverfahren hergestellt, ein Heft für die »Minderheit in der Minderheit«, ein »Zeugnis der hedonistischen Linken«. »Wir hatten mal eine Auflage von zweitausend Exemplaren«, sagt er. »Das Interesse ist da, aber nicht mehr der Vertrieb. Früher haben zwanzig linke Buchhandlungen das Blatt vertrieben, heute nur noch eine.«

»Sie meinen die ›Weltbühne‹?«

Er nickt und lacht. »Die Abonnentenzahl ist gleichgeblieben.« Ich blättre darin und bleibe bei einem zweiseitigen Artikel einer Frau hängen, die über ihre lesbische Beziehung spricht und über ihre Wünsche beim Sex, die oft von den anderen Frauen nicht geteilt oder nur halbherzig erfüllt werden. Sie schreibt nicht vorwurfsvoll, eher traurig darüber, wie schwierig und aufreibend und mitunter demütigend es ist, entsprechende Leidenschaften und ähnliches Begehren zu finden.

Dann sind es zwei Anzeigen, beide je eine halbe Seite groß, die mich verstören. Die eine ist überschrieben: »9.12.2022 – Mumia Abu-Jamal seit 41 Jahren in Haft«. »Ist der immer noch nicht frei?«, frage ich Loeven. Der schüttelt nur den Kopf. Darunter: »Free Mumia Abu-Jamal, Free Julian Assange, Free Leonard Peltier, Free them all«. Jenem Peltier gilt die andere große Anzeige, in der es heißt: »Leonard Peltier, 78-jähriger indigener politischer Gefangener, am 6.2.2023 seit 47 Jahren in Haft. Die UN-Arbeitsgruppe für diskriminierende Inhaftierungen, die Demokratische Partei der USA, frühere an der Verurteilung beteiligte Staatsanwälte und Richter, SenatorInnen und Kongressabgeordnete sowie Millionen Menschen weltweit haben einen Wunsch: Mr. President, lassen Sie Leonard Peltier endlich frei.« Die Anzeige wirkt, als würde sie in dieser Form in jeder Ausgabe stehen und sich an jeden US-Präsidenten der letzten 47 Jahre wenden. Zu Hause muss ich nachsehen, wer Peltier ist: »Leonard Peltier, geboren 1944 in Grand Forks, North Dakota, ist ein indianischer Aktivist des American Indian Movement (AIM) in den USA. Er wurde 1977 trotz umstrittener Beweislage zuerst wegen Mord ersten Grades verurteilt. Nachträglich wurde das Urteil zu zweifach lebenslanger Haft wegen Beihilfe zum

Mord revidiert. Peltier sitzt seitdem in verschiedenen Gefängnissen in den USA ein. Die amerikanische Justiz hat den Schuldspruch mehrfach bestätigt. 2009 fand eine Anhörung der United States Parole Commission statt, wo eine Begnadigung abgelehnt wurde. Die nächste mögliche Anhörung zu einer vorzeitigen Freilassung ist für 2024 vorgesehen, das Haftentlassungsdatum für den 11. Oktober 2040.«

Ist das eine Zukunft, wie sie Julian Assange erwartet? Ich kaufe das Blättchen, als wollte ich dafür sühnen, nicht mehr an Mumia Abu Jamal gedacht zu haben. Hängt die Erinnerung an Inhaftierte wie ihn von Menschen wie Helmut Loeven ab?

Je länger wir sprechen, desto häufiger lacht Helmut Loeven, mal eher in sich hinein, mal ist es ein Auflachen. Er ist alles andere als ein klagender Altlinker, wie ich schon fast mit Selbstverständlichkeit angenommen hatte. Woher meine Schnöseligkeit? Weil es hier so aussieht, wie es aussieht?

Vielleicht hat er Wichtigeres zu tun, als sich ums Staubwischen zu kümmern? Es ließe sich auch so sehen, dass Loeven seinen Schreibtisch, den Schreibtisch eines Redakteurs, Schriftstellers und Aktivisten, in einen Raum verlegt hat, in dem auch Bücher und Zeitschriften verkauft werden. Es ist geradezu die Bedingung seiner Existenz, dass nicht zu oft Kunden kommen.

Helmut Loeven ist der Autor mehrerer sehr unterschiedlicher Bücher, es fehlt kaum eine Gattung, auch Lesungsmitschnitte und DVDs sind dabei. Entweder sind sie im eigenen Verlag oder bei TRIKONT erschienen. Das Loeven vielleicht am meisten entsprechende Medium scheint das Blog zu sein: »Amore e rabbia«. Im Untertitel heißt es: »Das Webblog aus gutem Hause – Notate und Bilder von Helmut Loeven«.

Ich bekomme zwei gelbe Hefte geschenkt, die eigentlich je fünf Euro kosten würden. Helmut Loeven »November« und »Juno«. Der Inhalt ähnelt dem »Metzger«. In einem findet sich der mehrfach in seinen Publikationen auftauchende Rückenakt einer Frau, diesmal in inniger Umarmung mit dem vollständig bekleideten Loeven.

Seine Buchhandlung, seine »Weltbühne«, hat er 1974 gegründet, seit 1986 befindet sie sich in der Gneisenaustraße, Ecke Oststraße. Auf mich wirkt die »Weltbühne«, als könnte ich durch sie in eine vergangene Zeit eintreten. So etwa stelle ich mir eine linke Buchhandlung in den Siebzigern und Achtzigern im Westen vor. Unzeitgemäß ist es allerdings nicht, wenn Flyer ausliegen wie die für den »Ostermarsch Rhein/Ruhr 2023«.

Mitte März komme ich gemeinsam mit Frank Witzel zu Besuch. Ich will wissen, welchen Eindruck die »Buchhandlung Weltbühne« auf jemanden wie ihn macht. Ich brauche ihn gar nicht zu fragen. Er bewegt sich so selbstverständlich vor den Buchregalen, nimmt jedes Hindernis, ohne daran Anstoß zu nehmen oder sich vor Staub zu scheuen, dass ich mir im Vergleich dazu steif und gehemmt vorkomme, wie Elternbesuch in der WG der Kinder, nur dass ich hier der Jüngste bin. Nach kurzer Zeit präsentiert mir Frank seinen ersten Gedichtband von 1978, »Stille Tage in Cliché«, erschienen in der Edition Nautilus. Ob der seit seinem Erscheinen hier auf uns gewartet hat? In einem Katalog würde er als »makelloses Exemplar« angepriesen. Frank offeriert mir noch andere Bände, die er hin und wieder erwähnt hatte, die mir aber nichts oder kaum etwas sagten.

Ich kaufe von Thorwald Proll »Den Taten auf der Spur«, Gedichte & Prollagen; Uli Becker »Meine Fresse!«, Gedichte; Frank Witzel »Tage ohne Ende – Ein Poème Cinématique«; zudem Peter Brückner »Versuch, uns und anderen die Bundesrepublik zu erklären«; Kurt Bartsch »Die Lachmaschine« und Tayfun Demir »Der rastlose Gast – Eine Migrationsbiografie aus Duisburg«; Helmut Loeven »Lies mal ein gutes Buch – Tagebuchnotizen im Dienste der Bedeutung«; Frank Baier »Leben – Kämpfen – Solidarisieren«.

Bei meinem letzten Besuch kaufte ich John Reeds »Zehn Tage, die die Welt erschütterten« über die Oktoberrevolution, eine Reportage, in der Stalin kein einziges Mal vorkommt. Seit ich Peter Weiss' »Die Ästhetik des Widerstands« gelesen habe, nehme ich mir vor, John Reed zu lesen. Ich hätte ihn aus jeder Schul- oder Regimentsbibliothek klauen können, es wäre niemandem aufgefallen. Nach 1989 lag er auf jeder Halde. Jetzt zahle ich achtzehn Euro dafür und finde es richtig. Auch die heutige Rechnung wird nicht billig. Denn wenn Bücher so lange warten müssen, bis sie endlich gekauft werden, gibt es für Rabatte keinen Grund. Während ich noch in meinen Fundstücken blättere und lese, unterhalten sich Frank und Helmut Loeven über Musik.

Kurz bevor wir aufbrechen, fällt mir ein neues Buch auf: »Nichts gelernt?! Konstruktion und Kontinuität des Antiziganismus«, herausgegeben von Katharina Peters und Stefan Vennmann, erschienen in der Situationspresse, also auch bei Loeven.

Von Besuch zu Besuch werden es mehr Bücher, die ich aus der »Weltbühne« trage. Ich weiß nicht, wann ich nach meinem Aufenthalt im Ruhrgebiet wieder hierherkommen werde. Aber ganz gleich, wann es sein wird, die »Weltbühne« wird da sein und viele jener Bücher bewahren und bereithalten, von denen ich gar nicht wusste, dass ich sie gesucht habe.

»Die Bevölkerung ist mein Chef«
Marco Bülow, die SPD in Dortmund und der Kampf im »Lobbyland«

Die Welt der Berufspolitiker – soll ich den Begriff in Anführungsstriche setzen? – ist für mich eine fremde, obwohl sie unsereinen ungleich mehr angeht als alle anderen fremden Welten.

Statt Marco als politischen Menschen zu beschreiben – als einen Sozialdemokraten, der 2002 mit einunddreißig Jahren im Wahlkreis Dortmund I als Direktkandidat in den Bundestag einzieht und erst 2021 wieder ausscheidet, nachdem er 2018 aus der SPD ausgetreten ist –, sollte ich lieber mit dem Satz beginnen: Ich habe Marco nie unfreundlich erlebt. Ob am Telefon oder bei einem Treffen, immer ist da Zugewandtheit in der Stimme oder im Blick, auch Freude und ein Lächeln. Was mich jenseits seiner Argumente überzeugt und anzieht, ist die Offenheit und Freundlichkeit, die er ausstrahlt und die seine politische Entschiedenheit begleitet, als würden diese (vermeintlichen?) Gegensätze einander bedingen. Und zugleich habe ich immer Angst, er könnte Freundlichkeit und Entschiedenheit eines Tages verlieren, er könnte resignieren und aufgeben. Im Vergleich zu Marco kam und komme ich mir politisch regelrecht apathisch vor. Dabei weiß ich, dass solche Vergleiche in die Irre gehen. Ich messe mich ja auch nicht an einem Polizisten oder Landwirt. Andererseits sollte politisches Engagement doch jedermanns Sache sein.

Liegt das Besondere eines Menschen, der sich der Politik verschrieben hat, auch darin, sich einfach nicht entmutigen zu lassen, selbst wenn scheinbar alles umsonst gewesen ist?

Das erste Mal saß ich Marco vor etwa zehn Jahren gegenüber, über einen gemeinsamen Freund hatte er mich eingeladen. Ich weiß nicht mehr genau, ob es schon um die »Plattform PRO« ging oder um eine andere Unternehmung. Sein Anknüpfungspunkt war meine Rede »Unsere schönen neuen Kleider – Gegen eine marktkonforme Demokratie, für demokratiekonforme Märkte« gewesen, denn unser beider Kritikpunkte am Status quo waren grundsätzlicher Natur und ähnelten einander. Nach der Gründung von »Aufstehen« hatten wir einige Monate regelmäßig miteinander zu tun. Ende November 2018 trat Marco nach langem Zögern aus der SPD aus, was nicht nur ich bedauerte. Zudem stellte dieser Schritt auch seine ökonomische Existenz in Frage. Wenn er dann aber erklärte, warum er für sich keinen anderen Weg mehr gesehen hatte, erschien es mir verständlich und nachvollziehbar.

Bei »Aufstehen« habe ich Marco voller Einsatz erlebt, dann immer öfter verärgert, enttäuscht, ja sarkastisch. Sein Kopfschütteln galt der Aufkündigung einfachster Spielregeln der Mitsprache, der Verurteilung zur Wirkungslosigkeit, weil es unmöglich wurde, die Mitglieder zu erreichen. Mitunter half nur noch das Lachen, weil es derart absurd und traurig war, dass Gleichgesinnte sich gegenseitig niedermachten. Ohne dieses Lachen wäre es gar nicht auszuhalten gewesen. Aber zu lachen bedeutet auch oft ein Loslassen.

Marco blieb parteiloser Abgeordneter im Bundestag, damit stand ihm auch eine gewisse Redezeit vor dem Parlament zu. In einem Artikel über ihn ist zu lesen, dass er nun Reden hält, an deren Ende niemand klatscht, denn geklatscht wird nur bei der eigenen Partei oder bestenfalls beim Koalitionspartner. Im Netz fand ich den gegenteiligen

Beleg: Bei seiner Wortmeldung zur Landtagswahl in Thüringen, in der er FDP und CDU scharf angreift, denn sie hätten die Wahl des Kurzzeit-Ministerpräsidenten Kemmerich gutgeheißen, wohl wissend, dass er dies nur von Gnaden der AfD geworden sei, gibt es Beifall auch aus der SPD-Fraktion. 2019 trat Marco in die von Martin Sonneborn gegründete »DIE PARTEI« ein.

Als Marco mich Anfang Februar '23 in Dortmund vom Bahnhof abholt, fahren wir nach Hörde im Südosten der Stadt. Wir haben uns lange nicht gesehen. Und zum ersten Mal treffen wir uns abseits von Politik oder Literatur. Von Dortmund kenne ich bisher außer dem Stadion und dem Fußballmuseum so gut wie nichts. Noch vom Auto aus schlägt mich dann der Anblick der einstigen Hochofenanlage von Phoenix West durch ihre gigantischen Ausmaße und kleinteiligen Strukturen in den Bann. Stundenlang, so kommt es mir vor, könnte ich dieses Ungetüm betrachten und erkunden, bis es mir die Geheimnisse seiner Produktionsabläufe preisgibt. In der Anlage stecken hundertfünfzig Jahre gefährliche, sinnstiftende, die Körper verschleißende Arbeit, unzählige Erfindungen und Technologierevolutionen, viel Wagnis und Unternehmergeist. Wer anfängt, sich mit Phoenix West und Ost zu beschäftigen, stößt auf eine ungeheure Akkumulation von Wissen und Menschen, von Mitteln und Ressourcen. Für mich bleibt es rätselhaft, wie man so etwas erdenken und erschaffen konnte, um Roheisen zu gewinnen. Vor seiner Stilllegung galt Phoenix West als das schnellste Eisenwerk der Welt, nimmt man die Spanne von Abstich zu Abstich als Maßstab.

Ebenfalls unvorstellbar, dass das flüssige Roheisen von Phoenix West auf der Schiene durch den »Feurigen Elias« nach Phoenix Ost transportiert wurde, um dort zu Stahl verarbeitet zu werden. Ich muss Marco fragen, was eine »Bramme« ist und was »Halbzeug« bedeutet. Eine Bramme ist Eisen, das gegossen und dann gewalzt wird, ein langer und breiter Klotz, nicht sehr hoch, eine Art flacher Stahlbarren, aus dem wiederum Bleche und Bänder gefertigt werden und der deshalb Halbzeug genannt wird. Und zwischen den beiden Werken liegt der Stadtteil Hörde. Hörde gehörte nicht zu seinem Wahlkreis. Weder er noch sonst jemand von seiner Familie hat hier gewohnt oder gearbeitet. Es sei eher sein »Hang zur Industriekultur«, der ihn immer wieder zu Phoenix West zieht. Sein Opa habe kurzzeitig unter Tage gearbeitet und war dann Stahlarbeiter bei Hoesch geworden, nicht hier, sondern in der »Rheinischen Straße«. Aber die Nähe zur Emscher, zur renaturierten Emscher, wie Marco betont, verkörpere zusammen mit Phoenix und einigem anderen hier eine Art Ur-Dortmund für ihn. Noch als Erwachsener hat er das alles in Betrieb erlebt. Nach der feindlichen Übernahme von Hoesch durch Krupp und der Fusion von Krupp und Thyssen wurde 1998 Phoenix West stillgelegt, 2001 folgte Phoenix Ost. Das ist im selben Jahr gewesen, in dem Marco im Wahlkreis Dortmund I als Kandidat der SPD für die Bundestagswahl des folgenden Jahres nominiert wurde.

Wir fahren weiter zu Phoenix Ost, das völlig verschwunden ist, eine verwirklichte Utopie, die zur Dystopie hätte werden können und es vielleicht sogar für manche, die früher hier gearbeitet haben, auch wurde. Wo »einst« das Stahlwerk stand, breitet sich heute ein See aus, dessen Ufer zu einem der beliebtesten und zugleich teuersten Wohngebiete weit und breit geworden ist. Wirklich vorstellen kann ich mir nicht, was in einem vorgeht, ja wie es einen verändert, wenn man Jahre oder Jahrzehnte in dem Stahlwerk gearbeitet hat, in diesem Wunderwerk menschlichen Geistes, und dieses dann für immer stillgelegt wird und anschließend, wie im Falle von Phoenix Ost, vollkommen verschwindet und gar nichts mehr daran erinnert – bis auf jenen Metallkoloss am Ufer des Sees, die Thomas-Birne, fremd und unverständlich, ein Relikt aus mythischer Vorzeit, die eben noch Gegenwart war.

Die kastenförmigen Häuser und Gebäude am Ufer des künstlichen Sees sind selbstredend alle neu, in der zweiten Reihe findet sich das eine oder andere sanierte Bauwerk – bis auf ein einziges, das vor sich hin zu rotten scheint, als bestünde seine Aufgabe darin, uns daran zu erinnern, wie vollständig sich in den letzten zwanzig Jahren alles andere verändert hat.

Während wir ein Stück am See entlanggehen und uns dann in ein Café in einer kleinen Fußgängerzone setzen, spricht Marco über den Mitgliederschwund in der SPD, von den Veränderungen, die es in jenem Zeitraum gab, der etwa dem Zeitraum von der Stilllegung der beiden Phoenix-Werke bis heute entspricht. »Ich war Mitte der neunziger Jahre Juso-Vorsitzender von Dortmund, da gab es in der Stadt rund dreitausend Jusos und etwa vierundzwanzigtausend SPD-Mitglieder, organisiert in knapp hundert Ortsvereinen. Jetzt sind es keine sechstausend Mitglieder mehr, eher fünftausend, die Zahl der Ortsvereine ist auf fünfzig oder weniger geschrumpft. Jüngere Mitglieder sind kaum zu finden. Selbst mit Mitte vierzig gehörte ich bei den Versammlungen immer noch zu den Jüngeren.«

Wir fahren zurück zu Phoenix West, wo wir in der »Dortmunder Bergmann Brauerei« einkehren, eine neu gegründete Marke, die ein altes Logo wiederbelebt und »Export«-Bier braut. Ich kannte »Radeberger Export« und muss gestehen, bisher geglaubt zu haben, »Export« bedeute, dass das Bier eben für den Export produziert werde, was im Osten ein naheliegender Gedanke war. Nun lerne ich, dass »Export« ein stärkeres Bier ist als »Pils«, ursprünglich tatsächlich für den Export gebraut, dann aber wurde es vor allem zur beliebtesten Marke vor Ort. Da das »Export« von den etablierten Brauereien, die bis auf eine zwar noch als Marke existieren, aber an große Ketten verkauft wurden und nicht mehr in Dortmund produzieren, bekämpft wurde, formierte sich Widerstand. Dank einer solidarischen Gegenreaktion etablierte sich die »Dortmunder Bergmann Brauerei« vor Ort endgültig.

Ich mache mir weitere Notizen, schreibe manches wortwörtlich mit, weil mir Marcos Formulierungen besonders eingängig erscheinen, dazu weiter all die Zahlen, die das förmliche Wegschmelzen der Parteien belegen. Jedoch werden mein Notizbuch wie auch Marcos neuestes Buch »Lobbyland«, versehen mit meinen Anstrichen, in jenem Rucksack sein, der mir später verloren gehen wird.

Als Marco im Juni nach Berlin kommt, verabreden wir uns erneut, obwohl uns nur anderthalb Stunden zwischen zwei seiner Termine bleiben. Mich interessiert sein Weg in die Politik.

Los ging es mit Tschernobyl im April 1986, da war er noch nicht fünfzehn. »Warum nutzen wir eine Technologie, die so gefährlich ist?« war die Frage, die nicht nur ihn umtrieb.

In der Schule gründeten sie Arbeitskreise. Früher als üblich wurde er Schülervertreter und Schulsprecher. »Wer denkt, dass die ›Fridays‹ die ersten sind, die die Schule bestreiken, irrt sich.« Ihm und seinen Mitstreitern war es 1991 gelungen, mehrere Schulen gleichzeitig zum Streik und zu

Demonstrationen gegen den Golfkrieg zu bewegen. »Wir waren tausende Schüler auf dem Friedensplatz in Dortmund. Das hatte niemand von uns erwartet. Aber dann musste einer von uns sprechen, und da haben die anderen weggeschaut und ich blieb übrig.«

Sein Verhältnis zur SPD war ambivalent. Aus dem Leistungskurs Geschichte war er vertraut mit historischen Konstellationen, in denen die SPD versagt hatte, von der Zustimmung zu den Kriegskrediten im Ersten Weltkrieg über Gustav Noske, der die Aufständischen im März 1919 niederschießen ließ, bis hin zum sogenannten Radikalenerlass und dem NATO-Doppelbeschluss. Zugleich faszinierten ihn Politiker wie Brandt, Bahr oder Eppler, vor allem deren Ostpolitik. Zudem kamen Sozialdemokraten, die den antifaschistischen Widerstand und den Krieg erlebt hatten, zu Vorträgen und Gesprächen in seine Schule.

Seinen ursprünglichen Wunsch, Biologie zu studieren, gab er auf. Denn »statt im Regenwald Primaten zu retten, würde ich wohl eher in einem Labor enden«. Da es oft an ihm war, anderen den Stoff zu erklären – »was auch die beste Art und Weise ist, selbst zu lernen« –, glaubte er sich in der Vermittlung von Wissen am besten aufgehoben. Er schrieb sich für Journalistik und Geschichte an der TU Dortmund ein, um eines Tages als Wissenschaftsjournalist arbeiten zu können.

Gemeinsam mit anderen aus der Journalistik suchte er nach Möglichkeiten, sich politisch an der Uni zu engagieren. Jedoch fanden sie nichts, was sie wirklich ansprach: Eine Juso-Gruppe gab es an der Uni nicht, die Grün-Alternative Liste »Regenbogen« besaß die Hegemonie. »Die haben zwar gute Sachen gemacht, waren aber sehr dogmatisch.« Neben ein paar Spaßgruppen, Konservativen und Liberalen, die Marco nicht besonders interessierten, wäre die »Grüne Jugend« eine Alternative gewesen. Die stellte sich aber als versprengter Haufen heraus. Anders waren die Jusos in Dortmund – allerdings außerhalb der Uni. »Da kamen siebzig, achtzig Leute zu den Veranstaltungen. Die führten einen philosophischen Disput mit verteilten Rollen, es ging um Gerechtigkeit, um Ausübung der Gerechtigkeit, einer hatte den Kant-Part, ein anderer übernahm Marx und einen dritten Part gab es auch noch.«

Der Juso-Vorsitzende ermunterte sie, an der Uni eine Juso-Gruppe zu gründen. »Macht einfach!« Die SPD sah es offenbar ungern, wenn Nicht-Mitglieder bei den Jusos arbeiteten, für die Jusos war das kein Problem. Anfangs waren sie zu fünft. Kurz nach der Gründung mussten sie bei den Wahlen zum Uniparlament antreten und errangen sofort acht Mandate, also drei mehr, als sie Mitglieder hatten. Die Regenbogenliste hatte fast die Hälfte der Sitze bekommen und koalierte mit den Liberalen Studenten Dortmund, kurz: »LSD«. Deren damaligen Anführer, Michael Kauch (von 1995 bis 1999 Bundesvorsitzender der Jungen Liberalen, seit 2013 Vorsitzender der Liberalen Schwulen und Lesben), traf er später im Bundestag wieder. Ihre Juso-Gruppe sollte sich der Koalition anschließen, aber eine Zusammenarbeit mit den Liberalen lehnten sie ab. Als die angestrebte Koalition zwischen Regenbogenliste und LSD nicht zustande kam und die Regenbogen-Vertreter nun bei den Jusos anfragten, habe er »zum ersten Mal politischen Druck verspürt«, sagt Marco, der de facto der Sprecher des kleinen Haufens war und erst am Beginn des zweiten Semesters stand. Und plötzlich, »ratzfatz«, war Marco stellvertretender AStA-Vorsitzender und Leiter des Öffentlichkeitsreferats.

Bezahlbarer Wohnraum war bereits damals ein großes Thema. Vor allem aber ging es um das »Riesenthema« Semesterticket. Dieses sollte aus den Studienbeiträgen bezahlt werden, was vor allem diejenigen ablehnten, die bereits mit dem Auto zur Uni fuhren. Deshalb schnellte die Wahlbeteiligung nach oben, was allerdings relativ zu verstehen ist: Etwa die Hälfte ging wählen. Heute allerdings liegt die Wahlbeteiligung deutlich darunter.

Anfang der Neunziger gab es allein in Dortmund rund dreitausend Juso-Mitglieder, was ungefähr der Mitgliederzahl aller anderen Parteien samt deren Jugendorganisationen zusammen entsprach. Die SPD mit ihren rund vierundzwanzigtausend Mitgliedern dominierte Stadt und Region.

Ob er denn irgendwann gemerkt habe, dass er über politisches Talent verfüge? Er habe einfach immer etwas organisiert, etwas gemacht, »mir lag das schon«. Die anderen trauten sich nicht so. Er war überrascht, dass es oft auf ihn hinauslief. Er sah das aber nicht als eine besondere Fähigkeit an. Und eigentlich sei das bis heute nicht viel anders, auch wenn er mittlerweile über eine gewisse parteipolitische und parlamentarische Erfahrung verfüge.

Als stellvertretender AStA-Vorsitzender wurde er plötzlich für die Jusos wichtig. Man lud ihn in den Vorstand ein, kurz darauf wurde er regulär gewählt. Heute könne man sich das gar nicht mehr vorstellen, sagt er. Mitte der neunziger Jahre gab es fünfzehn Juso-Arbeitsgruppen, die ortsgebunden waren, plus mehrere Arbeitsgruppen, die aus inhaltlichen Gründen zusammenkamen, insbesondere Umweltgruppen. Der jeweilige Vorsitzende der Gruppe war automatisch im SPD-Ortsvorstand, davon gab es zu seiner Zeit in Dortmund vierundachtzig, eine Zahl, über die Marco heute ungläubig den Kopf schüttelt. Damals fanden sich in diesen Vorständen noch Arbeiter und Handwerker, allerdings waren es schon da eher die Gewerkschaftsfunktionäre, Studenten, Akademiker oder Angehörige der Stadtverwaltung, die den Ton angaben.

Nach zwei Jahren im Vorstand wurde Marco Juso-Vorsitzender von Dortmund. Im Endeffekt war das am grünen Tisch ausgemacht worden, man bat ihn zu kandidieren. Eine Bedingung: Alle Jusos konnten parteilos sein, aber der Vorsitzende nicht, denn der saß automatisch mit im Dortmunder Parteivorstand.

»Mit dem Eintritt in die SPD hab ich mich schwergetan.« Die Spitze der SPD gefiel ihm nicht besonders. Im Ortsverein fühlte er sich fremd, sein Parteibuch wurde ihm halb durchnässt in den Briefkasten geworfen mit der Aufforderung, seinen Beitrag zu bezahlen. Die Jusos meinten, so Marco, nicht viel mit der Partei zu tun zu haben.

Was mich überrascht: Innerhalb der Jusos gab es mehrere Strömungen, die sich untereinander bekämpften. In NRW, insbesondere in Westfalen, hatten die »StamoKapler« das Sagen. »Das waren diejenigen«, erklärt mir Marco, »die sich für einen staatsmonopolistischen Kapitalismus aussprachen. Die waren damals besonders dogmatisch, die führten sogar Kaderakten.« Eine andere Gruppe waren die »Linken Jusos«, kein wirkliches Lager, zu ihnen hätte er sich am ehesten gezählt, wenn er sich irgendwo hätte einordnen wollen. Und dann gab es noch die »Refo-Jusos«, die für die StamoKapler die rechten Jusos waren.

Ich muss nachfragen, was die »Linkswende« der Jusos von 1969 bedeutet. Seit 1969 wollten sie eine Demokratisierung von Wirtschaft und Staat, ihnen ging es um »systemüberwindende Reformen«, also Vergesellschaftung von Schlüsselindustrien.

So wie Marco die Situation der Jusos Mitte der neunziger Jahre beschreibt, klingt das für mich eher nach den siebziger Jahren, eigentlich noch früher. Als im Osten ab 1990 jeder Anflug von sozialistischen Ideen der Lächerlichkeit preisgegeben wurde, scheinen zur selben Zeit bei den Jusos im Westen unterschiedliche Akzentsetzungen sozialistischer Ideen zu erbitterten Auseinandersetzungen geführt zu haben.

Als Dortmunder Juso-Vorsitzender zählte Marco automatisch zu den StamoKaplern. Für die gab es nur Arbeitsmarkt und Wirtschaftspolitik. »Alles andere war Gedöns. Dabei habe ich mich vor allem für Umwelt interessiert und fand auch andere Themen wie Menschenrechte und Gleichberechtigung wichtig.« Die Refo-Jusos haben sich mit diesen Themen beschäftigt. Aber das musste er überhaupt erst mal herausfinden.

»Ich hatte dann beim Bezirks- und beim Landesvorsitzenden anzutanzen.« Die Hierarchien müssen erdrückend gewesen sein. »Da habe ich das erste Mal rebelliert.« Bei den Bundeskonferenzen stimmte nicht jeder Delegierte ab, sondern die Bezirksvorsitzenden standen am Mikro und sagten im Namen aller Delegierten aus ihrem jeweiligen Bezirk, ob sie dafür oder dagegen stimmten. »Das kann doch nicht wahr sein, dass der Vorsitzende entscheidet!« Die Dortmunder scherten aus. »Plötzlich musste verkündet werden: dreißig oder fünfunddreißig dafür, neun dagegen. Das war neu. Das hat auch die anderen Verbände verblüfft. Mich haben die StamoKapler zum rechten Juso erklärt. Und wenn ich mir heute ansehe, wo diejenigen stehen, die das damals behaupteten ...« Wieder sein Lachen und sein Kopfschütteln. Es muss schwer sein, ständig mit diesen offensichtlichen Widersprüchen konfrontiert zu werden.

Seit er sechzehn war, hatte Marco neben der Schule gearbeitet, zuerst als Zeitungsausträger, dann als Fahrradkurier. Glücklicherweise stand ihm als stellvertretendem AStA-Vorsitzenden ein kleines Salär zu. Denn die Politik füllte jede freie Stunde. Allmählich wurde sie zur Hauptsache.

Nach dem Studium und Gelegenheitsarbeiten, unter anderem für den Rundfunk, gründete er gemeinsam mit seiner späteren Frau und einer gemeinsamen Freundin eine Agentur, die für NGOs Öffentlichkeitsarbeit betrieb. Die Budgets der NGOs waren allerdings schmal. So arbeiteten sie auch für kleine Unternehmen, vor allem für Handwerker vor Ort, die bereit waren zu zahlen. Mich erinnert das vage an meine Zeit zu Beginn der neunziger Jahre bei der Zeitung in Altenburg, als wir uns genötigt sahen, Auto- und Möbelhäuser oder neu gegründete Kopierläden oder Bekleidungsgeschäfte zu »bedichten«, um uns deren lukrative Daueranzeigen zu sichern. Dabei waren wir noch im Vorjahr angetreten, die Demokratisierung in einer reformierten DDR zu begleiten. Auch Marco machte die Vermischung von Journalismus und PR nicht froh, zumal er seinem früheren Wunsch, als Wissenschaftsjournalist zu arbeiten, kaum nähergekommen war.

1997, ein Jahr vor der Bundestagswahl, wollten die Jusos in Dortmund ein Zeichen setzen, die Wahlen sollten Abstimmungen sein, kein Erbhof, in dem »eigentlich drei, vier Granden untereinander ausmachen, wer kandidieren soll. Die hatten die Ortsvereine im Griff.« Die Dortmunder Jusos stellten eine junge, in der Partei anerkannte Frau auf, die gegen den langjährigen Bundestagsabgeordneten Hans-Eberhard Urbaniak kandidieren sollte. Urbaniak, Jahrgang 1929 und seit 1970 Bundestagsabgeordneter, war gelernter

Bergmann mit vielen Verdiensten in der Gewerkschaftsarbeit und der SPD, Gründer von Ortsvereinen, Mitbegründer und über lange Jahre stellvertretender Bundesvorsitzender der SPD-internen »Arbeitsgemeinschaft für Arbeit« (AfA) und vieles mehr. Urbaniak trat 1998 erneut an.

Die Empörung in der Dortmunder SPD über die Kandidatur aus den Reihen der Jusos war derart groß, dass sich die Kandidatin wieder zurückzog. Und plötzlich hing es am sechsundzwanzigjährigen Juso-Vorsitzenden Marco Bülow, in die schon verlorene Vorwahl zu gehen.

Da er aus demselben Stadtbezirk wie Urbaniak kam, war sein Stadtbezirk für ihn verloren. Er bekam im eigenen Ortsverein viele Stimmen, erlebte aber zum ersten Mal, wie Politik auch funktionieren kann. Die Urbaniak-Anhänger mobilisierten, holten Mitglieder, die davor und danach nie mehr gesehen wurden, von zu Hause ab, um sie zur Wahl zu fahren. Was Marco allerdings damals nicht wusste: »Hinter vorgehaltener Hand fanden gar nicht so wenige gut, dass sich da endlich mal was tat.«

Als die Wahl verloren war, traf er zufällig mit Günter Samtlebe, seit 1973 Dortmunder Oberbürgermeister, im Vorraum der Toiletten zusammen. Samtlebe haute ihm auf den Rücken: »Junge, so läuft das hier, und wer nicht hart ist, ist draußen!« Und dann fügte er so ermunternd wie gönnerhaft hinzu: »Du brauchst einen langen Atem.«

Marco beschreibt Samtlebe als sozial-konservativ, mit Charme, durchaus fair, »eigentlich konnte ich mit ihm gut«. Wie ein Schlosshund habe Samtlebe später geweint, als Lafontaine aus der Partei austrat.

Über die Bundestagswahl von 1998, die Gerhard Schröder und Rot-Grün an die Regierung brachte, verliert Marco kein Wort. Denn wer damals in der Dortmunder SPD als

Kandidat nominiert wurde, saß de facto bereits im Bundestag, so deutlich war in diesen Jahren die SPD allen anderen Parteien überlegen.

Bei unserem Gespräch wird mir allmählich klar, dass Marco über jene neun Zehntel des Eisbergs spricht, die man im Allgemeinen nicht sieht, die aber selbstredend entscheidend sind, um sich bis zu einer Position emporzuarbeiten, in der man eine gewisse Sichtbarkeit und damit Einfluss auf Entscheidungen erlangt.

Die Bundestagswahl von 1998 sollte unbeabsichtigt für Marco zum Vorspiel seiner eigenen Wahl 2002 werden, die unwahrscheinlicher kaum hätte sein können.

Schon dass er in den Vorstand der Dortmunder SPD gewählt wurde, war nach den vorangegangenen Querelen eine Überraschung. Doch es gelang, und dies sogar mit einem der besten »Männerergebnisse«. Zwei Jahre später wurde er im Amt bestätigt.

Für einen der beiden Dortmunder Wahlkreise sollte unbedingt eine Frau kandidieren. Für die männlichen Kandidaten blieb Dortmund I. Dort wiederum war Hans-Eberhard Urbaniak gesetzt, der seit 2000 Alterspräsident des Bundestages war, es allerdings offenließ, ob er nochmals antreten würde.

Marco selbst hatte keine Ambitionen. »Eigentlich fühlte ich mich immer noch zu jung dafür.« Er sah sich aber einer Erwartungshaltung vieler Mitglieder gegenüber, die auf Veränderungen hofften. »Versuch das doch noch mal!«, hieß es immer wieder.

Diesmal hielt sich die Empörung über seine Kandidatur in Grenzen. Man wusste ja, was man von dem Jungspund zu halten hatte. Doch plötzlich zog Urbaniak seine Kandidatur zurück. Der Effekt: Schon wenige Tage später gab es außer Marco weitere zehn Kandidaten, die in der SPD um die Nominierung für Wahlkreis Dortmund I konkurrierten. Das versprach ein »heißes Rennen«, genau das, was sich Marco gewünscht hatte. Unter den neuen Kandidaten wurde einer zum Favoriten erklärt, einer, »mit dem ich immer gut konnte«. Norbert Schilf, heute erster Bürgermeister in Dortmund, war Vorsitzender im größten Stadtbezirk, Gewerkschafter, typische Karriere, guter Mann, Ratsmitglied. Ihm hatte man bei der Landtagswahl einen Kandidaten vor die Nase gesetzt. Nun sollte er dafür entschädigt und für den Bundestag aufgestellt werden.

Allein in seinem eigenen Wahlbezirk Innenstadt-West/Dorstfeld hatte Marco bereits drei Gegenkandidaten, darunter einen, den Urbaniak favorisierte. Da er es sich zudem mit Urbaniaks Anhängern verscherzt hatte, schien es für Marco aussichtslos, auch nur diese erste Hürde zu nehmen. Man wollte ihn sogar bewegen, seine Kandidatur zurückzuziehen.

»Ich ziehe nicht zurück!« Er musste das oft sagen. Seine Befürworter fanden sich eher in anderen Stadtbezirken.

Doch nun geschah eine Art Wunder. Es begann mit einer fast nebensächlichen Feststellung. Nicht er, Marco, sei in einer sozialdemokratischen Familie aufgewachsen, sondern er habe die Familie erst in die Partei geholt, bis auf einen, seinen Opa. »Mein Opa war der politischste Mensch in der Familie, Gewerkschafter. Aber er hatte mit den Parteien abgeschlossen. ›Die sind an den Spitzen alle korrupt‹, hat er immer gesagt. Er war sehr kampfesmutig und entschieden dagegen, dass ich in eine Partei eintrete, ›das verdirbt deinen Charakter‹, hat er gesagt und sich Sorgen um mich gemacht. Er war mein Hero, er hat mich miterzogen, er hat mir vieles beigebracht. Er war traurig, als ich kandidiert habe.« Von den drei Ortsvereinen in Dorstfeld, die allesamt auf Urbaniak hörten, war einer dabei, der etwas offener war. »Manne Kujat hatte immer einen eigenen Kopf«, mit dem verstand sich Marco, auch wenn er von ihm oft gehört hatte, gegen Urbaniak solle man nicht kandidieren. Manfred Kujat aber lud Marco in seinen Ortsverein ein. »Wir tun so, als hätte das gar nichts mit der Kandidatur zu tun«, zitiert ihn Marco. Obwohl jener Opa, der Vater seiner Mutter, in der Nähe von Dorstfeld lebte, brauchte Marco einiges an Überredungskunst, um ihn zum Mitkommen zu bewegen, auch wenn er kein Genosse war. Als aber Manne Kujat Marcos Großvater sah, fiel er ihm um den Hals. »Plötzlich war nicht ich, sondern mein Opa der Hauptgast.« Kujat hatte ihn bei Hoesch als Gewerkschafter erlebt, der mit seinen Ansichten nicht hinterm Berg hielt, der der Belegschaft »eingeheizt« hatte, für ihre Rechte zu streiten. Warum habe Marco denn nie gesagt, wer sein Opa sei? Marco war von dem euphorischen Empfang nicht begeistert. »Es hat gedauert, bis ich auch mal was sagen durfte. Aber da schaute ich schon in lauter freundliche Gesichter.« Und dann hörte Marco, wie Kujat am Ende des Abends verkündete: »Ich schlage vor, wir nominieren jetzt den Marco.« Stille, dann Klatschen, schließlich wurde Marco einstimmig nominiert. »Das war eine Palastrevolution.« Das Ende vom Lied: Marco wurde vom gesamten Stadtbezirk nominiert.

Nach diesem Erfolg ging es jetzt um den ganzen Wahlkreis, wo Marco wiederum auf drei Gegenkandidaten traf, einer davon war Norbert Schilf.

Nun zahlte sich aus, dass Marco in den Jahren zuvor mit anderen zusammen eine Reform angestoßen hatte, nämlich dass nicht mehr wie bisher üblich vierzig gewählte Mitglieder über die Nominierung entschieden, sondern viel mehr: Tausend Delegierte sollten über die beiden Kandidaten in ganz Dortmund abstimmen – fünfhundert Delegierte in jedem Wahlkreis. »Das war natürlich auch eine Machtdemonstration gegenüber den anderen Parteien, die gar nicht so viele Mitglieder hatten.« In seinem Wahlkreis gab es dreiundvierzig Ortsvereine, im Durchschnitt durfte jeder Ortsverein zwölf Delegierte entsenden. »Die vierzig konntest du immer irgendwie einkaufen und auf Linie bringen mit Versprechungen, mit Posten, womit auch immer, aber bei tausend geht das nicht, das war nicht mehr zu kontrollieren. Denn am Ende wird geheim abgestimmt.«

Von Norbert Schilf spricht Marco warmherzig, sie hätten oft zusammengearbeitet. Schilf war damals AfA-Vorsitzender von Dortmund, innerhalb der SPD die wichtigste Organisation. Allerdings war es dessen Wahlkampfleiter, der sich auf Marco einschoss und falsche Behauptungen verbreitete. Marco ging ohne Einladung in dessen Ortsverein und stellte ihn zur Rede, wieso er behauptete, er habe nie gearbeitet und führe einen unfairen Wahlkampf. Marco bat darum, sprechen zu dürfen. »Ich merkte schon, dass sie zuhörten, dass sich da was bewegte.« Danach wurde zwar Norbert Schilf nominiert, aber offensichtlich standen nicht alle hinter ihm.

Als es dann zur eigentlichen Wahl kam, hielten alle vier Kandidaten eine Rede. »Norbert war ein guter Redner, das wusste jeder. Aber seine Rede war das, was man erwartet hatte.« Im ersten Wahlgang lag Marco ein paar Prozentpunkte hinter Schilf, die anderen beiden erhielten sechs oder acht Prozent. Allerdings sprachen sich beide vor der Stichwahl für Norbert Schilf aus.

Dessen Spindoktor lief durch den Saal, als wäre schon alles gelaufen. Er lud Marco zur ersten Auftaktwahlveranstaltung zur Bundestagswahl der SPD mit Norbert Schilf ein.

»Ich komme«, erwiderte Marco, »aber vielleicht bin ich ja der Kandidat.« Er sagte es, ohne daran zu glauben.

Als das Ergebnis verkündet wurde, hielt Marco das für einen Irrtum. Vierundfünfzig Prozent für ihn, sechsundvierzig für Norbert Schilf. »Die haben sich verzählt«, dachte er. Tatsächlich wurde nachgezählt. Kein Irrtum.

Norbert Schilf zeigte Größe, unterstützte Marco im Wahlkampf, kandidierte auch später nicht gegen ihn.

Ich schalte das Aufnahmegerät aus, Marco hätte schon vor ein paar Minuten aufbrechen müssen.

Marcos Werdegang ist eine Erzählung über die Parteiendemokratie, in der sowohl die Verkrustungen als auch die lebendigen Seiten hervortreten. Je größer eine Partei ist, desto größer auch das Spektrum der innerhalb der Partei einander widerstreitenden Gruppierungen. Ich würde die These wagen, dass es mitunter wichtiger sein kann, welche Kräfte innerhalb einer Partei zum Zug kommen, als welche Partei die Wahl gewinnt.

Bei der Bundestagswahl 2002 erhielt Marco 57,8 Prozent der Erststimmen, ein Ergebnis, das er nie wieder erreichte. Doch bei allen folgenden Wahlen lag der Prozentsatz der Erststimmen immer über dem der Zweitstimmen, ja die Differenz vergrößerte sich von Mal zu Mal.

Eine Innenansicht des Abgeordneten Marco Bülow aus jener Zeit findet man in seinem ersten Buch, »Generation Zukunft – Ein Plädoyer für verantwortungsbewusstes Handeln« von 2004, mit einem Vorwort von Dietrich Grönemeyer. Alles, was Marco damals als Problem ansprach, steht heute ähnlich oder unverändert auf der Tagesordnung. Es geht um Globalisierung, Nachhaltigkeit,

Generationengerechtigkeit, Wachstum und Lebensqualität, Demokratie. Der zweite Teil widmet sich der »Zukunft Deutschland«. In einer Welt, die sich noch relativ nah am Weltenwechsel von 1989 befindet und in der der 11. September 2001, die Invasion in Afghanistan und im Irak fast Gegenwart bedeuten, in der die Tech-Unternehmen noch keine Riesen sind, China im Rückspiegel klein erscheint und Russland im toten Winkel liegt, sind auch hier die Themen aktuell geblieben. Es geht um die Grenzen des Wachstums, um andere Maßstäbe, die den Klimawandel abbremsen oder verhindern können, um Lobbyismus und Teilhabe möglichst vieler an politischen Entscheidungen.

Mich berührt der Tonfall, in dem er seine Analysen, Fragen und Vorschläge vorträgt und versucht, mit beispielhaften Erzählungen seine Anliegen zu verdeutlichen. Er ist keineswegs naiv, aber es vermittelt sich der Eindruck, der junge Abgeordnete glaube daran, dass man nur die Wahrheit vernehmlich sagen müsse wie auch die Folgen verfehlter Entwicklungen eingängig zu erklären brauche, damit sich etwas ändert.

Unter denen, die mit Dank erwähnt werden, finden sich Namen wie Andrea Nahles oder Sven Giegold. Vor allem mit Andrea Nahles als Fraktionsvorsitzender wird er später harte Kämpfe ausfechten. Deren Karrieren erscheinen mir wie Möglichkeiten, die auch für Marco in Frage gekommen wären, hätte er sich den unguten Spielregeln gefügt, statt sich ihnen zu verweigern.

Sein zweites Buch von 2010, »Wir Abnicker«, ist eine Kritik des parteipolitischen Parlamentarismus, eine Welt, in der die Entscheidungen bei der Regierung liegen, nicht im Parlament, dessen Abgeordnete gar nicht in die Lage versetzt werden, das ihnen zugemutete Material gründlich und kompetent zu lesen, es fehlt an Zeit, an Vorwissen und den nötigen Erklärungen. Über allem aber steht der Fraktionszwang. Es erinnert in vielem an jene Zeit bei den Jusos, als der Bezirksvorsitzende am Mikro stand und klare Ansagen machte, ob man dafür oder dagegen zu stimmen habe.

»Wir Abnicker« ist die Selbstkritik und Abrechnung eines desillusionierten Abgeordneten, der seine Verantwortung ernst nimmt und den eigenen wie auch den von der Partei verkündeten Ansprüchen gerecht werden will, dabei aber sowohl an seiner Gewissenhaftigkeit als auch an der Parteiräson scheitert. Beim Lesen ahnt man schon, dass es wohl nur eine Frage der Zeit sein wird, bis diese Konstellation eine Entscheidung erzwingt: Entweder ändert sich etwas an den Verhältnissen und in der SPD, oder der Abgeordnete passt sich an. Oder er muss die Strukturen verlassen. Immerhin hält Marco acht weitere Jahre durch, bis er 2018 aus der SPD austritt.

In »Lobbyland«, seinem dritten Buch, erschienen 2021, nimmt er keine Rücksichten mehr. Seine Kritik und seine Vorschläge sind an den Strukturen und Hierarchien abgeprallt. Für mich als Leser hat es den Vorteil, dass Marco noch grundsätzlicher wird.

Er kritisiert die soziale Zusammensetzung des Bundestages (2017–2021): »Ganze 3,4 Prozent der Abgeordneten haben einen Real-, 1,3 Prozent einen Hauptschulabschluss, während Letztere in der Bevölkerung 28,6 Prozent, also fast ein Drittel, haben.« Unter der Überschrift: »Die Lobbylosen« fasst er zusammen: »Der Bundestag ist eine Bubble, die Kuppel eine Käseglocke. Fast alle Profipolitiker stammen aus einem eher vermögenden Bildungsbürgermilieu. [...] Die Lebenswirklichkeiten und Probleme von größeren Bevölkerungsschichten werden kaum wahrgenommen.«

Marco kennt sich nach neunzehn Jahren im Bundestag aus. »Viel Zeit verbringt ein Abgeordneter etwa auf Treffen, Empfängen, Veranstaltungen von Konzernen, Lobbyisten und großen Vereinen. Das Korrektiv aber fehlt.« So nimmt es nicht wunder, wenn in einer empirischen Studie festgestellt wird, »dass die politischen Entscheidungen des Deutschen Bundestages in den letzten dreißig Jahren systematisch zulasten unterer sozialer Gruppen verzerrt waren«. Belegt wird auch das »Gefühl weniger privilegierter sozialer Gruppen, kein Gehör bei den Verantwortlichen in der Politik zu finden«, ebenso wie die »Annahme, die massenhafte Abkehr sozial Benachteiligter vom politischen Prozess basiere auf Unzufriedenheit und Resignation«.

Aus heutiger Sicht besonders brisant sind seine Anmerkungen zum Verteidigungsetat. Er nennt es zu Recht einen Treppenwitz, dass bei ihrem ansehnlichen Budget die Bundeswehr so schlecht ausgerüstet ist, was er unter anderem auch den Margen der Rüstungslobby zuschreibt. »Von 2018 bis 2021 wurde der Verteidigungsetat um etwa 8,5 Milliarden auf insgesamt 47 Milliarden angehoben.« (2023 waren es 50,1 Milliarden, für 2024 sollen es 51,8 Milliarden sein, plus 19,2 Milliarden aus dem Sondervermögen der Bundeswehr.) Damit wurde mehr ausgegeben als für folgende Ressorts zusammen: Bildung, Wissenschaft und Forschung; Umwelt, Naturschutz und Reaktorsicherheit; Wirtschaft und Energie; Familie, Senioren, Frauen, Jugend.

Es fällt schwer, nicht seitenlang die Zahlen zu zitieren, die eine fatale Privilegierung jener Bereiche belegen, die nur einer kleinen Schicht zugutekommen. »So gehen jährlich etwa 50 bis 60 Milliarden Euro nur für klima- und gesundheitsschädliche Subventionen drauf. Rund die Hälfte betrifft den Verkehrssektor – zum Beispiel die Steuerbefreiung des

Kerosins« oder das sogenannte Dienstwagenprivileg. »3,2 bis 5,6 Milliarden Euro kostet uns dieses jährlich.« »Mehr als zwei Drittel der Autos ab 200 PS sind Dienstwagen.« (Germanwatch 2012) »Von den beschämenden 2,3 Milliarden, die 2019 in den Umwelthaushalt flossen, ging fast die Hälfte für die Atomenergie drauf.« Jede Pommesbude, so Marco, muss ein blitzsauberes Abfallkonzept vorlegen und dafür viel zahlen, während das Gemeinwesen für die Atomlobby zahlen muss, damit die gefährlichen Altlasten unter die Erde kommen, und dies an Orten, wo sie nachweislich nicht werden bleiben können. »Aber den Haushalt habe ich bisher immer zähneknirschend mitgetragen. Dieses Mal kann ich das nicht mehr. Wie soll ich das noch rechtfertigen? Meine eigene Glaubwürdigkeit ist angezählt. Meine Versprechen an die Basis, die mich immer mit großer Mehrheit getragen hat, und mein Gewissen stoßen immer mehr an Grenzen.«

Unter der Überschrift »Die Lobbytarier« (mit einem Motto von Upton Sinclair: *Es ist schwierig, jemanden dazu zu bringen, etwas zu verstehen, wenn er sein Gehalt dafür bekommt, dass er es nicht versteht.*) gibt Marco ein paar Beispiele für den sogenannten Drehtüreffekt – wie Politikern erlaubt wird, in die Wirtschaft zu wechseln, und der Verdacht naheliegt, dass ihre früheren Entscheidungen und ihre verbleibenden Verbindungen sich für das jeweilige Unternehmen auszahlen. Dirk Niebel, FDP, wechselt ein halbes Jahr, nachdem die FDP aus dem Bundestag geflogen ist, als führender Lobbyist zur Rheinmetall AG. Während seiner Amtszeit gehörte Niebel dem Bundessicherheitsrat an, dessen Entscheidungen auch Rheinmetall betrafen. So wurde der Export von zweihundert Panzern nach Saudi-Arabien genehmigt, am Leopard 2 ist bekanntlich Rheinmetall nicht unerheblich beteiligt. In den Lobbyvereinen der Rüstungsindustrie tummeln sich etliche hochrangige Politiker, auch aus der SPD, darunter »der Sprecher des rechten Flügels und Haushaltspolitiker Johannes Kahrs sowie der Generalsekretär Lars Klingbeil«.

Ein weiteres Beispiel ist Matthias Berninger von den Grünen, der schon in jungen Jahren parlamentarischer Staatssekretär für Verbraucherschutz, Ernährung und Landwirtschaft war, später dann wirtschaftspolitischer Sprecher der Grünen. Er wechselte aus der Politik zum Süßwarenkonzern Mars, 2019 wurde er Cheflobbyist von Bayer. Nun kämpft er für die weitere Zulassung des Pflanzengiftes Glyphosat. Das Kanzleramt unter Merkel ist nach Marcos Beobachtung zu einem »Talentepool für Unternehmenslobbyisten« geworden – wie Eckart von Klaeden, Ronald Pofalla und Hildegard Müller.

Marco wäre nicht Marco, wenn er nicht Vorschläge unterbreiten würde, grundsätzliche wie auch konkrete. Er und Martin Sonneborn unterzeichneten im März 2021 bei einer gemeinsamen Pressekonferenz (unter der Überschrift »Politik ist käuflich«) eine Ehrenerklärung, denn die »Übergänge zwischen Profitlobbyismus, Machtmissbrauch, Einflussnahme und Korruption sind fließend und zum Teil des Systems geworden«.

In der Rubrik »Politikkodex« wird es sehr konkret: ein echtes Lobbyregister, verbindlich, öffentlich einsehbar und unabhängig kontrolliert; Offenlegung von Auftraggeber, Budget, Thema/Angelegenheit, Zeitpunkt und Zielperson der jeweiligen Beeinflussung, dies gilt für Parlamente, Regierungen und Ministerien, spürbare Sanktionen bei Verstößen; Fußabdruck in Gesetzen: Offenlegung, wer welchen Einfluss im konkreten Gesetzgebungsverfahren hatte; vollständige Transparenz bei Abgeordneten … Unter dem Stichwort »Beschränkungen und Verbote« findet sich auch die Forderung: kein Gesetzesoutsourcing in Kanzleien etc., Verbot von Nebenverdiensten, die in Bezug zum Mandat stehen könnten; Begrenzung aller anderen Nebenverdienste auf ein Viertel des Jahresgehalts …

Die Liste ist lang und einleuchtend, ja sie erscheint mir in manchen Punkten sogar noch etwas lax, beispielsweise: Parteispenden erst ab zweitausend Euro offenzulegen, keine Annahme von Parteispenden über fünfzigtausend Euro.

Als ich Marco frage, ob sich nicht inzwischen einiges getan habe, ob sein Insistieren nicht Früchte trage, reagiert er skeptisch. Letztlich habe sich nur die Fassade verändert. Es gebe zwar nun ein Lobbyregister, aber das sei sehr unvollständig. Die entscheidenden Dinge gebe es nicht preis, nämlich von wem tatsächlich das Geld kommt. Da nütze es nichts, wenn irgendein Verein genannt werde, den niemand kennt und von dem man nicht erfährt, wer ihn finanziert. Außerdem sind die Ministerien ausgespart. »Es geht doch darum, der Spur des Geldes zu folgen!« Und auch der »Drehtüreffekt« bleibe unbehelligt. Nun seien Abgeordnete und Regierungsmitglieder zwar angehalten, ein Jahr zu warten, bevor sie aus der Politik in die Wirtschaft wechseln, aber das werde nur vom Bundestagspräsidium kontrolliert, das keinerlei Sanktionsmöglichkeiten hat. »Bei Verstößen können sie nur mit dem Zeigefinger winken, sonst nichts.« Auch bei den Parteispenden hat sich nichts getan. Jens Spahn konnte sagen, seine Unterstützer sollten neuntausendfünfhundert Euro spenden, denn erst ab zehntausend müssen sie aufgelistet werden.

Das Register für die Nebentätigkeiten, das die Ampel versprochen hatte, kam nach anderthalb Jahren. Daraus ist ersichtlich, dass vierzig Prozent der Parlamentarier Nebentätigkeiten ausüben. Traditionell waren das immer die CDU und die FDP, aber da haben Grüne und SPD leider stark aufgeholt, nachzulesen bei: https://www.abgeordnetenwatch.de/recherchen/nebentaetigkeiten/das-verdienen-die-abgeordneten-des-bundestags-nebenher.

Was sich verändert habe, sei das Bewusstsein in der Öffentlichkeit, die schaue jetzt etwas genauer hin, weshalb auch die Unternehmen etwas vorsichtiger geworden seien mit Geschenken und exklusiven Einladungen.

Zurück nach Dortmund zu unserem Treffen. Auf dem Rückweg von Phoenix zeigt mir Marco aus dem Auto heraus ein Haus, es nennt sich »Gasthaus statt Bank«. Hier bekommen Obdachlose zu essen, hier können sie duschen, sich ausruhen oder aufwärmen. Ärzte und Schwestern kümmern sich ehrenamtlich um Menschen, die keine Krankenversicherung haben. Marco ist gut darüber informiert, denn seine Mutter, gelernte MTA und Krankenschwester, hilft dort mit.

Wir landen in einem Café im Kreuzviertel, das im Zweiten Weltkrieg weniger als andere Stadtteile gelitten hat. Ich kenne es wegen seiner Nähe zum Westfalenstadion. In manchen Wahllokalen habe er hier über siebzig Prozent der Erststimmen bekommen, einmal sogar über achtzig Prozent. Noch bei der jüngsten Bundestagswahl, als er nicht mehr für die SPD antrat, landete er im Kreuzviertel auf den vorderen Plätzen.

Marco lebt noch vom Überbrückungsgeld, das er als langjähriger Abgeordneter anderthalb Jahre bezieht. Und wenn es ausgelaufen ist? »Ich brauche nicht viel«, sagt er. »Irgendetwas werde ich schon arbeiten.« Er schreibt viel für

Zeitungen, kümmert sich um seine Tochter. Er wirkt nicht resigniert, erst recht nicht verbittert. Selbst dass ihm der Verlag, der sein jüngstes Buch immerhin in dritter Auflage publiziert hat, noch keinen müden Cent gezahlt hat, seine Nachfragen unbeantwortet bleiben und offensichtlich niemand zu erreichen ist, hat keine Flüche oder Verwünschungen zur Folge. Er möchte vor allem wissen, ob die Rechte nun wieder bei ihm liegen.

Und wie würde er sich selbst beschreiben? Er nennt sich lachend einen »radikalen Realisten« und einen »idealistischen Demokraten ohne Illusionen«. Aber er bleibe, wenn auch nicht mehr in der SPD, ein Sozialdemokrat.

Das könnte nun ein letzter Satz sein. Vorher aber möchte ich noch sagen, dass ich mich von Marco vertreten fühle, auch wenn er in einer ganz anderen Region des Landes arbeitet, und dass ich inständig hoffe, dass er die Kraft findet und die Möglichkeit haben wird weiterzumachen. Aber wahrscheinlich ist Marco auch gar nicht anders vorstellbar.

Hier ließe sich auch enden. Deshalb will ich nur ergänzen, dass wir ganz zum Schluss noch über die Dortmunder Borussia sprachen. Bei diesem Thema eröffnet sich stets eine weite Spanne an widerstreitenden Gefühlen und Gedanken. Trotzdem habe ich nach all dem, was Marco erzählt hat, zum ersten Mal den Eindruck, mich entspannt zurücklehnen zu können.

Die tagtäglichen Wunder von Duisburg-Marxloh

Unterricht in einer Gemeinschaftsgrundschule

Es lag natürlich an mir, aber auch an der Zurückhaltung von Tobias Bleek (oder sollte ich besser von Bescheidenheit sprechen?), dass ich auf das, was mich in der »Gemeinschaftsgrundschule Sandstraße« in Marxloh erwartete, unvorbereitet war. Doch gleich in medias res zu gehen und zu erzählen, wie die Kinder, von denen nur wenige Deutsch zu Hause sprechen, mit der Musik von Schönberg, Bartók und Ligeti umgehen, sie auf Schlaginstrumenten nachspielen oder dazu tanzen und dabei, ohne es zu bemerken, etwas erlernen, das sie anderswo nicht geboten bekommen, erklärte mein Staunen nur unzureichend. Selbst »Staunen« ist keine passende Beschreibung. Denn an diesem letzten Montag, den ich als bestallter Metropol-Schreiber im Ruhrpott zubrachte, war ich plötzlich überzeugt (und bin es noch), die hier verbrachten Monate würden auf diese vier, fünf Stunden zulaufen, ja sich in ihnen regelrecht erfüllen, als wäre die Gemeinschaftsgrundschule in der Sandstraße der mir bisher verborgene Fluchtpunkt in einer Art Puzzle gewesen. Trage ich zu dick auf?

Duisburg-Marxloh ist der einzige Ort im Ruhrgebiet, vor dem ich eindringlich gewarnt wurde – oder den aufzusuchen man mir dringend empfahl. Für die einen ist der Stadtteil im Duisburger Norden ein »Ankunftsviertel«, auch ein Viertel, wie man es, nicht nur wegen der Vielzahl seiner zumeist türkischen Hochzeitsläden, kaum anderswo in Deutschland findet. Für andere ist es eine »No-go-Area«, ein Stadtteil, der sozial gekippt ist. Mir wurde sogar angeboten, mich im Auto durch Marxloh zu fahren. Das wollte ich nicht. Aber als Tourist durch Marxloh zu spazieren, erschien mir ebenfalls unpassend.

Doch ich hatte Glück. An dem Wilhelm-von-Kügelgen-Abend Anfang Februar in Kettwig hatte sich nach der Veranstaltung, mitten im allgemeinen Aufbruch, einer der Musiker vorgestellt und mich unvermittelt gefragt, ob ich nicht Lust hätte, mit ihm nach Marxloh zu fahren, er unterstütze gemeinsam mit anderen dort Kindergärten und Schulen beim Musikunterricht. Tobias Bleek hatte in dem Klaviertrio das Cello gespielt und ansonsten der Pianistin die Noten umgeblättert. Meine Aufmerksamkeit hatten andere auf sich gezogen. Allein die Erwähnung von »Marxloh« hätte gereicht, um sofort zuzusagen. Dass Tobias Bleek Musikwissenschaftler ist, Honorarprofessor an der Folkwang Uni in Essen-Werden, zudem seit 2007 das Bildungs- und Förderprogramm des »Klavierfestival Ruhr« leitet und seit 2008 unter anderem in Duisburg-Marxloh engagiert ist, kam nicht mal zur Sprache, als er anrief und bat, den gemeinsamen Ausflug nach Marxloh zu verschieben, jede freie Minute brauche er gerade für sein Buch über die Musik im Jahr 1923 (Im Taumel der Zwanziger. 1923: Musik in einem Jahr der Extreme), der Abgabetermin stehe unmittelbar bevor. Hätte ich gewusst, was mich erwartet, hätte ich einer erneuten Verschiebung nicht so leichtfertig zugestimmt. Schließlich wurde es der 20. März. Und ausgerechnet an jenem Tag streikte wieder der Nahverkehr in Mülheim, wovon ich offenbar als Einziger nichts erfahren hatte. Mich rettete die Buslinie 122, weil die aus Oberhausen kam und mich zum Bahnhof brachte. Die Bahn streikte nicht, und auch der Duisburger Nahverkehr funktionierte.

Auf der Fahrt mit der Straßenbahn 903 vom Hauptbahnhof aus komme ich an großen, rostfarbenen Industrieanlagen vorbei, ohne dass ich sagen könnte, was das für Werke sind und ob sie noch produzieren. Die vorletzte Station ist Marxloh Pollmann, eine Kreuzung, die mit ihren zweigeschossigen Häusern aus dem 19. Jahrhundert einer Kleinstadt-Filmkulisse ähnelt. Ein aufgegebenes Haus empfängt mich, als ich an der Haltestelle Wolfstraße aussteige, rechts davon eine Brache, alle anderen Häuser scheinen bewohnt. In meinem Kopf spukt noch ganz frisch eine SPIEGEL-TV-Reportage, die über den Zuzug von Roma-Familien berichtet, weshalb sich Alteingesessene genötigt sahen, wegzuziehen. In der Reportage sehnen sie sich unter Tränen in ihre alte Bleibe zurück. Die Roma kommen nur kurz ins Bild.

Als unseren Treff hatte Tobias das »Alibaba« bestimmt, ein Café und »Backshop« in der Weseler Straße, eben jener legendären türkischen Hochzeitsmeile. Im »Alibaba« ist es nicht leicht, einen freien Tisch zu bekommen. Ob jung, ob alt, ob ohne oder mit Kopftuch, ob die Kleidung herausgeputzt ist oder sichtbar abgetragen, man sitzt nah beieinander. Die Backwaren sind auf Türkisch ausgeschildert, in etwas kleinerer Schrift darunter auf Deutsch die Erklärung für jemanden wie mich. Das einzige Gebäck, das ich kenne und das durch kein Schild bezeichnet wird, sind die Pfannkuchen. »Pfannkuchen?« Ich tippe auf die Glasscheibe und nicke. »Ah, Berliner!«, sagt die türkische Verkäuferin. Wieso weiß sie, woher ich komme?, blitzt es für den Bruchteil einer Sekunde in meinem Kopf auf. Im Display der Kasse erscheint ebenfalls »Berliner«. So blöd kann man ja gar nicht sein, denke ich im nächsten Augenblick über meine Fehlleistung. Aber offenbar verunsichert mich das

»Alibaba« mehr, als ich mir eingestehe. Interessanter als die Backwaren erscheinen mir die verschiedenen Suppen, die an der langen Theke, die sich im rechten Winkel anschließt, verkauft werden. Jede hat eine andere Farbe, von Weiß über Gelb und Grün bis zu Rot. Ich brauche ein paar Erklärungen, die ich sicher erhalten würde. Aber will ich jetzt Suppe essen? Zu jeder Suppe wird ein Teller mit türkischen Weißbrotschreiben gereicht, die sich allerdings so hoch türmen, dass sie festgehalten werden müssen, damit keine Scheibe vom Teller fällt. Manche, deren Hand zu klein ist, um den Daumen auf die oberste Scheibe zu drücken, nehmen den Brotteller mit beiden Händen entgegen, was dem Vorgang sofort etwas Feierliches verleiht.

Während ich auf Tobias Bleek warte, sinniere ich darüber, was die türkischen Wörter, die in einem Bogen auf die großen Fensterscheiben der Bäckerei geschrieben sind, wohl bedeuten könnten: »nerhaJ 04 rebü …«, bis ich endlich merke, dass es von der Straße aus gelesen werden soll: »Alibaba, seit über 40 Jahren«.

Als Tobias Bleek erscheint, erhebt sich ein paar Tische weiter eine junge Frau und kommt zu uns. Kateryna Syrota ist noch siebzehn und Studentin an der Folkwang Uni. Vor einem Jahr ist sie allein aus der Ukraine geflohen und ins Ruhrgebiet gekommen, um Musikpädagogik zu studieren.

Unser erstes Ziel ist ein Kindergarten. Nach dem Gedränge auf der Hauptstraße muten die baumlosen Nebenstraßen menschenleer an. An der nächsten Ecke biegen wir ab, und schon wieder sieht es anders aus. Auf ein frisch saniertes alleinstehendes Ziegelhaus mit Nippesfiguren hinter den Fensterscheiben folgt ein scheinbar verlassenes Haus mit trüben Scheiben, nichts, was auf Bewohner hindeuten würde. Als ich einen blau glänzenden SUV mit bulgarischem

Kennzeichen vor einem heruntergekommenen Haus sehe, dessen Briefkästen mit Namen beschrieben sind, und ein Mann im Trainingsanzug, schwarze Haare, dunkler Teint (ein Roma-Mann?), in den Händen zwei Tetra-Pack Milch, um das Haus herum schlappt, zwei Kinder im Schlepptau.

Ich bin froh, hier nicht allein zu sein. Nicht weil ich mich bedroht fühlte, sondern weil ich jetzt etwas in Marxloh zu tun habe und sich mir Türen öffnen.

Im Kindergarten werden wir bereits erwartet. Der Raum, in den wir geführt werden, hat Platz für fünf Kinder, eine Musiklehrerin und die Erzieherin der kleinen Gruppe, ein Klavier und uns drei. Schon nach den ersten Rhythmen, die die junge Musiklehrerin mit zwei Klanghölzern schlägt, sieht man, dass die Kinder geschult sind, auf die verschiedenen Vorgaben mit den Klanghölzern in ihren Händen zu reagieren. Als sich die Musiklehrerin ans Klavier setzt, wissen die Kinder – sie heißen Achmet, Annabell, Maura, Bianco, Carlo –, welche Choreografie die jeweilige Melodie und der jeweilige Rhythmus zur Folge haben. Zum Schluss singen sie: »Mein Hund Max weiß genau, in der Schule wird man schlau.« Ich finde das alles ganz schön, aber ist es nicht das, was man in einem guten Kindergarten erwarten darf?

Wahrscheinlich wäre mir das Entscheidende entgangen, wenn mir nicht Tobias später die sogenannte Methode der relativen Solmisation erklärt hätte, jene Kombination von Handbewegung und Tonhöhe, in der die Kinder lernen, verschiedene Töne zu wiederholen und diese gestisch zu begleiten.

Als die nächste Gruppe an die Tür klopft, brechen wir auf. Es ist leicht, diesen Kindergarten zu mögen. Er ist geräumig, hell, die Gruppen sind offenbar klein. Niederschmetternd allerdings: Die Zahl der Anträge auf Kindergartenbetreuung übersteigt die vorhandenen Plätze um ein Vielfaches. Dieses Verhältnis sei bei fast allen Kindergärten hier eine Katastrophe. In Marxloh versteht man ziemlich schnell, wie sehr gerade die hiesigen Familien auf die Möglichkeiten angewiesen sind, die ein Kindergarten eröffnet. Für viele Kinder ist es die einzige Möglichkeit, Deutsch zu lernen. Jene Kinder, die hier keinen Platz finden, starten mit einem Defizit in die Schule, das, wenn überhaupt, nur mühsam aufzuholen sein wird. Und die Eltern, in aller Regel die Mütter, werden nolens volens zu Hause festgehalten.

Vom Kindergarten gehen wir zur Grundschule. Wenn ich mir die wenigen Fotos anschaue, die ich unterwegs gemacht habe, wirken die Straßen wie leergefegt und baumlos, der Putz der Häuser ist verwaschen, das Erdgeschoss oft leer, die Tür an einer ehemaligen Eckkneipe ist notdürftig repariert. Die einzige Oase für die Augen ist das schlichte Schaufenster eines türkischen Instrumentenbauers. Ich kenne nicht den Namen des Instruments, es ähnelt einer Mandoline, hat aber nur drei Saiten. Als ich später der Internetadresse folge (www.aliklc.com), erscheinen mehrere Videos, in denen Frauen, Männer und auch zwei Mädchen auf dieser »Mandoline« spielen. Auch die Mädchen lassen das Instrument bereits so klingen, als spielten irgendwo verborgen noch andere Instrumente mit. Diese Musik ist einfach und klar und ganz anders als das, was ich sonst höre, weshalb ich länger lausche. Es ist, als hätte sich durch diesen Link eine Tür geöffnet, als wäre ich in eines der Häuser eingetreten.

Wir überqueren die Weseler Straße. Das Gebäude der Gemeinschaftsgrundschule Sandstraße ist ein alter Bau, aber man merkt ihm im Vergleich zu wilhelminischen Bauten auch architektonisch einen Reformwillen an, Klarheit, große Fenster. Auf dem Flur in der ersten Etage, wo sich auch das Rektorenzimmer befindet, sind die Selbstporträts der Kinder aufgereiht, eine Kombination von Wasserfarben, Buntstiften, Bleistift. Es sind ungemein ausdrucksstarke Bilder, eine sprechende Galerie, sodass ich am liebsten bleiben und sie länger betrachten möchte. Unter jedem Bild steht der Vorname. Auf dem Weg vom Kindergarten zur Schule hatte ich es als unangebracht empfunden, die Klingelschilder an den Haustüren zu fotografieren. Diese Namenreihungen faszinieren mich immer und überall. Hier nun finde ich unter den Selbstporträts die Vornamen derer, die dort wohnen könnten: Enes, Elina, Sehmus, Menese, Medine, Daniel, Aya, Asen, Kaled, Ahmad, Angel, Shteryo, Lazar, Marwa, Shabnam, Patricia, Emir, Holia … Allein wie unterschiedlich jeweils der Mund gemalt oder gezeichnet wurde: mal wie eine Blüte, mal nur wie ein zufälliger Strich, mal verliert er sich wie eine Wolke am Himmel, wie eine Rosine im Teig, mal scheint er das Gesicht zu sprengen. Eben hätte ich noch laut loslachen mögen, beim nächsten bestürzt die traurige Innigkeit. So verschieden die Selbstporträts sind, ich könnte sie nur schwer verschiedenen Altersstufen zuordnen, obwohl sich auch hier die Zusammensetzung der Klassen nicht nach der Altersstufe richtet. Später wird Klaus Hagge, der Rektor der Schule, sinngemäß sagen, dass einige Kinder, wenn sie neu an der Schule sind, die Malstifte in den Mund stecken, weil sie denken, es wären Lollis. Sie wissen nicht, dass es Stifte zum Malen gibt.

Im Rektorenzimmer bleibt kaum Zeit, Tobias stellt Katharina und mich vor, wir lassen unsere Sachen hier, dann geht es gleich ein Stockwerk höher.

Petra Jebavy ist groß und schlank, ihre Anweisungen sind klar und gut verständlich. Sie braucht eigentlich nur dazustehen oder wenige Schritte zu gehen, sofort erkennt man in ihr die Tanzpädagogin und Tänzerin. Gleich darauf springt sie mit den Kindern zur Musik durch den Raum, hüpft und tanzt, eine choreografierte Aufwärmübung. Unterschiedlicher könnten die Kinder kaum sein, die um sie herumwirbeln. Manche kennen die Abfolge der Schritte exakt, andere müssen unentwegt zu ihr sehen, um sie dann nachzuahmen.

Wir drei haben uns an den Rand verzogen, ich habe das Bedürfnis, unsichtbar zu werden, weil ich fürchte, die Kinder durch unsere Gegenwart zu hemmen oder abzulenken. Meine Bedenken jedoch sind hier offenbar unangebracht.

Schnell wird es dann »ernst«. Die etwa fünfundzwanzig Kinder bilden mehrere Reihen, in denen sie ihren eigenen Platz finden müssen. Ein schon größerer korpulenter Junge will eines der Mädchen an eine andere Stelle dirigieren, das Mädchen entzieht sich ihm und tauscht mit einem anderen ihren Platz. Irgendwann stehen alle richtig und haben auch aufgehört zu reden und zu zappeln, was allein Petra Jebavys Konzentration bewirkt zu haben scheint.

Als es ganz still geworden ist, beginnt die Musik. Zuerst sind es einzelne Töne, die verhalten, ja tastend erklingen, jeder für sich allein. Ganz allmählich erst entsteht ein Rhythmus, wird eine Melodie – ist es wirklich eine Melodie? – erkennbar. Aber das nehme ich eher unbewusst auf, weil ich den Kindern zusehe, wie sie sich drehen, sich hinlegen, wieder aufstehen, laufen, springen – immer müssen sie darauf achten, was die anderen tun, vor ihnen, neben ihnen, rechts, links. Plötzlich bricht die Musik ab. Manche Kinder wollen weitermachen, Jebavy klatscht in die Hände, um sich Aufmerksamkeit zu verschaffen. Dann gibt sie Hinweise, zuerst allgemein, danach an Einzelne. Offenbar kennt sie jede und jeden beim Namen. Aber nicht jedes Kind versteht Deutsch. Eines daneben flüstert die Übersetzung, die Augen des anderen scheinen sich zu weiten, ein ernsthaftes Nicken antwortet, eine kurze, kaum hörbare Nachfrage, eine neue Erklärung, wieder Nicken. Dann nehmen sie erneut Aufstellung. Diesmal kommen sie bis zum Ende und es gibt Applaus. Nun sitzen sie im Halbkreis um ihre Lehrerin. Jebavy fragt nach dem Namen des Komponisten, einige Hände gehen hoch. »Schönberg«, sagt ein Kind mit deutlichem Akzent. »Und der Vorname?« Wieder melden sich einige. Das Mädchen weiß den richtigen Namen, kann aber »Arnold« nicht so klar wie gewünscht artikulieren. Jebavy wiederholt den Namen, dann sagen sie ihn mehrmals im Chor auf, wobei jede Silbe betont wird: »Arnold-Schön-berg-Ar-nold-Schön-berg«. Die folgende Choreografie beruht wieder auf einem Klavierstück, diesmal von Ligeti. Was wir hören und sehen, flüstert mir Tobias zu, ist aus György Ligetis »Musica ricercata« vom Beginn der fünfziger Jahre, ein Werk, in dem Ligeti, ausgehend von eigenen Vorgaben und strengen Regeln, eine neue Tonsprache schaffen wollte. Was wir gerade sehen würden, sei Teil eines ganzen Zyklus, der im Sommer aufgeführt werden soll.

In der Pause erscheint Klaus Hagge in der Tür. Wenn ich ihn sprechen wolle, dann am besten jetzt, zwanzig Minuten hätte er. Bevor wir gehen, bedankt sich Tobias Bleek bei den Kindern. György Ligeti wäre in diesem Jahr hundert geworden, sagt er. Ligeti lebe nicht mehr, aber seine Frau. Und wenn die Kinder nichts dagegen hätten, würde er gern bald einen Mitschnitt ihrer Choreografie an Frau Ligeti schicken, denn damit, da sei er sich sicher, würden sie ihr eine große Freude bereiten.

An dem langen Tisch im Rektorenzimmer sitzen Klaus Hagge und ich einander schräg gegenüber, neben ihm Tobias Bleek, rechts von mir Kateryna Syrota. Klaus Hagge ist groß und kräftig. Zudem strahlt er diese »natürliche Autorität« aus, diese Lehrer-Begabung, die von Schülerinnen und Schülern sofort registriert wird. Schon in anderthalb Jahren gehe er in Pension, das überrascht, er wirkt jünger.

Während ich versuche zu erklären, was und wie ich über das Ruhrgebiet schreiben will, und von meinem Vorhaben als Gratwanderung spreche – kein Journalismus (denn der Journalist agiert in aller Regel als Beobachter, seltener als Beobachter seiner selbst), aber auch keine Erfindung, keine Prosa als Literatur –, liegt sein prüfender, halb spöttischer, halb freundlicher Blick auf mir. Ohne die Fürsprache von Tobias hätte ich hier wohl kaum eine Chance. Zu schlecht sind seine Erfahrungen mit schreibenden Gästen ausgefallen. Mir wiederum gefällt seine Skepsis, als wäre sie ein Zeichen dafür, dem Richtigen gegenüberzusitzen.

Ich brauche dann kaum etwas zu fragen. Klaus Hagge erzählt, als hätte ich ihm vorab meine Fragen geschickt. Er macht das nicht zum ersten Mal, die Sätze sitzen, wie Routine klingt es trotzdem nicht. Weil er kräftige Arme hat, erscheinen mir seine Gesten wie die Bewegungen eines Ringers, der die wichtigsten Griffe erklärt. Ich schreibe mit, so gut ich kann, einiges entgeht mir, aber weder will ich ihn unterbrechen noch sein Tempo drosseln, wir haben nur zwanzig Minuten: Die Mehrzahl der Kinder kann kein oder kaum Deutsch, das betrifft etwa neunzig bis fünfundneunzig Prozent, obwohl viele von ihnen in Familien aufwachsen, die bereits in der dritten Generation in Deutschland leben.

Noch vorhin, während wir der Choreografie zu Schönberg zusahen, saß ein Junge da – Hagge deutet auf den Stuhl, auf dem Kateryna sitzt –, der Rumänisch und Romanes und etwas Englisch spricht. Vermutlich wird er kein Deutsch lernen, weil er in einem halben oder dreiviertel Jahr schon wieder in Rumänien sein wird. Er kann nur bis neun zählen, obwohl er acht Jahre alt ist. Um überhaupt mit ihm sprechen zu können, musste Hagge einen anderen rumänischen Jungen zu sich bitten. Der soll dem Neuen sagen, wo es langgeht, wie die Schule funktioniert. Als ich frage, ob das den anderen Jungen nicht im Lernen behindere, erwidert Hagge, dass dieser ein ziemlicher Störenfried sei und am ehesten noch dadurch, dass ihm Verantwortung übertragen werde, ein Verhältnis zur Schule finde. Normalerweise erlernen Kinder in wenigen Monaten die fremde Sprache, hier aber funktioniert das nicht, weil sie fast nur mit den Lehrern Deutsch sprechen, ansonsten weder untereinander noch zu Hause, deshalb lernen sie Deutsch auch nicht in vier Jahren, ihnen fehlt das »Sprachbad«.

Die meisten Kinder kommen aus prekären und instabilen Familien, die, wie heute wieder erlebt, sehr »mobil« sind. Etliche pendeln zwischen Bulgarien oder Rumänien und Deutschland, mitunter sogar Spanien hin und her. Obwohl es eine Schulpflicht gibt, heißt das nicht, dass die Kinder regelmäßig oder gar täglich in der Schule erscheinen. Manche Kinder, meistens Mädchen, werden nach der Grundschule entlassen, aber nicht in einer anderen Schule angemeldet. Sie bleiben in dem Glauben zu Hause, die Schule wäre nun fertig. Die Schulpflicht durchzusetzen fehlt es an Mitteln.

Klaus Hagge hofft, dass insbesondere Mädchen bewusster wird, dass sie ihre Möglichkeiten selbst mitbestimmen dürfen, dass sie ein Recht haben, darauf zu bestehen, eine schulische Ausbildung zu bekommen und danach eine Berufsausbildung.

Viele Familien von denen, deren Großeltern in den sechziger und siebziger Jahren kamen, sind längst – der Arbeit hinterher – weitergezogen. Seit etwa zehn Jahren verändern jene, die aus Südosteuropa, aus Bulgarien und Rumänien, kommen, das Bild von Marxloh.

Die einzelnen Gruppen von Zugezogenen bleiben fast immer ihrem eigenen Kreis verhaftet. Dass sie kein Deutsch können, heißt andererseits nicht, dass sich die Gruppen untereinander verstehen würden, auch da gibt es Animositäten und Berührungsängste. Einer Deutschen, die sich darüber beklagte, dass ihr Kind hier keinen Anschluss finde, musste Klaus Hagge sagen, dass es leider den meisten so geht. Es gibt unter den vielen Gruppen wenig Austausch. Wie soll es da Integration geben?

Unvermittelt fragt Klaus Hagge, was ich denn kritzeln würde, ob ich Steno beherrsche? Leider nein. Manchmal kann ich die eigene Schrift nicht mehr lesen. Und dann, wie man eine Trumpfkarte auf den Tisch drischt, nur dass bei Klaus Hagge der ausgestreckte Zeigefinger und die ganze Hand gleichzeitig aufschlagen und ein speziell an mich gerichtetes Klopfen erzeugen: »Aber was hier rausgeht, geht erst mal über meinen Tisch!« Er lächelt, aber es ist ihm ernst. Sowieso, beteuere ich, denn ich werde auf seine Korrekturen angewiesen sein. Zudem habe ich, fahre ich fort, nach dem Erlebnis soeben im Unterricht einen ganz anderen Eindruck von der Schule, der passe gar nicht zu seinen Schilderungen.

Was er gesagt habe, sei gewissermaßen der Bildzeitungsteil gewesen, das ist mehr oder weniger bekannt. Er bewegt den Arm über die Tischplatte, als hielte er jemanden im Schwitzkasten. All das wolle er eigentlich gar nicht erzählen. Erzählen wolle er von ganz anderen Dingen, denn im Grunde seien sie hier mit ganz anderen Dingen beschäftigt. Was wir machen, wiederholt er, ist etwas ganz anderes.

Klaus Hagge ist nicht nur Rektor, er ist vor allem Musiklehrer. Und er knüpft dort an, wo er vor seiner Intervention aufgehört hat, also bei der Integration: Die Musik ist eine Erfahrungswelt, die am ehesten zu einer gemeinsamen Identität beitragen kann. Die moderne Musik, jetzt gerade Ligeti und Schönberg, ist nicht vorbelastet von einer Gruppe, sie ist für alle Kinder gleich weit entfernt. Sie ist nicht deutsch, nicht türkisch, nicht Balkan, nicht Italien, sie ist für alle fremd und nah zugleich.

»Diese Kinder haben oft kaum gelernt, etwas gemeinsam zu beginnen und zu beenden, sie müssen an grundsätzliche Strukturen herangeführt werden, damit sie hier in der Schule überhaupt etwas lernen können. Manche von ihnen denken, ich kann in diesem Raum tun und lassen, was ich will. Wir versuchen ihnen zu sagen: Du kannst dich darauf einlassen oder nicht. Dich darauf einzulassen macht Freude, erfordert aber auch Anstrengung. Sich an die Regeln zu halten schafft einem selbst Freiräume, also Platz für das, was einem am Herzen liegt.«

Immer wieder schiebt Hagge ein, wie viel er selbst hier pausenlos lernt: Sei es der Umgang der Tänzer mit Musik, die eben nicht vom Notenblatt her die Struktur einer Komposition erfassen, sondern über die choreografischen Abläufe, über den Körper und die Bewegung. Lernen musste er auch, dass sein, dass unser Umgang mit Musik nicht der einzige ist. Wir finden es schwierig, wenn während des Musizierens gesprochen wird und nicht die ganze Konzentration aufs Zuhören gerichtet ist, sagt er und berichtet von einem Erlebnis am 1. Mai, als eine Gruppe aus dem Viertel im Freien spielte, Jazz, Django Reinhardt. Er trat näher und sah, dass den Musikern durchaus zugehört wurde, aber zwischendurch ging auch mal jemand zum Pianisten und unterhielt sich mit ihm, ein anderer Musiker scherte aus, um zu telefonieren, das Publikum war mit Kindern, Freunden und Essen beschäftigt, niemand störte sich am Geplapper und Geplauder und Kindergeschrei. Das war kein Zeichen von Missachtung gegenüber den Musikern, sondern von einem anderen, von einem familiären Umgang mit Musik und Künstlern.

Die Schülerinnen und Schüler wie auch die Lehrer, sagt er, sind konfrontiert mit einem anderen Leben, einer anderen Art und Weise zu leben, anderen Konditionierungen. Die Kinder müssen sich oft auf sich allein gestellt vortasten und Konflikte mit sich ausmachen. Staunenswert ist es wiederum, mit welcher Selbstverständlichkeit die Kinder mit unterschiedlichen Sprachen und Nationalitäten umgehen, das ist eine Art von sozialer Kompetenz, die man anderswo nur selten antrifft.

Vor allem aber gibt es einen enormen Förderbedarf, der nicht gedeckt wird. Wir brauchten für diese Kinder, die überhaupt erst Voraussetzungen lernen müssen, wesentlich mehr ausgebildete Lehrerinnen und Lehrer, aber auch Sonderpädagogen. Stattdessen sind an der Schule nur drei Viertel der Planstellen besetzt, neun Lehrkräfte fehlen. Und die, die da sind, sind oft Quereinsteiger. Die Untiefen der Bürokratie bestehen unter anderem darin, dass der Rektor keine Vertretungen anfordern kann, wenn die Stellen nicht besetzt sind.

Zudem sei es schwer, engagierte junge Leute zu finden, die bereit seien, nach Marxloh zu kommen, »die wollen alle an schönere Schulen in den besseren Stadtteilen«.

Deshalb werden die Belastungen für Lehrerinnen und Lehrer an seiner Schule immer größer. »Die hier arbeiten, sind Enthusiasten! Sie sind ausgebildet, um Kindern Lesen und Schreiben und Rechnen beizubringen, und sie sehen, dass das nicht machbar ist! Für sie wäre es kein Problem, wenn die Kinder kein Deutsch sprechen. Aber dass es keine Voraussetzungen gibt, um mit den Kindern arbeiten zu können, zu erfahren, dass die keine Fortschritte machen können, das frustet sie.«

Seine eigene Aufgabe sieht er darin, seine Kolleginnen und Kollegen möglichst auf den Beinen und bei Laune zu halten, ihnen immer wieder klar zu machen: »Du gibst dein Bestes, wenn du mit Freude zur Schule kommst und nicht krank wirst. Die Kinder lernen am meisten, wenn du selbst Freude hast. Natürlich muss ich aufpassen, dass mir die Leute nicht weglaufen.«

Einen Lichtblick gibt es: In zehn Jahren soll es einen neuen Anbau geben. »Das hilft uns jetzt natürlich nicht, aber das ist immerhin eine Perspektive, mit der ich schon gar nicht mehr gerechnet habe.«

Während Klaus Hagge weiterspricht und ich ab und zu etwas nachfrage, kommt die Sekretärin herein, dies und das muss noch nebenbei entschieden und unterschrieben werden.

Mir ist klar, dass er und seine Leute an einer Schule wie hier in der Sandstraße Überdurchschnittliches leisten, auch wenn die Ergebnisse der Schülerinnen und Schüler am Ende der vierten Klasse nicht mit anderen Schulen mithalten können, zum Beispiel bei der Zahl derer, die auf ein Gymnasium gehen. Da nur noch wenige Minuten bleiben, verkneife ich mir die Frage, für wie vernünftig er ein Schulsystem hält, das bereits nach der vierten Klasse die Kinder aufteilt und ihnen Lebensrichtungen vorgibt. Hier in Marxloh starten sie von einem ganz anderen Niveau aus. Das ist hier kein bürgerliches Umfeld. Auch deshalb kämpfen sie gegen viele Klischees. »Sie glauben mir vielleicht nicht, aber im Urlaub parke ich mein Auto hier, unweit der Schule, weil es hier nicht geklaut wird!«

Klaus Hagge spricht von zwei Säulen der Arbeit. Die eine besteht aus den Grundlagen musikalischer Kompetenz, die andere aus der kreativen Arbeit mit Musik, sei es das gemeinsame Musizieren und das Erlernen von Instrumenten, sei es als Tanz. Die pädagogische Arbeit und die kulturelle Arbeit gehören für ihn zusammen. In beidem ist die Schule, wie er es nennt, »innovativ«, ein sehr nüchternes, aber zutreffendes Wort in diesem Kontext.

Entscheidend aber ist: Es geht nicht vordergründig um ein Projekt, das präsentiert werden kann, sondern darum, die Kinder in einen Schaffensprozess hineinzunehmen, ihnen Spielräume zu eröffnen und sie zu ermutigen, selbst zu gestalten und sich auszudrücken, also eine Art Grundlagenarbeit. Es ist der kontinuierliche Versuch, den Kindern über die Musik Strukturelemente nahezubringen, die sie für ihren Alltag brauchen. Viele sind von Haus aus sich selbst überlassen.

Hier in der Schule gehen sie wesentlich weiter, als es der Lehrplan vorschreibt, und versuchen, durch eine spezielle Methode (»relative Solmisation«), die Gesten und Silben mit Tonstufen verbindet, den Kindern eine musikalische Ausbildung zu erleichtern. Die Musik wird unter den Bedingungen von Marxloh zu einer Basis, von der aus vieles andere plötzlich wieder vorstellbar wird. Am Ende sind es neunzig Minuten Musikunterricht plus weitere neunzig Minuten, die von dem jeweiligen Klassenleiter und einem

Künstler bestritten werden, Zeit, in der sie entweder selbst Musik machen oder versuchen, aus der Musik Bewegung und Tanz zu entwickeln.

Als die Schulklingel schnarrt, ist unser Gespräch beendet. Ich bin erleichtert, nicht mehr angespannt mitschreiben zu müssen, und enttäuscht und verunsichert, weil mir wahrscheinlich jede weitere Minute etwas gebracht hätte, auf das ich keinesfalls hätte wieder verzichten wollen. Zudem bin ich so gebannt von dem Gehörten, dass sich mir die Frage, wie man denn Deutsch unterrichtet, wenn viele Kinder gar kein Deutsch sprechen, erst später stellt.

Auch einige Monate später am Telefon ist es nicht viel anders als im Rektorenzimmer: Was Klaus Hagge erzählt, leuchtet mir sofort ein. Seine Erfahrungen und seine Sichtweise gewinnen über die konkrete Fragestellung hinaus sofort auch paradigmatischen Wert, mit dem ich manche Diskussion, die ich in den vorangegangenen Kapiteln beschrieben habe, gern nochmals neu führen würde.

Klaus Hagge kommt auf einiges zurück, was er in der Schule bereits angedeutet hat. In den letzten fünfzehn Jahren ist durch die Zuwanderung aus Südosteuropa eine neue Situation entstanden. Vorher gab es in Marxloh eine »solide türkische Community«, in der es selten war, dass beide Elternteile kein Deutsch sprachen, oft waren es sogar beide, die außer Türkisch und Kurdisch auch Deutsch beherrschten. Wenn da ein Kind im Unterricht fragte: »Ich habe Toilette?«, dann fragte der Lehrer zurück: »Wie heißt das richtig?«

Da bestand auch Klarheit darüber, dass man zur Schule geht. Mitunter kamen die Kinder aus ärmeren Verhältnissen, aber letztlich war es kein Problem, Vorarbeiten zu leisten, damit die Kinder nach der vierten Klasse gut in der Schule mitkamen. Mit der Zuwanderung aus Südosteuropa, vor allem von Roma-Familien, änderte sich das. »Da merkte ich, hier funktioniert irgendetwas anders. Ich muss anders denken, um überhaupt eine Chance zu haben. Wenn es nach meiner Logik geht, geht es nicht. Es ist eine Frage des Aufeinanderzugehens. Auch den Kindern und Eltern muss deutlich werden, dass es einen Vorteil für dich bringt, wenn du dich an unsere Norm anpasst.«

Die Probleme, die eine Integration besonders der Roma erschweren, sieht Klaus Hagge auf beiden Seiten.

Unter den Roma sind fünfzehn- oder sechzehnjährige Mütter keine Seltenheit. Es sind vor allem die ersten Lebensjahre, in denen uns Denkstrukturen vermittelt werden, die wir, die sie erfahren haben, als solche gar nicht mehr wahrnehmen. Sie sind so grundlegend, dass sie uns als »natürlich gegeben« erscheinen.

Er nennt ein Beispiel aus der Slowakei, wo es inmitten nicht gelingender Integration Orte gab, in denen es besser lief. Dort hatten Sozialarbeiterinnen die Familien aufgesucht und sich mit zweijährigen Kindern beschäftigt: Auf einem Blatt Papier war eine Giraffe oder ein Elefant zu sehen, auf dem nächsten Blatt war das Tier an einer anderen Stelle, auf dem nächsten Blatt stand es wieder woanders. Irgendwann folgte schließlich ein leeres Blatt. Auf diese Art und Weise lernten Kinder nicht nur, so Klaus Hagge, dass man etwas wiedererkennen kann, selbst wenn es sich an verschiedenen Stellen aufhält, sondern dass es auch etwas gibt, das nicht zu sehen ist, aber doch existiert. Und danach kann gefragt, ja, das kann eingefordert werden. Als ein anderes Beispiel nennt er die Arbeit mit einer Vorstufe zu einem Puzzle, bei dem Kleinkinder eine Holzfigur so lange hin und her drehen, bis sie in die vorgegebene Form passt. In seiner

Schule gibt es sieben- oder achtjährige Kinder, die mit dieser Aufgabe überfordert sind. Denn Kinder, mit denen sich nie jemand fördernd beschäftigt hat, weil deren Eltern das selbst nicht erfahren haben, können nicht plötzlich Buchstaben oder Zahlen erkennen und damit umgehen.

»Wenn Sie jetzt nach China kämen und dort leben müssten, ohne ein Wort Chinesisch zu können, würden Sie schnell versuchen, irgendwo einen Kurs zu besuchen, um die notwendigsten Worte und Wendungen sagen zu können. Viele Kinder aber kommen mit ihren Familien nach Deutschland, sie wissen nicht, warum sie hier sind. Sie sind in einer Gruppe, die ihre Sprache spricht. Warum sollten sie Aufmerksamkeit entwickeln, wenn sie morgens in die Schule kommen? Sie verstehen nichts, sie versuchen sich durchzuwursteln, also anzupassen und nicht aufzufallen. Die Notwendigkeit, etwas wissen zu wollen, ist bei ihnen relativ gering, sie haben keine Motivation, etwas zu erlernen, was sie gar nicht brauchen, sie ziehen sich in sich zurück. Manche machen auf sich aufmerksam, die prügeln sich, die meisten aber bleiben unauffällig. Das macht es noch schwieriger. Erst wenn wir sprechen, kann ich damit beginnen zu sagen: In dem Wort Auto gibt es verschiedene Laute: ein ›AU‹, ein ›T‹ und ein ›O‹. Das, was sie bisher ausschließlich als Klang erfasst haben, lässt sich in Einzelteile zerlegen, daraus ergeben sich dann Zeichen, die etwas bedeuten. Wenn ich die Bedeutung der Zeichen weiß, kann ich das Wort ›Auto‹ lesen. Wenn Kinder sagen: Ich habe das A und das U gelernt und das Wort heißt A-uto, bin ich glücklich. Denn dann weiß ich, sie haben etwas gehört, das sie in Buchstaben erfasst haben. Das ist ein unendlich komplexer Vorgang, vor allem für Menschen, die nicht wissen, was »Auto« bedeutet, denn sie müssen zusätzlich noch die Übersetzungsleistung in ihre Sprache erbringen.«

Es gehe darum, Strukturen zu erfassen, die Sprache sinnvoll erscheinen zu lassen. »Die meisten Verantwortlichen verstehen, dass es Defizite gibt und dass man Kinder bei der Überwindung dieser Defizite unterstützen muss. Das funktioniert nur in einer Klasse mit fünfundzwanzig deutschsprachigen Kindern, aber nicht in meiner Normalität! Da ist es ganz schwer vermittelbar, dass wir in einer Situation leben, die für die allermeisten außerhalb unserer Realität liegt und die zu verstehen kaum möglich ist, wenn man das nicht selbst erlebt hat. Es braucht vermittelnde Schritte und Menschen, die in der Lage sind, diese Schritte aufzuzeigen.«

Er nennt ein anderes Beispiel: »Ich bitte die Kinder morgens zu sagen: Welches Datum haben wir heute? Das steht täglich an der Tafel. ›Heute ist Donnerstag, der 8. Juni.‹ Das beherrschen sie oft erst in der dritten oder vierten Klasse.« Und er fährt fort: »Gestern sagte ein Schüler: ›Wir haben heute Freitag, der 9. Juni.‹ Ich bin vor Freude fast ausgeflippt. Ja, er hat noch einen Fehler gemacht. Aber über welches sprachliche Empfinden verfügt er bereits, es so zu formulieren!«

Und dann ist es doch wieder die Musik, die hilft. Die Kulturministerin hatte festgelegt: Wer die Grundschule verlässt, sollte mindestens fünfhundert Wörter richtig schreiben können. »Das ist für uns utopisch!«, sagt Klaus Hagge.

Trotzdem stand für ihn die Frage: Wie bekomme ich diese Wörter an die Kinder heran? Er dachte sich Sätze aus, in denen er rhythmische Strukturen mit der Syntax und den geforderten Wortkenntnissen verband: »Der Mond, der ist grün, doch das ist falsch, denn er ist nicht grün, sondern knaahllgelb.«

Ein anderer Rhythmustext geht im Zweivierteltakt:

Dann geh ich raus, laufe um das Haus. Steh an der Ecke, mit Decke.
Und es ist heiß, ich ess Eis. Dann schlaf ich ein und einer zieht am Bein.

Rhythmisch abstrahiert klingt es dann so:

ta ti ti/ta tigitigi/ta ti tigi/ti ta ti/ti ti
ta ti ti/ta ti ti/ta ti tigi/ti ti tigitigi/ta

Klaus Hagge lässt Sätze wie diesen immer wieder rhythmisch sprechen, denn das meiste, so sagt er, habe eine Struktur, die sich erkennen und erfahren lässt, die man sich einprägen kann und die das Lernen erleichtert. Ihm kommt es dabei auf die kleinen Abweichungen und Überraschungen an, sowohl rhythmisch als auch sprachlich.

Er schickt mir das Foto eines Zettels, auf dem ein Kind aufschreiben sollte, was vorgefallen war. Dieses Kind, so Klaus Hagge, kann sprachlich schon etwas sagen, es hat bereits die Verbindung zu Buchstaben, es wählt aber die Eigenkonstruktion. »Eigentlich ein Kunstwerk, eines, von denen ich täglich mehrere erhalte.«

Ich kann auf dem Zettel mit Versalien, die in ihrer Größe variieren und auf der Zeile auf und ab tanzen, nur das erste Wort entziffern: YAKUP

Klaus Hagge schickt mir den Versuch seiner Übertragung:

Yakup beleidigt meine Mutter
ich beleidige seine Mutter
ich schlage sie (ich sie schlagt) gemeint ist: ich schlage ihn

Und dann kommt Klaus Hagge auf die deutschen Defizite zu sprechen: Die erste Pisa-Studie vor dreiundzwanzig Jahren habe bereits klargemacht, dass es Kinder aus sozio-ökonomisch benachteiligten Familien deutlich schwerer haben, das heißt, dass besonders dort investiert werden muss. Das aber ist nicht gelungen. Warum? Weil diese Probleme nicht nach dem Gießkannenprinzip beseitigt werden können. Die Programme waren selten für den Ort geeignet, für den sie gedacht waren, da nicht jene Lehrerinnen und Lehrer gefragt wurden, die Erfahrung hatten.

»Wir können den Kindern nur dann ansatzweise eine Chance geben, wenn die Lerngruppen kleiner werden.«

Und dann bringt Klaus Hagge ein Beispiel, das klarmacht, was eigentlich möglich wäre: Während des Corona-Lockdowns blieb seine Schule – abgesehen von den ersten drei Monaten – geöffnet. Sie hatten permanent fünfzig ausgewählte Kinder in der Schule. »Da waren wir in kleinen Gruppen und konnten mit den Kindern etwas erarbeiten. Wir bekamen über die Coronahilfen auch Geld, um Personal einzustellen, mitunter gar keine Pädagogen, sondern Quereinsteiger, aber wir konnten bei der Arbeit differenzieren. Die meisten der Kinder haben in dieser Zeit einen großen Sprung gemacht. Dann aber wurde alles wieder zurückgefahren, die Klassenstärke sogar noch erhöht. Die Rahmenbedingungen sind gegenläufig zu unseren Bedürfnissen. Der Ansatz, den man schon längst hätte sehen können, wird ignoriert und die Notsituation verschärft. Das ist eine Katastrophe.«

Es gehe letztlich darum, die Balance zwischen »ich verstehe euch ein bisschen, aber ihr müsst auch Anpassungsbedingungen akzeptieren« zu finden. Dieses gegenseitige Verhältnis auszuloten, gelingt mal besser, mal schlechter. Und meistens ist es Angst voreinander und Unwissen, das dieses Gleichgewicht gefährdet. Das gilt generell, nicht nur für die Schule.

Klaus Hagge beschreibt mir die Geste einer Mutter, die sich weigerte, ihr Kind mit auf eine Klassenfahrt zu schicken. Es ging nicht ums Geld, das ließ sich auftreiben, aber es war die Angst, ihr Kind einer staatlichen Institution zu überlassen; Institutionen, so ihre Erfahrung, bedeuten nicht die Eröffnung neuer Perspektiven, sondern bedrohen oder zerstören ihr Leben. Die Mutter kreuzte, als sie das Angebot ablehnte, unwillkürlich die Arme über der Brust, als drückte sie ihr Kind an sich, sie wollte es schützen, nicht dem Fremden geben.

Doch zurück zu meinem Besuch in der Schule. Kurz nachdem die Schulklingel unser Gespräch im Rektorenzimmer beendet hat, geht die Tür auf, Kinder kommen herein. Jetzt bin ich eingeladen, die nächsten anderthalb Stunden mit Klaus Hagge im Unterricht zu verbringen.

Als sollte auf die theoretische Unterweisung die praktische Anschauung folgen, kehren wir ohne Tobias in die obere Etage zurück.

Die Klasse, wieder sind es etwa fünfundzwanzig Mädchen und Jungen, wird in mehrere Gruppen aufgeteilt. Und da sich zwei Gruppen allein behelfen müssten, springt Kateryna nach einem fragenden Blick Hagges auf und übernimmt eine davon.

Die Kinder haben es sich mit ihren Schlaginstrumenten auf dem Boden bequem gemacht, Klaus Hagge sitzt vor ihnen auf einem Stuhl. Es ist Klaviermusik von Schönberg, die sie auf ganz verschiedenen Schlaginstrumenten nachspielen: Zwei Jungen, Yusuf und André, wechseln sich am Xylofon ab, sie machen den Auftakt. Ihnen folgen drei Jungen, dann zwei Mädchen und zum Schluss wieder zwei Mädchen und ein Junge. Die Reihenfolge ist offenbar klar, geübt wurde auch schon, aber es bleibt noch viel Arbeit, die

Einsätze, den Rhythmus, die Lautstärke zu verinnerlichen. Die Dauer des zu übenden Parts sollte, sofern alles klappt, kaum zwanzig Sekunden betragen.

Hagge spricht wie Jebavy die Kinder mit ihren Namen an. Er zählt den Rhythmus mit verschiedenen »Bam«-Lauten in die Luft. Ich selbst würde seine Vorgaben nicht ohne Weiteres ausführen können. Zum Glück patzt immer mal ein anderes Kind. Sie müssen sich enorm konzentrieren, um ihren Einsatz nicht zu verpassen. Dann aber bleibt der Ablauf mehrmals an einem Jungen hängen. Hagge erklärt es ihm. »Hast du verstanden?«, fragt er, nennt den Jungen beim Namen und merkt, dass er nicht verstanden wird. Im selben Atemzug bittet Hagge ein Mädchen, das von ihm Gesagte ins Türkische zu übersetzen. Das Mädchen beugt sich weit nach vorn zu dem Jungen und flüstert, als ginge das nur ihn und sie etwas an. Begleitet von eindringlichen Worten ahmt sie die Schläge im richtigen Rhythmus nach. Ihr Erfolg ist ein regelrechtes Aufleuchten im Antlitz des Jungen, er lächelt und nickt Hagge zu. Als es von Neuem beginnt, kann ich sein Gesicht nicht sehen, weil er auf sein Instrument starrt. Im zweiten Versuch gelingt sein Einsatz, was von der kleinen Gruppe nachdrücklich beklatscht wird. Angesichts der Freude des errötenden Jungen merke ich, dass ich einen Kloß im Hals hinunterschlucke. Ist meine Ergriffenheit deplatziert? Erst in späteren Gesprächen mit Tobias Bleek wird mir klar, dass diese Arbeit, bei der ich Petra Jebavy und Klaus Hagge erlebe, von ihnen und etlichen anderen bereits seit fünfzehn Jahren im Schulalltag praktiziert wird. Tobias hatte an der Humboldt-Uni in Berlin Musikwissenschaft und Philosophie studiert und nebenbei für das von Simon Rattle neu gegründete Education-Programm der Berliner Philharmoniker gearbeitet, dort den englischen Musikvermittler Richard McNicol kennengelernt und das Sacre-Tanzprojekt begleitet und dokumentiert, das durch den Dokumentarfilm »Rhythm Is It!« bekannt wurde. Richard McNicol, mit dem er viele Musikprojekte gemacht und von dem er »unglaublich viel gelernt« hat, war es auch, der Tobias nach seiner Dissertation nach Essen holte, um dort auf Einladung des Intendanten Franz Xaver Ohnesorg gemeinsam ein Education-Programm für das Klavier-Festival aufzubauen. Allerdings hatte er beabsichtigt, sobald sich eine Gelegenheit dazu bieten sollte, wieder nach Berlin zurückzukehren.

Die Basisarbeit mit Kindern und Jugendlichen sollte aber nichts Einmaliges sein, sondern ein kontinuierlicher Prozess, in dem der Akzent eher auf den regelmäßigen Proben, dem regelmäßigen Unterricht in der Schule liegt als auf dem möglichen Endergebnis. Die damalige Duisburger Schulrätin brachte Tobias mit Klaus Hagge zusammen. Was Hagge offenbar überzeugte, war nicht nur der Wunsch, langfristig zu arbeiten, sondern auch die Bereitschaft, zusammen mit den Schulen zu planen, den Kosmos Schule zu verstehen, denn anders lässt sich kaum ein Gefühl dafür entwickeln, was machbar ist, was nicht, und nur so ist es zu schaffen, mit einem Projekt ins Curriculum und in die Schule hineinzukommen. Schritt für Schritt ist das gelungen.

Seit 2014 werden erstmals alle Klassen der Gemeinschaftsgrundschule Sandstraße einbezogen. Vier Jahre später sind alle Schulen des Stadtteils beteiligt. Heute singen und tanzen über achthundert Schülerinnen und Schüler in den Projekten.

Das Lernen findet auf beiden Seiten statt und schafft gegenseitige Anregungen, es gehört zusammen: Der musikwissenschaftliche Unterricht an der Uni, die zeitgenössische

Klaviermusik mit der an Profis gerichteten Weitergabe von Interpretenwissen samt den jährlich etwa siebzig Konzerten des Festivals und dem, was Tobias »die gesellschaftliche Bodenhaftung« nennt, die kontinuierliche Basisarbeit in den Kindergärten und Schulen. Irgendwann fällt der Begriff »Sinnerweiterung des Berufs«. Als Ein-Personen-Publikum erlebe ich gerade, was unter gesellschaftlicher Bodenhaftung und Sinnerweiterung zu verstehen ist.

Hagge spricht zu den Kindern nicht anders als zu mir. Er ist nicht streng, aber bestimmt. Die Kinder haben keine Angst vor ihm, aber sie wissen, dass sie dabei sein und zuhören und sich konzentrieren müssen. Und ähnlich wie bei Petra Jebavy fordert er Yusuf und André auf, den Blickkontakt zu allen zu suchen. Denn erst, wenn sie einander angesehen haben und es still geworden ist, kann es losgehen. »Man muss still sein, um etwas zu beginnen.« Und dann ergänzt Hagge: »Wenn etwas schiefgelaufen ist, dann sind wir ganz leise und warten ab, bis die Musik zu Ende ist.«

Nach einer halben Stunde kommen die anderen Kinder zurück, Kateryna mit ihnen. Nun geht es in großer Besetzung wieder von vorn los. Ich müsste die Namen der Schlaginstrumente erfragen, darunter offenbar auch improvisierte, vielleicht aufblasbare Badeschlangen, die laut und dumpf klingen, wenn sie auf den Boden geschlagen werden. Mitunter scheppert und kracht es unfreiwillig, wenn Klöppel und Becken aus den Händen gleiten. Redet ein Kind, wenn es eigentlich auf seinen Einsatz achten sollte, wird es nicht niedergezischt, nur drumherum wird es immer stiller, bis es merkt, ungewollt ins Zentrum der Aufmerksamkeit geraten zu sein. Am Ende der anderthalb Stunden möchte ich aufspringen und klatschen, aber als Ein-Mann-Publikum käme mir das merkwürdig vor, zudem stieben die Kinder gleich auseinander.

Ich verabschiede mich von Klaus Hagge. Er gibt Kateryna und mir seine Visitenkarte. Ahnt sie vielleicht in diesem Moment, was zwei Monate später offenbar schon feststeht? Im September wird sie in Duisburg-Hochfeld eine Stelle als Musikpädagogin antreten – und zugleich in Marxloh weitermachen.

Ich will nicht gleich weg aus Marxloh und setze mich wieder ins »Alibaba«, das von vier Uhr morgens bis Mitternacht geöffnet hat. Es ist gedrängt voll. Und doch reicht beim Anstehen die Zeit nicht, um mich zwischen Lammkeule mit Kartoffeln, gefüllten Paprika, gefüllten Kohlrouladen, gefüllten Auberginen, einem albanischen Lebergericht, Izmir-Bouletten, Bohnensuppe, Aubergineneintopf mit Kalbfleisch, vegetarischen Gerichten, Döner und anderem mehr zu entscheiden. »Ali Babas Döner Kebab & Lahmacun – Ruhrgebiet-Favoriten seit den frühen 80er Jahren!« Da ich, als ich dran bin, immer noch zögere, zeigt die Frau hinter der Theke mit der Kelle auf die gefüllten Paprika und hat schon eine herausgefischt. »Gefüllte Paprika«, sage ich schnell, woraufhin sie auflacht und mir anerkennend zunickt, was wohl der Qualität der gefüllten Paprika als auch meiner einsichtigen Zustimmung gilt. Die Portion Weißbrot, die mir aufs Tablett gepackt wird, erscheint mir die größte zu sein, die sie heute vergibt. Obwohl ich dem Mann an der Kasse den Betrag nenne, auf den er aufrunden soll, gibt er mir das Wechselgeld bis auf den letzten Cent heraus. Dann steuere ich auf einen gerade frei werdenden Platz am Fenster zu, wo ich mich, Ellbogen an Ellbogen, neben einem Mann niederlasse, der keinerlei Notiz von mir nimmt. Er gehört zu einer größeren Gruppe von Männern. Einer oder zwei von ihnen werden von den anderen bedient. Liegt es am eingekeilten Sitzplatz oder an der Hierarchie?

Mir gegenüber fragt ein älterer Herr auf Deutsch, ob er sich setzen dürfe. Während er die Suppe löffelt, schmilzt sein Weißbrotberg dahin. Ich würde ihm gern meinen Weißbrotteller vermachen.

Es hat zu nieseln begonnen. Ich laufe noch eine Straßenbahnstation die Weseler Straße entlang, merke aber, dass heute in meinen Kopf nichts mehr reingeht. Am Duisburger Hauptbahnhof steige ich von der 903 in die 901. Es sind erstaunlich wenige Fahrgäste. Nach ein paar Stationen, wir sind am Duisburger Zoo und damit an der Stadtgrenze zwischen Duisburg und Mülheim, öffnen sich alle Türen gleichzeitig. »Endstation«, ruft der Fahrer seinem einzig verbliebenen Fahrgast zu. »Mülheim streikt!« Er beteuert, dies bereits am Hauptbahnhof verkündet zu haben. Irritiert steige ich aus, freue mich dann aber Schritt um Schritt mehr über diese Fügung. Ich laufe über die ICE- und Autobahnbrücke und dann rechts hinauf in den Wald. Bald kreuze ich einen Weg, den ich bereits kenne. Von hier sind es höchstens noch vierzig Minuten bis in die Hermann-Lickfeld-Straße in Mülheim-Broich. Dabei würde ich gern sehr viel länger gehen und erst spätabends heimkehren. Was sonst soll ich heute noch machen? Mich hinsetzen und über Marxloh und die Grundschule in der Sandstraße schreiben? Unmöglich! Und etwas anderes vermag ich heute, wie es aussieht, auch nicht mehr zu tun.

Epilog

Dieses Buch wäre ein anderes geworden, wenn ich länger im Ruhrgebiet geblieben wäre oder wenn ich einiges, was ich mir zu schreiben noch vorgenommen hatte, auch geschrieben hätte. Es wäre mir auch nicht schwergefallen, weitere sechs Monate oder gar sechs Jahre damit zuzubringen, das Ruhrgebiet besser kennenzulernen. Aber das Gefühl der Unvollständigkeit und der Unausgewogenheit hätte ich dadurch wohl auch nicht verloren.

Anfang April, ich war schon wieder in Berlin, erhielt ich eine E-Mail von der »Flaschenpost«. Die Überschrift, die ins Auge stach, lautete: »Wir vermissen dich!«

Für einen Augenblick drang dieser Satz zielsicher bis zu jener Stelle in mir vor, wo er guttat. Ich war gerührt, auch wenn ich den Spruch zugleich als übergriffigen Marketingtrick abtat. Noch zwei weitere Male erreichte mich die »Flaschenpost«-Nachricht aus dem Ruhrgebiet: »Wir vermissen dich!«

Ich verspürte tatsächlich den Impuls zu antworten, denn es erging mir ähnlich. Ich hätte natürlich erklären müssen, dass ich damit nicht den Lieferservice meinte, sondern es gern allgemeiner verstanden wissen wollte, Mülheim eben, Essen, Duisburg, Gelsenkirchen, Dortmund, Bochum, Oberhausen, Ruhrort, Herne, Bottrop, das Ruhrgebiet halt. Als ich die Seite aufrief, fand sich dort für Erwiderungen kein Platz, nur für Bestellungen. Vielleicht aber sind ja meine Berichte und Betrachtungen ebenfalls eine Art »Flaschenpost«, eine Lieferung auf Bestellung, nur dass ich es bin, der auch den Einkaufszettel geschrieben hat.

Dank

Ich danke der Brost-Stiftung für die großzügige Einladung ins Ruhrgebiet sowie für zahlreiche Begegnungen und Anregungen, vor allem: Bodo Hombach, Boris Berger, Natalie Harrack, Gunnar Beymann, Jasmin Sandhaus und Anna-Lea Loges.

Mein besonderer Dank gilt Michael Baumeyer und Frank Richter auch dafür, dass sie mich in Mülheim etwas heimisch werden ließen.

Für Einladungen, Gespräche, Hinweise, Ausflüge und Hilfe danke ich herzlich Thorsten Ahrend, Natalie Arnold, Peter Bankmann, Jan-Pieter Barbian, Thekla Baumeyer, Svenja F. Bischoff, Tobias Bleek, Marco Bülow, Christoph Dittmann, Wolfram Eilenberger, Henning Grotelüschen, Klaus Hagge, Sandra Höhne, G. H. H., Eberhard Holtmeier, Michaela Kleinhaus, Kirsten Külker, Nicola Küppers, Olivier Kruschinski, Peter Lange, Markus Langer, Per Leo, Paul Lindemann, Helmut Loeven, Peter Marx, Jutta Müller-Tamm, Ralf Pannowitsch, Jutta Penndorf, Jörg Potthaus, Silvia Richter, Marlott Rotthoff-Wiegel, Manfred Rüter, Beate Scherzer, Hans Schmitz, Sebastian Schmitz, Martin Vollmer, Thomas Warnecke, Norbert Wehr, Frank Witzel.

Berlin, Dezember 2023